民间文学艺术
知识产权保护研究

曾礼 著

WUHAN UNIVERSITY PRESS
武汉大学出版社

图书在版编目（CIP）数据

民间文学艺术知识产权保护研究/曾礼著.—武汉：武汉大学出版社,2022.12

ISBN 978-7-307-23366-9

Ⅰ.民…　Ⅱ.曾…　Ⅲ.①民间文学—知识产权保护—研究—中国②民间艺术—知识产权保护—研究—中国　Ⅳ.D923.404

中国版本图书馆 CIP 数据核字（2022）第 190085 号

责任编辑:陈　帆　　责任校对:汪欣怡　　版式设计:马　佳

出版发行:**武汉大学出版社**　　（430072　武昌　珞珈山）

（电子邮箱：cbs22@ whu.edu.cn　网址：www.wdp. com.cn）

印刷:武汉中科兴业印务有限公司

开本:720×1000　1/16　　印张:17.25　　字数:256 千字　　插页:2

版次:2022 年 12 月第 1 版　　　2022 年 12 月第 1 次印刷

ISBN 978-7-307-23366-9　　　定价:68.00 元

序

我国是一个拥有丰富传统文化资源的文明古国。在历史的长河中，广大人民一代接一代地创造了数不胜数的文学艺术成果。这些智力成果不仅见证了历史，更重要的是保留了文化传统。这种"传统"是民族之根基所在，同时也是值得每一个炎黄子孙引以为傲的。可以说，保护民间文学艺术就是在保护传统文化。

西方文艺复兴带来了文学艺术的新思潮，这种潮流将个体的文学艺术成就推向了新的高度，同时也诞生了诸多璀璨的文学艺术名家。特别是知识产权制度兴起以后，现代文学艺术作品被冠以"知识产品"而受到保护，但民间文学艺术却被"束之高阁"，在现代文化的大潮中自生自灭。随着知识产权制度的发展和文化权利的兴起，人们才开始关注那些被"漠视"的传统文化和知识。实际上，从 20 世纪六七十年代开始，一直到 21 世纪初，有关传统文化和传统知识的知识产权保护问题一直都备受关注，包括世界教科文组织、世界知识产权组织、非洲知识产权组织等在内的诸多国际和区域性组织，都在积极探讨关于传统文化和传统知识的知识产权保护办法，一些发展中国家也将其转化为国内立法。值得一提的是，直到今天，仍有西方学者反对将包括传统文化在内的传统资源纳入知识产权保护范畴，因为这有违知识产权制度"鼓励创新"的理念。针对这种观点，就不在此处进行反驳。

从当下现实来看，包括民间文学艺术在内的非物质文化遗产，其公法保护已经取得了一定成效。就我国来看，在立法方面，自我国加入《保护非物质文化遗产公约》以来，于 2011 年正式颁布了《中华人民共和国非物质文化遗产法》，云南、贵州、广州等省早年间发布的《民族民间文化保护条例》也被后来的《非物质文化遗产保护条例》所替代。在实践方面，我国针对非物质文化遗产建立了诸多文化生态保护实验区和文化博物馆，一定程度上实现了非物质文化遗产的"整体性"和"活态性"保护。可以说，我国已经构建了比较完整的、以扶持和资助非物质文化遗产代表性项目和传承人为核心的公共财政支持体系，并得到了较好的实施。但是，由于这种保护方式仅以公共财政为支撑，造成了"重申报，轻保护"的普遍问题。解决这一问题的办法，就是建立以私权利益为核心的产权激励制度，知识产权制度尤其是著作权制度成为不二选择。实际上，包括民间文学艺术在内的传统文化表达、传统知识和遗传资源的知识产权保护议题的讨论，正在世界知识产权组织的"政府间委员会"中缓慢展开，但短时间内无法形成有效共识。这无疑为我国吸取相关组织和国家的讨论及立法经验，抓紧研究制定《民间文学艺术知识产权保护办法》提供了契机。令人欣喜的是，本书作者站在前人研究的基础上，进一步巩固了民间文学艺术知识产权保护的制度框架，并加以夯实，形成体系。现将本书的创新和特色作简要介绍，以飨读者。

第一，本书结合了大量的民间文学艺术实例和田野调查所获资料加以分析，增强了论证的科学性和可信度。从书中可以看出，作者在湖南省会同县、保靖县等地做过较为深入的调研，对民间文学艺术及其保护有自己的理解和感悟。同时，本书作者作为上海对外经贸大学知识产权法硕士和中南民族大学民族法学博士，有较好的法学和民族学功底，这也无疑为本书奠定了良好的专业基础。

第二，本书吸纳了前人的研究基础，从"制度构建"的视角展开讨论，是为创新。学界关于民间文学艺术知识产权保护的研究颇多，相关研究不可谓不深入，但大多没有针对"制度构建"进行集中论证，作者选取这一理论视角进行展开，可见本书作者在本领域有较为深入的研究和独特见解。

第三，本书在"保护目的和原则""保护条件""权利归属和管理""权利内容和限制""侵权责任和救济"等重点部分提出了较为创新的观点。特别是在"权利归属和管理"方面，提出了"个人—集体—国家"三元主体结构，并实行"行政管理+集体管理"二元管理模式，这是比较新颖且具有可行性的观点。在"权利内容"中，创造性地提出了"标明来源权"这一新型精神权利。在"侵权责任和救济"方面，提出了适用"举证责任倒置""惩罚性赔偿"以及"公益诉讼"的观点，皆有一定创新性。

当然，也应当指出，我国的民间文学艺术知识产权保护在立法上虽从属于著作权法，但理论上并不局限于此，民间文学艺术保护在商标和专利领域也有研究价值。比较而言，本书部分研究较为充分，但作者还可以在前述"标明来源权"和"公益诉讼"以及商标保护和专利保护方面加强研究。

本书作者恩师严永和教授与本人师出同门，奈何严教授驾鹤西去，倍感痛心。希望本书作者秉持其恩师的优良学风，为我国的知识产权法学事业作出更大贡献。

是为序。

黄玉烨

中南财经政法大学知识产权学院院长、教授、博士生导师

2022 年 8 月 30 日

目　　录

绪　　论

一、研究背景

(一) 我国现行法律下民间文学艺术保护的不足

民间文学艺术是各民族经过长时间创造的、不断传承和发展的智力成果。作为非物质文化遗产的重要内容和民族文化的主要表现形式，民间文学艺术在现行法律制度框架下存在私法保护缺位的问题，以及由此引起的与现行知识产权制度(特别是著作权制度)难以兼容的问题。

首先，我国民间文学艺术的私法保护存在制度缺位。在法治社会，任何事物的法律保护都离不开公法与私法的共同作用，如刑法禁止对人进行"肉体"伤害，民法禁止对人格和身份的伤害，法律通过"物理保护"和"精神保护"，确保人的"社会完整性"。民间文学艺术的法律保护同样如此，它离不开公法和私法的共同保护。在我国，民间文学艺术的公法保护主要依靠国家财政支持的非物质文化遗产保护体系。在立法方面，各地根据《非物质文化遗产法》制定了各自的地方性法规，如《湖北省非物质文化遗产保护条例》《云南省非物质文化遗产保护条例》等。民间文学艺术在现有非遗公法保护规则下，得到了较好保护。但是在私法领域，关于民间文学艺术的私法保护，仅见于《著作权法》第6条规定的由国务院另行制定民间文艺作品的著作权保护办法，但相应的"民间文学艺术作品著作权保护条例"也迟迟未能出台。我国民间文学艺术产权的私法保护尚付阙如，导致民间文学艺术在公法保护和私法保护两个方面存在制度失衡。

其次，民间文学艺术与现代知识产权制度难以相互兼容。现代知识产权制度的核心在于保护创新。从政策的角度来看，国家所颁布的知识产权法律和政策，更像是用一双"无形的手"来干预经济市场中其他经济参与者对知识产品无偿复制行为（搭便车行为），本质上就是对知识创造者的"劳动补偿"。就知识产品的创造者而言，他们通过法定授权享有了相应的独占权，本质上就是享有政府对私人知识产品提供的"补贴"。就政府而言，其目的是为市场竞争中的参与者提供平等的机会，通过促进公平竞争，从而激励社会创新。因为一旦知识产品被制造出来，他人便可直接复制，这样反而使知识产品创造者处于不利地位。从这个意义上讲，知识产权实质上就是知识产品创造者依靠法定政策享有的特殊垄断权，知识产品创造者便在一定范围和期限内，享有法律所授予的特别权利。这就要求知识创造者所创造的知识产品满足知识产权法律的一般要求，① 知识产品创造者在法律上是明确的，其享有的权利内容也是清晰的。就民间文学艺术而言，其知识产权保护主要涉及著作权和邻接权。

就著作权而言，作者的作品想要受到著作权法保护，需满足一定条件：第一，有确定的作者；第二，具有原创性或独创性。保护个人创新是现代著作权制度的基本特征和基本原则。也就是说，著作权法所保护的作品须体现特定个体的原创性或者独创性表达。而民间文学艺术多由集体创作或继承，集体性是民间文学艺术的基本特征。② 同时，该集体并不像现代社会组织或团体一样明晰，具体其中的哪些个体参与了创作或传承，一般难以考证。另外，民间文学艺术大多经过了长时间的传承与发展，在不同时段存在不同版本，甚至在同一时段也存在众多版本。很难确定民间文

---

① 如著作权法要求作品具有独创性，商标法要求商标具有显著性，专利法要求专利技术具有新颖性、创造性、实用性等。

② 参见黄玉烨：《民间文学艺术的法律保护》，知识产权出版社 2008 年版，第 50页。

学艺术的不同版本是否都符合著作权法意义上的独创性要求。另外，传统社群或传统文化社区通过其文学艺术成果，讲述历史、传播和继承其传统观念和文化，作为传统社群或传统文化社区成员的文学家或艺术家有义务尊重传统，因此，其艺术创新的程度和范围受到一定的限制。① 现行著作权制度很难直接为民间文学艺术提供产权保护。

就著作邻接权而言，《世界知识产权组织表演与录音制品条约》（WIPO Performances and Phonograms Treaty，WPPT）建构了表演者权利保护基本制度。民间文学艺术表演者也可根据该制度享有部分权利。WPPT 第 2 条规定表演者包括演员、歌唱家、音乐家、舞蹈家以及表演、歌唱、演说、朗诵、演奏、表现，或以其他方式表演文学艺术作品或民间文学艺术表达（expressions of folklore）的其他人员。民间文学艺术表演者对其表演所产生的权利，如表明表演者身份的精神权利，以及固定、复制、发行、出租、网络传播等经济权利，受该条约保护。从表面来看，在 WPPT 的制度框架下，民间文学艺术并没有被排斥。但是，由现代知识产权制度衍生出的邻接权制度，其保护对象本质上属于对受著作权制度保护的"作品"的表演，这又回到了前述民间文学艺术与现行著作权制度的容斥关系上来。并且，由于 WPPT 仅保护表演者的权利，并不针对民间文学艺术本身，也就是说，只有表演者系传统社群、当地社区或者其他传统文化社区的成员时，这种邻接权保护才能为相关主体带来实际利益。可见，民间文学艺术产权很难通过现行著作权制度和邻接权制度得到有效保护。

（二）国际视野下民间文学艺术产权保护制度构建的经验与趋势

从国际层面来看，民间文学艺术的著作权保护大致经历了"传统著作权制度下的立法实践""知识产权特别权利制度下的立法实践"以及"民间文

---

① 参见严永和：《民间文学艺术的知识产权保护论》，法律出版社 2009 年版，第116 页。

学艺术特别权利保护立法探索"三个阶段。

1. 传统著作权制度下的立法实践

传统著作权制度下的立法实践主要涉及 1967 年《伯尔尼公约》、1976 年《突尼斯示范法》和 1977 年《班吉协定》。1886 年 9 月，英国、德国、法国、意大利、突尼斯等十个国家，在伯尔尼正式签订《保护文学艺术作品伯尔尼公约》(*Berne Convention for Protection of Literary and Artistic Works*，以下简称《伯尔尼公约》)，并由缔约国组成伯尔尼联盟。① 在 1967 年《伯尔尼公约》第六次补充修订的斯德哥尔摩大会上，非洲知识产权工作会议(非洲知识产权工作会议于 1963 年由联合国教科文组织和伯尔尼联盟成立)提出，《伯尔尼公约》应当设立"用于保护非洲国家民间文学艺术的特别规定"。印度代表团也在积极呼吁保护民间文学艺术。② 综合各方面的意见后，《伯尔尼公约》增加了第 15 条第 4 款，即关于"作者身份不明的未出版作品"条款。③ 该条款并没有直接表明保护民间文学艺术，而是将民间文学艺术作为一种作者身份不明的特殊作品进行保护，所以该条款只是在立法史的层面表明有意保护民间文学艺术。④

从具体内容上看，该条款设置了三个保护要件：第一，该作品必须是《伯尔尼公约》第 3 条第 3 款意义下的未发表作品；第二，该作品的作者必

---

① 具体文本参见世界知识产权组织网站 https://wipolex. wipo. int/zh/treaties/textdetails/12214，最后访问日期：2020 年 3 月 15 日。

② See WIPO Intergovernmental Committee on Intellectual Property and Genetic Resources, Traditional Knowledge and Folklore, *Final Report on National Experiences with the Legal Protection of Expressions of Folklore*, March 25, 2002, WIPO/GRTKF/IC/3/10, 2002, p. 9. See also WIPO, *Guide to the Berne Convention* (Geneva, 1978), pp. 95-96.

③ "(a)对作者的身份不明但有充分理由推定该作者是本同盟某一成员国国民的未出版的作品，该国法律得指定主管当局代表该作者并有权维护和行使作者在本同盟成员国内之权利。(b)根据本规定而指定主管当局的本同盟成员国应以书面声明将此事通知总干事，声明中写明被指定的当局全部有关情况。总干事应将此声明立即通知本同盟所有其他成员国。"

④ See *Model Provisions for National Laws on the Protection of Expressions of Folklore Against Illicit and Other Prejudicial Actions*, WIPO and UNESCO, Geneva. Part I, Introductory Observations.

须是未知的(unknown)，即认为民间文学艺术不属于任何特定作者；第三，有理由相信这个未知的作者是联盟内某个国家的国民。如果满足这三个条件，则可以由相关国家或地区指定的权威机构行使相关权利。① 该条款清楚地认识到了民间文学艺术通常不出版，以及其作者通常不能确定为某一个作者或者多个作者的事实，创造性地通过联系民间文学艺术的地域性特征，将其与特定区域关联，规定由国家或相应部门行使权利。实际上，作者身份不明的未出版的作品并不等同于民间文学艺术，二者在范围上虽然存在重合，但也是很小一部分。因为作者身份不明的未出版作品并不等同于民间文学艺术，民间文学艺术不仅仅是作者身份不明的作品。②《伯尔尼公约》试图通过建立一个主管机构(competent authority)作为权利人的代表，起到保护和执行其权利的作用。③《伯尔尼公约》并没有为民间文学艺术的产权保护提供一个令人满意的方案，这种保护是间接的且作用非常有限。④

出于务实的考虑，《伯尔尼公约》的大部分成员国也比较认可在此次修订后增加的保护民间文学艺术的所谓"独立条款"。⑤《伯尔尼公约》的此次修订，至少为相关国家推动国内民间文学艺术著作权保护立法提供了依据，也实质地推动了相应的国内立法工作。实际上，当时许多发展中国家在其著作权法中设置了与该条款类似措辞的条款。⑥ 同时，在此次修订后，

① See Claude Masouyé, *Guide to the Berne Convention for the Protection of Literary and Artistic works*. Published by the World Intellectual Property Organization. GENEVA 1978, pp. 95-96. At https://www.wipo.int/publications/en/details.jsp? id = 3172&plang = EN, last visit at 15 March 2020.

② 参见李阁霞：《论民间文学艺术表达的法律保护》，《贵州师范大学学报(哲学社会科学版)》2006 年第 1 期。

③ 《突尼斯示范法》也使用了类似的权利管理办法，即利用"主管机构"(competent authority)来代表原始主体行使权利。参见《突尼斯示范法》第 6 条。

④ 参见李亮、曾礼：《"一带一路"倡议下传统文化的知识产权保护》，上海人民出版社 2019 年版，第 129 页。

⑤ See Silke von Lewinski, *the Protection of Folklore*, 11 Cardozo Journal of International and Comparative Law 747, Summer 2003, at 752.

⑥ 但只有印度设置了相关"主管机构"与 WIPO 进行了沟通。WIPO, *Guide to the Berne Convention* (1978), p. 9, fn. 5.

国际社会也开始广泛关注民间文学艺术的著作权保护问题。19 世纪 50 年代以前，人们还停留在"工业产权"（industrial property）的保护问题上，并不重视文学艺术作品的保护，《伯尔尼公约》的出现，让版权和工业产权共同组成了现在的"知识产权"（Intellectual Property）的大家庭，① 正式开启了文学艺术作品的知识产权保护历程。

1976 年 2 月 23 日至 3 月 2 日，突尼斯政府在世界知识产权组织（WIPO）和联合国教科文组织（UNESCO）的协助下，组建并召开了政府专家委员会（The Committee of Governmental Experts），共 27 个国家的代表团和 21 个组织的代表团参会，旨在协助发展中国家制定自己的版权法。② 该委员会通过了《发展中国家突尼斯版权示范法》（*Tunis Model Law on Copyright for developing countries*，以下简称《突尼斯示范法》）。③ 整体上看，关于民间文学艺术保护的内容仅占《突尼斯示范法》的很小部分，但在具体内容上为民间文学艺术的著作权保护设计了一些新的保护规则，包括客体的定义、保护范围、保护时间、权利限制、公共领域付费等。

作为较早提出民间文学艺术知识产权保护的典型法律文本，《突尼斯示范法》对民间文学艺术的版权保护，规范得更加细致，如其第 7 条的"合理使用"、第 3 条的"不受保护的作品"、第 10 条关于翻译权的限制等。这

---

① Arpad Bogsch, *Brief History of the First 25 Years of the World Intellectual Property Organization*, WIPO published, Geneva 1992, pp. 7-8.

② James Duke ESSUMAN, *Committee of Governmental Experts to prepare a Model Law on Copyright for Developing Countries*, Copyright Monthly Review of the World Intellectual Property Organization, 12th year-No. 6. June 1976, p. 139. At https：//www. wipo. int/edocs/pubdocs/en/copyright/120/wipo_pub_120_1976_06.pdf，最后访问日期：2020 年 3 月 20 日。

③ 该示范法由世界知识产权组织于 1976 年 7 月公布，具体文本参见世界知识产权组织网站。*Tunis Model Law on Copyright*（*with its Commentary*），Copyright Monthly Review of the World Intellectual Property Organization, 12th year-Nos. 7-8, July-August 1976, pp. 165-186. At https：//www. wipo. int/edocs/pubdocs/en/copyright/120/wipo_pub_120_1976_07-08.pdf，最后访问日期：2020 年 3 月 20 日。

些内容都是比较创新且有实质意义的，在一定程度上解决了民间文学艺术保护的部分问题。① 前述内容也对之后的《1982 年示范法》、1999 年《班吉协定》以及 WIPO-IGC 的讨论都产生了重要影响。

1977 年 3 月 2 日，由非洲 12 个国家②在班吉签订了对非洲国家的知识产权保护具有极大影响力的协定——《关于建立非洲知识产权组织及修订〈建立非洲—马尔加什工业产权局协定〉的班吉协定》(*Agreement Relating to the Creation of an African Intellectual Property Organization*，*Constituting a Revision of the Agreement Relating to the Creation of an African and Malagasy Office of Industrial Property*，以下简称"1977 年《班吉协定》") ，③ 该协定共七个附件，关于民间文学艺术保护的规定主要集中于该协定的第七个附件——"版权与文化遗产"，该附件分为"版权"和"文化遗产的保护与促进"两编。

关于民间文学艺术的版权保护，1977 年《班吉协定》"版权编"设置了"事先通知义务"，规定任何对民间文学艺术作品的改编和使用，不需要事先取得相关的许可，而只是应当事先通知(shall be notified to) 相关版权管理机构。正因如此，很难说 1977 年《班吉协定》对民间文学艺术的版权保护中有"权利"的内容。正如有的学者指出，1977 年《班吉协定》所规定的民间文学艺术并不是一种专有权利的客体，根据其具体规则，并不存在行使民间文学艺术版权的相关国家或主管机构，也没有为特定使用行为设立真正意义上的前提条件。故而，该协定并没有直接规定相关主体对民间文学艺术的专有权利，其他使用者只需要事先向相关主管机构提出申明并支

---

① See Stephen Palethorpe and Stefaan Verhulst, *REPORT ON THE INTERNATIONAL PROTECTION OF EXPRESSIONS OF FOLKLORE UNDER INTELLECTUAL PROPERTY LAW*, ETD/2000/B5-3001/E/04, October 2000, pp. 49-50.

② 分别是加蓬、毛里塔利亚、贝宁、刚果、乍得、象牙海岸、尼日尔、布基纳法索、多哥、喀麦隆和中非共和国。

③ 具体文本参见世界知识产权组织官网，https://wipolex.wipo.int/en/treaties/details/227，最后访问日期：2020 年 9 月 14 日。

付相应费用，即可随意使用。①

　　1977 年《班吉协定》是第一个关于民间文学艺术的区域性条约，对非洲国家的知识产权制度产生了重大影响。该协定在现代知识产权制度的框架下，首次协调了民间文学艺术在版权保护与文化遗产保护之间的平衡，积极、有效地探索了民间文学艺术保护的途径。同时，《班吉协定》作为一项具有强制性和直接效力的生效条约，也促使其成员国在民间文学艺术的知识产权保护立法上与协定保持一致。

　　2. 知识产权特别权利制度下的立法实践

　　民间文学艺术在知识产权特别权利制度下的立法实践主要涉及《1982年示范法》和 1999 年《班吉协定》。1975 年，世界版权公约政府间委员会和伯尔尼联盟执行委员会向联合国教科文组织的文化部门递交了民间文学艺术保护的可行性方案。② 1977 年，UNESCO 就民间文学艺术保护问题召集了一次专家委员会，就全面研究有关民间文学艺术保护问题达成一致意见。1982 年，"保护民间文学艺术表达知识产权问题的政府专家委员会"的主题会议在 UNESCO 与 WIPO 联合号召下展开了，该会议讨论了由工作组提交的示范法草案及相关建议，最终通过了《保护民间文学艺术表现形式以防止不正当利用和其他损害性行为国内示范法》(*Model Provisions for National Laws on the Protection of Folklore Against Illicit Exploitation and Other Prejudicial Actions*，以下简称《1982 年示范法》)。③ 该示范法的宗旨是防止民间文学艺术被盗用或滥用，保护国家在民间文学艺术领域的文化利益和

---

　　① See Angès Lucas-Schloetter, *Folklore*, in Silke von Lewinski ed., *Indigenous Heritage and Intellectual Property: Genetic Resources, Traditional Knowledge and Folklore*, Kluwer Law International, 2004, pp. 279-280.

　　② See *Model Provisions for National Laws on the Protection of Expressions of Folklore Against Illicit and Other Prejudicial Actions*, WIPO and UNESCO, Geneva. Part I, Introductory Observations.

　　③ 该示范法由世界知识产权组织于 1985 年正式发布，具体文本参见世界知识产权组织官方网站 https://www.wipo.int/export/sites/www/tk/en/folklore/1982-folklore-model-provisions.pdf，最后访问日期：2020 年 3 月 20 日。

经济利益，促进民间文学艺术的进一步发展、传承和传播。该示范法共 14 条，篇幅虽不多，但涉及了权利客体、权利内容和限制、国际保护等具体问题。①

《1982 年示范法》的直接目的是为民间文学艺术提供知识产权类型的保护，以防止未经授权的使用和"失真性"使用，为保护民间文学艺术的国家立法提供一个示范模板。从具体内容来看，该示范法整体上体现了民间文学艺术保护与发展的平衡，即反对未经授权且不经修改的直接利用，如直接复制、公开传播等行为；鼓励对民间文学艺术的间接利用，如基于民间文学艺术创作的新的作品，这类使用行为不需要得到授权，但不得歪曲、贬损该民间文学艺术。

该示范法的巨大进步是从原来的版权转向特别保护(sui generis protection)，相关术语也从民间文学艺术的"作品"(works)转变为"表现形式"(expressions)。同时也规定了例外情况，如用于教育、用于举例或说明的"偶然使用"或用于时事报道的使用等。只有"有获利目的且超出传统或习惯"的使用才需要授权。同时，与《突尼斯示范法》相比，《1982 年示范法》赋予社区在处理民间文学艺术方面的更大权利，对于授权和收费，他们可以在国家级"主管部门"和社区本身的授权之间进行选择。②

1999 年，非洲知识产权组织(OAPI)根据 TRIPS 协定的要求，对 1977 年《班吉协定》进行了修改，于 1999 年 2 月 24 日正式通过了《关于〈1977 年 3 月 2 日关于建立非洲知识产权组织班吉协定〉修改协定》(*Agreement Revising the Bangui Agreement of March* 2, 1977, *on the Creation of an African*

---

① 正如 WIPO 官方研究所说，这是第一份以"知识产权类型的特别保护"方式来保护民间文学艺术的草案。See WIPO, *Introduction to Intellectual Property*: *Theory and Practices*, Kluwer Law International, 1997, p. 174.

② See Christoph Antons, *Intellectual Property Rights in Indigenous Cultural Heritage*: *Basic Concepts and Continuing Controversies*, in Christoph Beat Graber, Karolina Kupprecht and Jessica Lai (eds), *International Trade in Indigenous Cultural Heritage* (Cheltenham: Edward Elgar, 2012), pp. 148-151.

Intellectual Property Organization，以下简称"1999 年《班吉协定》"），① 新协定的成员国有 16 个②。1999 年《班吉协定》共 10 个附件，每一个附件都属于知识产权的一个领域，只有附件七直接关系到民间文学艺术保护。该附件标题改为了"文学与艺术财产权"（Literary and Artistic），但仍采取了原来的版权制度和文化遗产制度两个框架部分。③

1999 年《班吉协定》第一编的版权制度中保留了公共领域付费制度，删除了 1977 年《班吉协定》中针对民间文学艺术使用规则的事先通知义务。也就是说，相应的使用者只需要付费，不再负有通知义务。修订后的《班吉协定》将与民间文学艺术相关的版权视为一种特别权利。④

与 1977 年《班吉协定》不同的是，1999 年《班吉协定》将《1982 年示范法》所规定的民间文学艺术特别权利制度进行扩充，融入该协定。1999 年《班吉协定》是国际社会在世界知识产权组织和联合国教科文组织领导框架内进行立法的重要典范，至今仍是国际知识产权法中唯一为民间文学艺术直接提供保护的区域性国际公约。⑤ 当然，1999 年《班吉协定》在其他知识产权领域也有相当突出的贡献。⑥

---

① 具体文本参见世界知识产权组织官网 https://wipolex.wipo.int/en/treaties/details/227，最后访问日期：2020 年 9 月 14 日。

② 它们分别是：中非共和国、贝宁、刚果、加蓬、尼日尔、塞内加尔、喀麦隆、多哥、布基纳法索、科特迪瓦、几内亚、几内亚比绍、赤道几内亚、马里、乍得、毛里塔利亚。

③ 参见李亮、曾礼：《"一带一路"倡议下传统文化的知识产权保护》，上海人民出版社 2019 年版，第 147 页。

④ 参见张耕：《民间文学艺术的知识产权保护研究》，法律出版社 2007 年版，第 107 页。

⑤ 参见杨鸿：《民间文艺的特别知识产权保护：国际立法例及其启示》，法律出版社 2010 年版，第 184 页。

⑥ 1999 年《班吉协定》所倡导的版权、工业产权和文化遗产的综合性法律保护，对包括民间文学艺术在内的非物质文化遗产的宏观保护制度设计具有重要的借鉴意义。值得一提的是，1999 年《班吉协定》中有关工业产权的规定，在附件三中关于商品和服务商标的规定，附件五中关于地理标志的规定以及附件八中关于不正当竞争的规定，这些都能对民间文学艺术保护起到重要作用。

3. 民间文学艺术特别权利保护立法的新探索

世界知识产权组织"知识产权与遗传资源、传统知识、民间文学艺术政府间委员会"(Intergovernmental Committee on Intellectual Property and Genetic Resources, Traditional Knowledge and Folklore, 以下简称"WIPO-IGC")①在 2019 年 6 月召开的第四十届会议公布了最新的《民间文学艺术法律保护条款草案》(*The Protection of Traditional Cultural Expressions*：*Draft Articles*)②，是 WIPO 关于民间文学艺术产权保护领域的最新讨论结果。该草案在立法宗旨、概念界定、保护标准等方面都进行了深入探讨，但还存在很多尚未达成一致的内容。

WIPO-IGC 当前的谈判始于 2001 年，同时为遗传资源、传统知识和民间文学艺术的谈判中的三个主题领域拟定了案文草案。③ 实际上，WIPO-IGC 在遗传资源、传统知识和民间文学艺术的主题谈判中，该委员会于 2019 年 6 月发布的《民间文学艺术法律保护条款草案》是三个主题的法律文件中进展最快的。整体上看，该条款草案存在一些弊端，首先是关于民间文学艺术权利主体的问题，该条款草案在序言中就承认《联合国土著人民权利宣言》，并在草案中明确尊重、承认和保护土著人民(indigenous peoples)的民间文学艺术。这得到了一些国家代表团的支持，但也有代表指出，"土著人民"的概念不适用于他们自己的国家背景。④

---

① 该委员会于 WIPO 第 26 届大会(2000 年 9 月)正式成立，专门研究遗传资源、传统知识和民间文学艺术(genetic resources, traditional knowledge and folklore)三大主题的知识产权保护问题。

② See WIPO/GRTKF/IC/40/19, *The Protection of Traditional Cultural Expressions*：*Draft Articles*. 该草案将民间文学艺术称为"传统文化表现形式"，即"Traditional Cultural Expressions"，本书统称为"民间文学艺术"。具体文本参见世界知识产权组织网站 https://www.wipo.int/meetings/en/doc_details.jsp? doc_id=439176, 最后访问日期：2020 年 9 月 16 日。

③ 关于 WIPO-IGC 的最新草案成果详见世界知识产权组织官方网站 https://www.wipo.int/tk/en/igc/, 最后访问日期：2020 年 9 月 15 日。

④ 参见巴巴多斯代表团、中国代表团和摩洛哥代表团在 IGC 会议上的陈述。See WIPO/GRTKF/IC/21/7 PORV. 2, p. 22; Trinidad and Tobago, pp. 24, 69; and Barbados, p. 68.

2007 年，非洲地区工业产权组织（African Regional Industrial Property Organization，ARIPO）研究制定了《保护传统知识和民间文学艺术的斯瓦科普蒙德议定书》（*Swakopmund Protocol on the Protection of Traditional Knowledge and Expressions of Folklore*，以下简称《斯瓦科普蒙德议定书》）。2010 年，ARIPO 外交会议通过了该议定书。该议定书除序言外包含四个部分，分别为预先条款（Preliminary Provisions）、传统知识保护（Protections of Traditional Knowledge）、民间文学艺术保护（Protections of Expressions of Folklore）①和一般规定（General Provisions）。

关于民间文学艺术保护的规定，《斯瓦科普蒙德议定书》相关条款大多吸收了 WIPO-IGC 前期关于民间文学艺术产权保护的讨论，如第 16 条设置的民间文学艺术②保护标准：第一，民间文学艺术是由集体或身份不明的个人长期积累和创造（creative and cumulative intellectual activity）的知识产品；第二，民间文学艺术反映了相关社区（community）的文化特色（cultural identity）和传统遗产（traditional heritage）的典型要素，这些文化特色和遗产要素均由该社区根据其习惯法（customary laws）和传统实践（practices）进行传承、使用或发展（maintained，used or developed）。《斯瓦科普蒙德议定书》的相关规则被部分非洲国家法律所吸纳，并被直接转化为其国内法律。如肯尼亚 2016 年公布的《传统知识与文化表达保护法》，其第 14 条规定的"文化表达"③保护标准条款，以及赞比亚 2016 年公布的《传统知识、遗传资源和民间文学艺术表达形式保护法》，其第 46 条规定的民间文学艺术保护标准，均与《斯瓦科普蒙德议定书》相关内容类似。

总体来看，在国际层面，目前已经基本形成了以 WIPO 为代表的私法

---

① 该议定书将民间文学艺术称为"民间文学艺术表达"（expressions of folklore），本书在介绍相关学说和立法实践时统称为"民间文学艺术"。

② 该议定书把民间文学艺术称为"民间文学艺术表达形式"。

③ 该法所谓"文化表达"相当于通常所说的"民间文学艺术"，以下称为"民间文学艺术"。

保护和以 UNESCO 为代表的公法保护框架。① 随着 WTO 和 WIPO 两大国际组织合作的不断深入，联合国环境计划署、联合国粮农组织、联合国贸易与发展会议、联合国开发计划署、世界卫生组织、世界粮食计划署等国际机构对传统知识和传统文化的保护问题也展开了广泛的讨论。

随着全球化的不断深入，关于非物质遗产保护的跨界冲突不断出现，如澳大利亚的"越南地毯案"②、南非的"祖鲁民歌案"③以及印度的"Basmati 香米案"④等。今后在国际层面规范民间文学艺术的法律文书都应包括跨国合作和仲裁机制。但在 WIPO-IGC 的讨论中，虽然存在跨国合作的规定，但大多是宣示性的，在讨论受益人、保护范围等具体内容的同时忽视了跨国问题。⑤ 包括争端仲裁等跨国合作和管理问题对于民间文学艺术保护也是至关重要的，应加以重视。

知识产权国际谈判的过程实际上也是发展中国家与发达国家利益角逐的过程，特别是关于民间文学艺术的知识产权谈判，中间还夹杂着土著代表和地方社区的立场。发展中国家寻求具有约束力的国际协议，以实现真正公平公正的惠益分享。但发达国家则担心为民间文学艺术保护设置过于

---

① 吴汉东：《论传统文化的法律保护——以非物质文化遗产和传统文化表现形式为对象》，载《中国法学》2010 年第 1 期。

② See WIPO Document：WIPO/GRTKF/IC/3/7, *Review of Existing Intellectual Property Protection of Trad-itional Knowledge*, para. 9. Geneva, May 6, 2002. At https://www.wipo.int/meetings/en/doc_details.jsp? doc_id＝2163, last visit at 22 May 2019.

③ 祖鲁人所罗门·林达创作了一首叫姆布贝（mbube）的歌曲，先后被美国歌手皮特·西格和韦斯·乔治翻唱，还被用于迪士尼著名电影《狮子王》中。参见熊建军：《一种新型知识产权：身份政事权研究》，载《河北法学》2017 年第 3 期。

④ Basmati 是一种产自印度和巴基斯坦旁遮普省的水稻。1997 年，美国稻育种公司 RiceTec Inc. 被授予一项涉及植物和种子的专利（US5663484），试图垄断各种水稻系，其中就包括与 Basmati 系相似特性的稻系，由于将影响到印度水稻的出口，2000 年印度要求对此专利进行再审。专利权人不得不撤回包括 Basmati 型水稻系的一些权利要求。随后，双方的争议从该专利转移到"Basmati"名称的滥用。

⑤ See Antons Christoph, *Geographies of knowledge：cultural diffusion and the regulation of heritage and traditional knowledge/cultural expressions in Southeast Asia*, WIPO journal, 2012, vol. 4, no. 1, pp. 83-91, at 89.

明晰的权利，会对现有知识产权制度的稳定性造成破坏，故而不愿意接受具有强制约束力的法律标准，① 同时也可以减轻相关国际谈判带来的国家义务。② 代表土著和地方社区的组织也在这场辩论中存在自己的立场，一方面，他们正在根据大多数发展中国家的立场，寻求民间文学艺术的强有力保护和相对宽松的定义；另一方面，与许多发展中国家的政府相比，他们更倾向于对受益人的定义更为严格和狭窄。③

目前，以 WIPO-IGC 为代表的相关国际组织已经基本确定了关于民间文学艺术特别权利保护的总则和基本框架，但仍然存在许多尚未解决的具体问题，例如确定民间文学艺术的范围和类型，区分民间文学艺术与一般作品的差别等。

二、国内外文献综述

(一)国内研究综述

1. 关于民间文学艺术知识产权保护目的和原则的研究

国内相关研究中，知识产权领域的专家学者对民间文学艺术保护的目的和原则进行了讨论。杨新书、刘水云认为，民间文学艺术的著作权保护，应以确定保护社会群体利益为基本原则，实行文化、版权双重保护路

---

① 参见欧盟代表团和美国代表团在 IGC 会议上的陈述，WIPO Doc. WO/GA/41/15, pp. 5-7.

② 参见欧盟代表团、美国代表团、日本代表团和韩国代表团在 IGC 会议上的陈述，WIPO Doc. WIPO/GRTKF/IC/21/7 PROV. 2, pp. 13, 14, 21, 61；the United States, pp. 17, 48；Japan, pp. 19-20, 23；and the Republic of Korea, p. 20.

③ 参见图帕赫·阿马鲁代表团在 IGC 会议上的陈述。See WIPO/GRTKF/IC/21/7 PROV. 2, p. 66.

径。① 张耕教授认为，民间文学艺术知识产权保护的原则主要有利益平衡、协调保护、综合保护、尊重习惯四项基本原则。② 邓社民教授认为，民间文学艺术保护的立法目的是"保护民间文学艺术，继承和弘扬优秀文化传统，保护民间文学艺术创造者和传承者的利益，防止对民间文学艺术的不正当利用及其他侵害行为，促进社会主义精神文明建设"。③

在非物质文化遗产的知识产权保护方面，李秀娜认为，非物质文化遗产保护的目的是"保护非物质文化遗产的使用、弘扬和传承，保护非物质文化遗产权利人的合法权利"。应在尊重历史的基础上承认创始家族权利，赋予外传弟子特有称谓使用权；承认社群的诉讼主体资格，由社群集体内部共享使用权，明确政府作为公权保护主体支持私权保护。④ 通过民间文艺的私法保护与公法保护的比较，李墨丝提出，在公法保护方面，应当是"有所为有所不为"的保护，要重视名录制度和相关主体（保护主体和传承主体）在非物质文化遗产行政保护中的重要作用。以公法保护非物质文化遗产的根本目标，是确保非物质文化遗产的生命力，应秉持人本原则、活态保护原则、真实性原则、整体性原则；在私法保护方面，构建具备中国特色的非物质文化遗产知识产权法律保护制度，应以"承认价值，增进尊重；防止滥用，赋予权利；激励文化创新，促进文化公平交流"为目标，坚持"利益平衡、灵活和全面保护及尊重习惯"等基本原则。⑤

严永和教授认为，立法目的一般有直接与间接、近期与长期之分，民

---

① 参见杨新书、刘水云：《论中国民间文学艺术版权保护》，载《知识产权》1993年第 4 期。

② 参见张耕：《民间文学艺术的知识产权保护研究》，法律出版社 2007 年版，第 144~151 页。

③ 邓社民：《民间文学艺术法律保护基本问题研究》，中国社会科学出版社 2015年版，第 243 页。

④ 参见李秀娜：《非物质文化遗产的知识产权保护》，法律出版社 2010 年版，第 167 页。

⑤ 参见李墨丝：《非物质文化遗产保护国际法制研究》，法律出版社 2010 年版，第 285~304 页。

间文学艺术的知识产权保护，应厘清其立法目的的近期目标与长期效果，进而促进该法律制度的直接目的与间接目的的实现。他进一步指出，民间文学艺术知识产权保护的当务之急是促进民间文学艺术的保存、传承与发展，这也是民间文学艺术知识产权保护的直接目的和近期目的；而民间文学艺术知识产权保护的间接目的和长远目标，则是保护民间文化，促进文化交流，维护文化多样性的可持续发展和文化安全。① 基于知识产权法的基本原则和民间文学艺术的文化特质，在构建民间文学艺术知识产权保护制度时，应秉持激励创新原则、利益平衡原则、二分法原则、集体性原则和传统性原则。②

　　除了知识产权领域的讨论，文学艺术领域的学者也在关注民间文学艺术的产权保护问题。户晓辉教授认为，应区分民间文学艺术私法保护与公法保护的目的，民间文学艺术的私法保护主要涉及平衡民间文艺主体的权利和利益，其立法的根本目的是保障和实现权利平等和分配正义；而公法保护则关注民间文艺本身，同时起到防范公权力失职和侵犯私权的作用。并提出，应通过理性化和法治化路径，将民间文艺保护纳入我国公共领域建设中来。③

　　总的来看，国内学界目前对民间文学艺术产权保护目的和原则的研究，主要以世界知识产权组织政府间委员会等国际组织产生的相关法律文件为基础，并结合了知识产权制度的一般原理。整体上可将民间文学艺术产权保护目的和原则概括为"承认价值"和"尊重差异"两大方面的内容。承认价值，即承认相关部族民间文艺的内在价值；尊重差异，即尊重相关部族在生活习惯和文化上的差异。"承认价值"和"尊重差异"既是国际层面上

---

　　① 参见严永和：《民间文学艺术的知识产权保护论》，法律出版社2009年版，第213~214页。

　　② 参见严永和：《民族民间文艺知识产权保护的制度设计：评价与反思》，载《民族研究》2010年第3期。

　　③ 参见户晓辉：《民间文艺表达私法保护的目的论》，载《民族文学研究》2016年第3期。

文化交流的基本准则，也是国内层面上各民族交往、交流、交融的道德规范，是民间文学艺术产权保护应遵循的最基本的理念。

2. 关于民间文学艺术产权保护范围的研究

财产的法律概念是一组关于资源的"权力"，所有者可以不受他人干涉地自由行使自己的权力。关于民间文学艺术的产权保护范围，主要涉及我们需要保护哪些民间文学艺术，以及满足什么条件的民间文学艺术可以纳入产权的保护范畴，许多学者都有阐述。

在相关概念的辨析方面，吕睿讨论了民间文学艺术概念的内涵与外延，她认为，由于民间文学艺术与民间文学艺术作品、民间文学艺术表达存在根本区别，如果仅仅采用著作权制度来保护民间文学艺术，很难实现有效保护。[1] 廖冰冰也认为，应当严格区分"民间文学艺术"和"民间文学艺术作品"的概念和关系。[2]

关于民间文学艺术的保护条件，有学者建议直接设立"准入标准"作为是否将具体民间文学艺术纳入产权保护范畴的准则。张广生认为，由于著作权法一般不保护实用艺术品，故而具有"实用性"的民间工艺品、手工制品等，不受著作权法保护；对于已经公开发表的，且超过著作权保护期限的民间文学艺术作品，已经进入共有领域，也不受著作权法保护。[3] 王瑞龙教授认为，具有物质形态的且已出版的民间文学艺术作品，理应受到著作权法的保护，但那些没有被进一步加工或提炼的民间零散材料，由于它们没有体现收集者的创造性智力劳动，不具有创造性，故不宜纳入保护范围。在权利主体方面，王瑞龙教授认为，将产生民间文学艺术的群体作为权利主体，这是不争的事实，应当得到法律的认可，同时，考虑行使权利

---

[1] 参见吕睿：《知识产权语境下民间文学艺术概念辨析》，载《广西社会科学》2011 年第 2 期。

[2] 参见廖冰冰：《民间文学艺术表现形式概念及法例评析——以 1982 年〈示范条款〉为例》，载《广西民族大学学报（哲学社会科学版）》2014 年第 4 期。

[3] 参见张广生：《试论民间文学艺术作品的著作权》，载《中国法学》1992 年第 1 期。

的便利性，可将各级政府作为行使相关权利的主体，各级文化行政部门代表各级政府行使权利。① 王晓君认为，只有具备了著作权因素的民间文学艺术才能成为著作权法保护的客体，并提出，将民间文学艺术作品作为著作权法下的特殊作品予以保护，从而在立法层面和司法层面区别于一般作品。② 田艳认为，传统文化的私权保护应排除公共领域、宗教领域、合理使用状态下的传统文化。权利主体方面，她主张"双重主体"，一是将传统文化的权利主体确定为相关传统社区的群体，二是将国家确定为传统文化的管理主体，由国家设立专门的机构来统筹相关产权的运行。③ 周林研究民间美术的知识产权保护问题，他认为，民间美术作品在符合著作权法保护标准的同时，还应具备可辨识性、流传久远性和公认性。④

也有学者建议按照文化学的标准对民间文学艺术进行分类，以确定应受知识产权保护的民间文学艺术范畴。杨新书、刘水云提出，可以初步将民间文学艺术分为文字语言类、动作表演类、造型服饰类、民俗节祭类和科技技巧类。文字语言类、动作表演类、造型服饰类具有明显的文学艺术特征，可以纳入著作权保护范畴；而民俗节祭类和科技技巧类则不然。在确定产生、流传民间文学艺术作品的民族或社会群体所享有的著作权基础上，根据部门、单位或个人在民间文学艺术作品的收集、整理、完善、创新等具体工作方面的贡献，确定其权利和义务。⑤ 吴海珍认为，可以通过区分民间文学艺术的原创型和改编型，利用著作权制度对民间文学艺术加

---

① 参见王瑞龙：《民间文学艺术作品著作权保护的制度设计》，载《中南民族大学学报（人文社会科学版）》2004 年第 5 期。

② 参见王晓君：《民间文学艺术的著作权规制》，载《河北法学》2015 年第 11 期。

③ 参见田艳：《无形财产权家族的新成员——传统文化产权制度初探》，载《法学杂志》2010 年第 4 期。

④ 参见周林：《民间美术知识产权保护的几个问题》，载《美术观察》2018 年第 2 期。

⑤ 参见杨新书、刘水云：《论中国民间文学艺术版权保护》，载《知识产权》1993 年第 4 期。

以保护。① 管育鹰教授认为，可以区分民间文学艺术和具有民族民间风格的原创作品，对前者采用特别权利保护，对后者采用著作权保护。至于特别权利，可以借用信托模式以实现对民间文学艺术的集体管理。②

也有学者从著作权的"作品"标准出发，对民间文学艺术进行划分，符合著作权作品标准的，即按照著作权法进行保护。如郑成思教授认为，构成民间文学艺术作品的素材和已经成形的民间文学艺术作品，二者有实质性区别，为不妨碍文学艺术的创作，不应将民间文学艺术作品的创作素材设置为专有。③ 罗莉则认为，严格区分民间文学的衍生作品和受民间文学艺术启发的作品，并无实际意义，而应该根据作品的原创性标准，将民间文学艺术子型分为源于民俗的作品（满足原创性）和源于民俗的衍生作品（不满足原创性），以区分具有不同本质特征民间文学艺术，从而分别采用不同的保护方式。④

3. 关于民间文学艺术产权保护模式研究

根据国内大多数学者的著述，民间文学艺术的产权保护模式主要有综合保护模式（包括横向层面和纵向层面）、著作权保护模式、特别权利保护模式等。

（1）综合保护模式

总体上看，学者们所提出的综合保护模式是将民间文学艺术的产权保护置入横向上更大保护范围的保护制度或者纵向上更高法律位阶层次的保护制度中。

在横向层面，有的学者建议结合其他法律制度，如商标法、反不正当竞争法、刑法等，对民间文学艺术实施多重保护。谢海燕提出，应结合知识产

---

① 参见吴海珍：《从乌苏里船歌案看民间文学艺术的保护》，载《电子知识产权》2003 年第 12 期。

② 参见管育鹰：《知识产权视野中的民间文艺保护》，法律出版社 2006 年版，第 217~218 页。

③ 参见郑成思：《谈民间文学作品的版权保护与中国的立法》，载《中国专利与商标》1996 年第 3 期。

④ See Luo Li（罗莉），*Intellectual Property Protection of Traditional Cultural Expressions*，Springer International Publishing Switzerland 2014, p. 36.

权法、反不正当竞争法和特设法定权利(即特别权利)，对民间文学艺术进行综合保护。① 唐广良提出了以政府、专家学者和传承人三者为主的传统资源保护责任机制。② 罗莉认为，由于知识产权制度与民间文学艺术内在特征的不协调，知识产权只能对民间文学艺术作品提供有限的保护，有效的法律保护路径应是知识产权保护、行政保护乃至刑事保护的多重保护。民间文学艺术保护不仅要依靠国家法律，还需要双边条约或国际公约的支持。③

有的学者提出了"民间文学艺术权""少数民族文化产权"等综合性文化权利，这种权利属于涵盖民间文学艺术、传统知识、风俗习惯等的广泛的文化权利。如刘胜红、周安平等学者提出，应在著作权体系外对民间文学艺术进行单独立法，并由此提出了"民间文学艺术权"的概念。④ 郑军则认为，为强调少数民族传统文化产权的私权属性，可设立"少数民族文化产权"，这种权利的内容集财产权利和人身权利为一体，前者包括文化使用收益权、文化许可使用权和文化收益分配权，后者包括文化署名权、文化保真权、文化继承发展权、文化监督权。⑤

---

① 参见谢海燕：《论我国民族民间文学艺术表达法律保护模式的构建》，载《贵州民族研究》2004 年第 3 期。

② 参见唐广良：《可持续发展、多样性与文化遗产保护》，载《贵州师范大学学报(社会科学版)》2005 年第 4 期。

③ See Luo Li（罗莉），*Intellectual Property Protection of Traditional Cultural Expressions*，Springer International Publishing Switzerland 2014，p. 211.

④ 根据该理论的观点，"民间文学艺术权"的所有者并非是某一个特定群体，而应当由创造和保存民间文学艺术的相关群体共同所有。这种权利是不可转让的，且保护期限也不受限制。参见刘胜红：《再论民间文学艺术权》，载《中央民族大学学报(哲学社会科学版)》2006 年第 1 期；周安平：《公法与私法间的抉择——论我国民间文学艺术的知识产权保护》，载《知识产权》2012 年第 2 期。

⑤ 参见郑军：《少数民族文化私法保护模式的困境及其出路》，载《中北大学学报(社会科学版)》2009 年第 3 期。这种"文化产权"与林德尔·普洛特（Lyndel Prott）提出的"文化权"相似，这种广泛的文化权利包括：保护文学艺术和科学作品权；文化发展权；尊重少数民族的身份、传统、语言和文化遗产的权利；传统社群对自身艺术、历史和文化财富所享有的权利；不受强加外国文化影响的权利。参见龙文：《论民间文学艺术的权利归属及其知识产权保护模式》，载郑成思主编：《知识产权文丛(第10卷)》，中国方正出版社 2004 年版，第 320 页。

在纵向层面，有许多学者研究民间文学艺术保护的上位概念，包括广义的传统知识保护、文化产权保护、传统文化保护、非物质文化遗产保护等，建议设立统领式的综合立法，然后对各项客体实行单独立法。如张耕教授对民间文学艺术知识产权保护的整体设想，涉及特殊版权、地理标志制度、反不正当竞争制度。在版权方面，他提出了"二元"权利主体结构模式，即承认传承人（私人）和相关部落、民族、或特定地区的族群（集体）对民间文学艺术享有的权利。①

在传统知识的产权保护领域，严永和教授研究广义的传统知识时，曾提出"三步走"方案：一是利用现有知识产权制度，对传统知识实行防御性保护；二是对现有知识产权制度中的保护范围、保护标准等内容进行一定修改，将传统知识纳入现有知识产权制度进行保护；三是创设新的规则或建立特别权利制度，对传统知识实行专门保护。就民间文学艺术而言，可以将民间文学艺术的知识产权确定为特别知识产权或知识产权特别权利，对民间文学艺术实行单独立法保护。② 臧小丽研究传统知识的法律保护时提出，应将传统知识法律保护的公权保障与私权保护并重，在公法与私法两个方面进行单独立法，在私法方面，可对传统知识的法律保护进行综合立法，对其中的民间文学艺术、传统中医药等具体内容进行单独立法保护。③ 丁丽瑛在研究传统知识的知识产权保护时提出"自上而下"的立法思路，首先是进行顶层立法，以达到统领和宣示作用；然后是根据现行知识产权法对传统知识提供保护；最后，在现行的专利法、商标法、著作权法、反不正当竞争法以外，专门针对各类传统知识实行特别保护机制，即

---

① 参见张耕：《民间文学艺术的知识产权保护研究》，法律出版社 2007 年版，第 6 页。

② 参见严永和：《论传统知识的知识产权保护》，法律出版社 2006 年版，第 126~127 页。

③ 参见臧小丽：《传统知识的法律保护问题研究》，中央民族大学博士学位论文 2006 年。

制定单行法。① 周方在研究广义传统知识的知识产权保护时，主张"建立传统知识专门保护立法体系"。②

在非物质文化遗产保护方面，李墨丝、李秀娜等学者在研究非物质文化遗产的法律保护时，均认为应建立非物质文化遗产知识产权保护体系。③李墨丝认为，国家基于领土主权，对疆域内的非物质文化遗产即享有主权，故国家虽然在法理上不能成为非物质文化遗产的所有人，但有权保护和管理本国领域内的非物质文化遗产，这是毋庸置疑的。至于非物质文化遗产的所有人，可界定为将特定非物质文化遗产视为本社群或本社区文化遗产组成部分的社区、群体和个人。④ 杨建斌提出"非物质传统资源"和"非物质传统资源权"的概念，探讨了非物质传统资源的"私权"与"公权"及其界限与限制，实际上是涵盖狭义传统知识、民间文学艺术等公私法保护。⑤

（2）著作权保护模式

有的学者建议直接通过著作权制度来保护民间文学艺术。如杨新书、刘忠认为，可以给予民间文学艺术表现形式以准版权保护和邻接权保护，将"防止非法利用，或歪曲、损害民间文学艺术；鼓励其发展、传播、使用以及被改编成具有独创性的作品"的基本原则写入著作权法，再由各省、自治区通过地方立法来具体化。⑥ 按照崔国斌教授的观点，应当将民间文

① 参见丁丽瑛：《传统知识保护的权利设计与制度构建——以知识产权为中心》，法律出版社 2009 年版，第 218 页。
② 参见周方：《传统知识法律保护研究》，知识产权出版社 2011 年版，第 34～36、209、263 页。
③ 参见李墨丝：《非物质文化遗产保护国际法制研究》，法律出版社 2010 年版；李秀娜：《非物质文化遗产的知识产权保护》，法律出版社 2010 年版。
④ 参见李墨丝：《谁的非物质文化遗产——以国家主权为视角》，载《求索》2009年第 4 期。
⑤ 参见杨建斌：《知识产权体系下非物质传统资源权利保护研究》，法律出版社2011 年版，第 5、87 页。
⑥ 参见杨新书、刘忠：《关于民间文学艺术的版权保护》，载《云南社会科学》1990 年第 5 期。

学艺术作品视为普通作品,赋予传承人以作者身份,通过普通作品加以保护。① 江忠英认为,基于著作权制度的性质及其所固有的优点,著作权制度是保护我国民间文学艺术的基本方式。②

也有的学者建议对著作权制度进行一定修改,以保护民间文学艺术。如李祖明认为,应制定专门的私法性质的法律保护民间文学艺术表达形式,或者说是制定扩大的而非现代意义上的版权法对之加以保护。③ 他认为,对民间文学艺术表达来说,某一个人是根本无法完成这个创作活动的,同样,国家在这里也没有参与创作活动。因此,民间文学艺术表达的产权主体只能是居民团体或民族。郑成思教授认为,在制定相应的著作权保护条例时,可以考虑保护民间文学艺术作品的复制权、翻译权、传播权和付酬权,而不授予改编权,因为大多数改编者是艺术家,他们并不以营利为目的,而是发扬和传播优秀传统文化。④ 孙彩虹教授在论述民间文学艺术的知识产权保护模式时,主张先承认现行知识产权制度在保护民文学艺术领域的作用,然后逐步构建民间文学艺术的知识产权保护规则。⑤ 实际上,经一定修改的著作权保护模式,与下文所述的特别权利保护模式具有共性,只是相关学者没有明确提出"特别权利"这一概念。

(3)特别权利保护模式

"特别权利"是一种新的知识产权类型,它在基本规则和原理方面与现有知识产权相似,但又对现有知识产权制度中的关键部分进行了"修饰",

---

① 参见崔国斌:《否弃集体作者观——民间文艺版权难题的终结》,载《法制与社会发展》2005 年第 5 期。

② 参见江忠英:《民间文学艺术作品著作权问题研究》,载《电影评介》2017 年第 15 期。

③ 参见李祖明:《民间文学艺术表达形式法律保护之我见》,载《思想战线》1996 年第 2 期。

④ 参见郑成思:《谈民间文学作品的版权保护与中国的立法》,载《中国专利与商标》1996 年第 3 期。

⑤ 孙彩虹:《民间文学艺术知识产权策略研究》,中国政法大学出版社 2011 年版,第 126 页。

包括权利客体的范围、保护条件、权利内容等，进而成为一种新的知识产权类型。民间文学艺术的特别权利保护是根据民间文学艺术的特点，对现有著作权制度进行"适度修正"，从而将民间文学艺术与著作权意义下的一般作品相区分，为其单独构建相应的产权保护体系。我国法学界对民间文学艺术特别权利保护模式大多表示赞同。如张玉敏教授认为，特别权利保护模式能够更为充分地体现民间文学艺术的保护需求，为较优选择，并建议构建独立于版权体系的融合公法与私法法律保护手段的民间文学艺术保护法。① 黄玉烨教授认为，建立民间文学艺术特别权利保护机制，是民间文学艺术知识产权保护路径的必然选择。由于民间文学艺术的创作主体具有群体性和不确定性，其权利主体是多元化的，包括自然人、群体和国家，一般情况下，民间文学艺术专有权属于自然人或相关群体、组织，在特定情况下，国家也可以成为民间文学艺术专有权的主体。② 管育鹰教授就民间文学艺术知识产权保护制度构建模式，提出了"建立我国民间文艺特殊权利法律保护制度"的设想。③

另外，曹新明等提出了"权利弱化"与"利益分享"理论，即在法律理论层面，将民间文学艺术④的权利界定为，经法律"弱化"了的关于"利益分享"的。由此提出了"无形文化标志权"这一集体性特别权利，它经由文化部门登记管理而产生，其权利主体是一个或几个国家、民族、族群、地区或社区，在我国非遗名录制度下，还可以由传承人单独享有相关权利。⑤

---

① 参见张玉敏：《民间文学艺术法律保护模式的选择》，载《法商研究》2007年第4期。

② 参见黄玉烨：《民间文学艺术的法律保护》，知识产权出版社2007年版，第148~152页。

③ 参见管育鹰：《知识产权视野中的民间文艺保护》，法律出版社2006年版，第228~234页。

④ 该文将民间文学艺术称为"民族民间传统文化"，本书在介绍相关学说和立法实践时，均使用"民间文学艺术"。

⑤ 参见曹新明等：《民族民间传统文化保护的法哲学考察》，载《法制与社会发展》2005年第2期。

杨鸿、邓社民等学者也支持民间文学艺术的特别权利保护方式。① 郑颖捷也赞同特别权保护模式，并建议对著作权中的署名权进行扩大解释，确保民间文艺来源的真实性和具体性。②

（4）其他路径

就民间文学艺术产权保护的具体措施，许多学者提出了各自的见解，如引入商品化权、惩罚性赔偿、公益诉讼等。苏喆等认为，利用现有著作权制度并不能充分保护民间文学艺术，可设立"民间文学艺术商品化权"，将民间文学艺术"商品化"，进而从私法角度规范民间文学艺术的商业性使用行为。这样既维持了知识产权的现有基本框架不动摇，又可以最大限度地释放民间文学艺术的商业价值和文化价值，实现双赢。③ 董迎轩等在研究少数民族传统文化产权纠纷解决机制时提出，一方面要借鉴传统社群的习惯和风俗，妥适地解决纠纷；另一方面，可以引入集体管理制度，以"有效参与"来缓解少数民族传统文化产权矛盾。④ 杨明认为，非物质文化遗产法律保护应当采取多元化立法模式，其结构体系为"以知识产权制度和专门保护制度为核心，以合同法和习惯法为重要补充"。⑤ 蒋涵认为，需要加快建立以利益分享机制为核心，集法律制度、行政管理、注册登记于一体的知识产权保护体系，促进民间文学艺术更好地传承发展。⑥ 赵书波

---

① 参见杨鸿：《民间文艺的特别知识产权保护——国际立法例及其启示》，法律出版社 2011 年版，第 368~375 页；邓社民：《民间文学艺术法律保护基本问题研究》，法律出版社 2015 年版，第 219 页。

② 参见郑颖捷：《民间文学艺术如何署名》，载《中南民族大学学报（人文社会科学版）》2012 年第 6 期。

③ 参见苏喆等：《论民族民间文学艺术的商品化权保护模式》，载《扬州大学学报（人文社会科学版）》2010 年第 1 期。

④ 参见董迎轩等：《少数民族传统文化产权纠纷解决机制研究》，载《贵州民族研究》2013 年第 1 期。

⑤ 杨明：《非物质文化遗产的法律保护》，北京大学出版社 2014 年版，第 162 页。

⑥ 参见蒋涵：《民间文学艺术保护与传承发展的知识产权制度回应》，载《知识产权》2018 年第 9 期。

认为，应当加大民间文艺著作权侵权赔偿，并通过各级非物质文化遗产保护中心搭建我国民间美术作品和民间美术品的实物和版权交易平台，以畅通交易渠道，降低交易成本。① 刘立甲认为，应在著作权法框架下，建立民间文学艺术的特别权利保护机制，并在民间文艺的司法保护机制中引入公益诉讼制度。②

在民族经济领域，学者们开始关注到民族文化中产权的界定问题。李忠斌教授研究文化旅游中的文化产权问题，认为传统社区特别是少数民族群体在文化旅游开发中处于边缘地位，有必要从法律层面明晰文化产权的归属，并建议在确定国家享有文化资源所有权的基础上，承认文化资源归属于某一族群。③ 他指出，就我国而言，可以在充分利用村委会基层群众自治的基础上，把民族文化旅游资源产权纳入村委集体资产。再按照股份化的思路，以保障开发民族文化旅游资源带来的收益权。在研究民族文化的经济价值时，李忠斌教授进一步提出，民族文化是民族经济中十分重要的因素之一，文化因素是资本要素与自然环境在价值转换中的核心角色，根据是否可以通过一定的手段进行价值转换的标准，区分经济的文化和非经济的文化，并且认为，可转化为资本的文化，至少应满足可量化、可分解、可使用、能增值的基本特征。④

整体来看，学术界和相关国际组织关于民间文学艺术特别权利保护制度的架构，主要有两种思路：一种思路是把民间文学艺术作为其上位概念（如广义的传统知识、传统文化资源、非物质文化遗产等）的一个部分来探讨其知识产权保护；另一种思路是民间文学艺术直接或间接适用知识产权

---

① 参见赵书波：《以交易促保护：对民间美术作品版权问题的思考》，载《美术观察》2018 年第 2 期。

② 参见刘立甲：《著作权保护视阈下的民间文艺作品》，载《理论月刊》2018 年第 11 期。

③ 参见李忠斌：《基于产权视角下的民族文化旅游可持续发展研究》，载《中南民族大学学报》2016 年第 5 期。

④ 参见李忠斌：《论民族文化之经济价值及其实现方式》，载《民族研究》2018 年第 2 期。

制度。实际上，非物质文化遗产、传统知识等传统文化资源类型属于民间文学艺术的上位概念，前述"综合性保护"的相关讨论也体现了专门的特殊保护思路。总的来看，多数学者还是赞同民间文学艺术的特别权利保护模式。①

按照综合保护模式，把传统知识、民间文学艺术等作为一个整体，构建"传统文化资源知识产权保护法"，内容上涉及传统技术性知识、民间文学艺术、传统设计、传统名号等，立法技术上，需要把现代专利法、著作权法、商标法等相关立法进行整合，难度较大。在实践中，WIPO-IGC 按照单独保护模式，对民间文学艺术和传统知识分别研究制定法律保护条约草案。我国现行《著作权法》第 6 条规定，"民间文学艺术作品的著作权保护办法由国务院另行规定"。国家版权局也一直致力于推出"民间文学艺术作品著作权保护条例"，故我国对传统文化资源的知识产权保护也遵循了单独保护的思路。

需要注意的是，WIPO-IGC 一直将传统名号、传统设计置于"民间文学艺术"概念下进行讨论。但实际上，传统名号涉及商业标识的知识产权保护类型，与著作权制度联系不大，故不宜在民间文学艺术范畴中进行讨论，而应将其纳入对应的制度进行讨论，从而为传统名号提供足够的保护。

采取特别权利模式保护民间文学艺术的制度优势主要在于：第一，具有针对性，根据民间文学艺术的特点设立专门的单独保护方案，以满足民间文学艺术保护和发展的需要；第二，通过建立专门保护制度，避免相关法律纠纷出现时法律适用的片面性和局限性；第三，单独设立保护制度可避免对现有知识产权制度的潜在破坏。特别权利保护模式是实现民间文学艺术知识产权保护的首要选择。

①　参见邓社民：《民间文学艺术法律保护基本问题研究》，中国社会科学出版社 2015 年版，第 219 页；杨鸿：《民间文艺的特别知识产权保护——国际立法例及其启示》，法律出版社 2011 年版，第 5 页；吕睿：《新疆民间文学艺术知识产权保护研究》，法律出版社 2014 年版，第 240 页。

（二）国外研究综述

1. 关于民间文学艺术保护的必要性研究

首先，随着全球经济市场的不断发展，民间文学艺术的经济价值开始受到重视，人们逐渐认识到社区的文化遗产还可以在经济发展中发挥作用。民间文学艺术在创造就业和削减贫困方面表现出巨大的潜力。Liebl 和Roy 在研究中指出，手工艺品为大量的印度农村穷人提供了一种谋生手段，许多印度手工艺传统固有的美丽是如此显而易见，在创造收入的过程中它们的潜力最近才被认识到。① 联合国教科文组织 1980 年至 1998 年的调研表明，土著民族文化要素是娱乐、艺术、旅游、建筑和时尚领域重要的文化产品。② 更值得关注的是，土著民族和传统社区的民间文学艺术为西方现代文化工业所利用，并带来了巨大收益。有学者指出，西方的音乐家和歌手将美洲和南非的音乐元素融入现代流行音乐中大获成功，借此获得丰厚的收益。③

其次，随着民间文学艺术的开发和利用，需要建立产权制度以阻止对民间文学艺术的滥用。作为"人权"下位概念的文化权被基本肯定。传统社区和土著民族享有的传统文化"知识产权"其实属于人权当中的重要组成部分，并未证实其财产权属性。④ 并且，民间文学艺术与现代知识产权保护密切相关。有学者指出，有效的法律保护应当给予传统社区和国内政府，

---

① See Maureen Liebl and Tirthankar Roy, *Handmade in India: Traditional Craft Skills in a Changing World*, in *Poor People's Knowledge, Promoting Intellectual Property in Developing Countries*, edited by J. Michael Finger and Philip Schuler, a copublication of the World Bank and Oxford University Press, 2004.

② See UNESCO, *Study on International Flows of Cultural Goods*, 1980-1998, Paris, 2000.

③ See Sherylle Mills, *Indigenous Music and The Law: An Analysis of National and International Legislation*, Yearbook for Traditional Knowledge Music, 1996, p.57.

④ See the Crucible Group, *Communitarian Right of Intellectual Property*, 1994.

以控制他人使用民间文艺作品的行为，并进行经济补偿。①

澳大利亚著名土著律师 Terri Janke 在 2006 年为 WIPO 提供的关于文化财产知识产权问题研究报告中，从文化财产的经济价值和社会价值出发，提出政府与土著艺术家及其代表机构合作，可以为土著文化提供的知识产权供给：(1)为艺术家提供所需的技能和工具，促进其发展；(2)进一步发展本国特有的文化产业；(3)引导大众消费观念转变；(4)倡导公平合理的相关交易；(5)打击不道德运营商，并引导它们的活动符合行业标准和法律要求。②

2. 关于民间文学艺术与知识产权制度兼容性的研究

由于民间文学艺术主要体现为民间故事、民间传说、民间美术、音乐舞蹈等形式，属于人类在文学和艺术领域内的智力成果，国际社会一开始便在著作权法框架内讨论其保护问题。但直至今日，并未有实质性的国际公约。多数学者认为，这是因为民间文学艺术的特点与现代知识产权制度（主要是著作权制度）格格不入。③ 总体来讲，西方主流观点否认了现行著作权制度对于民间文学艺术保护的妥适性。但也有学者主张回应土著民族的诉求，要求他人使用民间文学艺术须事先得到许可且支付使用费，并且禁止那些曲解和损害传统文化的使用。

国外学者不赞成民间文学艺术著作权保护的另一个重要原因是担心侵

---

① 　See Christine Haight Farley, *Protecting Folklore of Indigenous Peoples*: *Is Intellectual Property the Answer?* 30 Connecticut Law Review 1 (Fall, 1997). See also Janet Blake, *Commentary on the UNESCO* 2003*Conventionon the Safeguarding of the Intangible Cultural Heritage*, Institute of Art&Law, 2006, p. 29. James D. Nason, *Traditional Property and Modern Laws*: *the Need for Native American Community Intellectual Property Rights Legislation*, 12 Stanford Law and Policy Review 255, Spring, 2001.

② 　See Terri Janke, *Indigenous cultural and intellectual property*: *the main issues for the Indigenous arts industry in* 2006, WIPO Document, https://www.wipo.int/export/sites/www/tk/en/databas-es/creative_heritage/docs/terry_janke_icip.pdf.last visit at 25 October 2020.

③ 　See Christine Haight Farley, *Protecting Folklore of Indigenous Peoples*: *Is Intellectual Property the Answer?* 30 Connecticut Law Review 1, Fall, 1997. See also Daniel J. Gervais, *Information Technology and International Trade*, 74 Fordham Law Review 505, November 2005. Susanna Frederick Fischer, *Dick Whittington and Creativity*: *From Trade to Folklore*, *From Folklore to Trade*, 12 Texas Wesleyan Law Review 5, Fall 2005.

蚀公共领域。美国密西根信息大学黎特曼(Jessica Litman)教授认为，公共领域是美国创造性话语(creative discourse)的重要组成部分，精神权利的赋予可能会损害公共领域和个人表达的自由。过度保护民间文学艺术，会极大地限缩公共领域范围。① 美国圣塔菲高级研究院院长迈克尔·布朗(Michael F. Brown)批评那种为防止文化侵占而设计的法律制度，因为它们用不适当的方法忽视了公众获取信息的自由。② 但是，知识产权领域的"公共领域"的内涵和外延同样存在不确定性。公共领域未必是产权的对立面，公共领域的作用是将传统文化表现形式排除在保护范围之外，甚至被用来作为盗用行为的正当理由。③ 正如学者指出的，允许发达国家无偿地拿走发展中国家处于"公共领域"的信息，发展中国家却要在知识产权的框架下有偿获取信息，这带来了经济上的不平等，而解决经济上的不公平是至关重要的。公共领域中与民间文学艺术有关的信息和可供公众获得的与民间文学艺术相关的信息，二者之间存在根本区别。④

联合国贸易和发展会议学术主任、英国利兹大学杜特菲尔德(Graham Dutfield)教授指出，传统知识的保护问题充分反映了发达国家和发展中国家在战略目标和利益分配上的差异。发达国家试图提高 TRIPS 协定的标准以获利，发展中国家尝试引入传统知识予以对抗，并认为传统知识理论储备不足，制度准备不足，与知识产权制度格格不入，都是发展中国家拒绝履行 TRIPS 协定的借口和托词；而发展中国家将传统知识的保护放到贸易谈判中，欠缺关联性和逻辑性，此举更多地体现了国际政治意蕴。发达国

---

① See Jessica Litman, *the Public Domain*, 39 Emory Law Journal 965, p. 977, Fall 1990.

② See Michael F. Brown, *Can Culture be Copyrighted?* 39 Currency Anthropology 193, pp. 204-206, 1998.

③ See Anupam Chander and Madhavi Sunder, *The Romance of the Public Domain*, 92 California Law Review California Law Review 1331, at 1334, 1340. October, 2004.

④ See David Skillman and Christopher Ledford, *Limiting the Commons with Uncommon Property: A Critique of Chander & (and) Sunder's the Romance of the Public Domain*, 8 Oregon Oregon Review of International Law 337, 2006.

家以政治之名抹杀传统知识所蕴含的经济、人文、历史及生物价值，忽视
了生物海盗行为对发展中国家造成的损失，颠倒了发展中国家在贸易谈判
中强调传统知识的因果。①

3. 关于民间文学艺术产权保护路径的研究

关于民间文学艺术的产权保护路径，存在众多观点。

一是综合保护。有国外学者认为，既然民间文学艺术的知识产权保护
（主要是著作权领域）在理论上无法自圆其说，不如转而寻求替代的法律保
护方案，或者尝试为包括民间文学艺术在内的传统知识保护构建一个综合
法律体系，因为民间文学艺术是一个非常广泛的概念，没有任何一个法律
能够完整而独立地解决所有问题。② 实际上，WIPO-IGC 不止一次强调，
民间文学艺术的知识产权保护可以是多方面的，版权法、表演者权利、集
体商标和证明商标、地理标志、外观设计等相关制度都可供选择。③ 有学
者据此提出了创设"新型权利"的构想。如有学者提出可以为传统社区设立
专有权利，以促进传统社区的知识私有化并避免传统社区知识被他人夺
取，并将这种权利描述为"社区共享智慧权"（Community Intellectual
Right）。④ 也有学者提出构建针对传统社群文化资源的"社区知识产权"

①　See Graham Dutfield. *TRIPS-Related Aspects of Traditional Knowledge*. 33 Case
Western Reserve Journal of International Law 233, Spring 2001.

②　See Molly Torsen, *Reflections on Intellectual Property*, *Traditional Knowledge and
Cultural Expressions*, 3 Intercultural Human Rights Law Review 199, 2008. p. 200.

③　See WIPO/GRTKF/IC/3/17, paras 179, 181, 189, 192, 194, 197 and 198, in
*Consolidated Analysis of The Legal Protection of Traditional Cultural Expressions/Expressions of
Folklore*, Background Paper No. 1, WIPO

④　按照"社区智慧权"的构想，社区头领（部族族长）可以作为社区的受托人
（trustees）管理相关权利；《生物多样性公约》和《粮食和农业植物遗传资源国际条约》
（International Treaty on Plant Genetic Resources for Food and Agriculture，ITPGRFA）所倡导
的"农民权"（farmers rights）也可得以永久存续；同时，建立"发明的注册机制"，通过
这一机制可以将社区生物多样性注册机制联系起来。See Anil K. Gupta, *WIPO-UNEP
Study on the Role of Intellectual Property Rights in the Sharing of Benefits Arising from the Use of
Biological Resources and Traditional Knowledge* （2004）, at 51, available at http://www.wipo.
int/tk/en/publications/769e_unep_tk.pdf, last visited Oct.28, 2019.

（Community Intellectual Property Rights），使传统社群整体上享有对其传统文化的控制权，外部社会或其他机构未经允许，不得随意使用传统社区的文化资源。① 在"第三世界网络"上，有学者提出了"社区权"（Community Rights）的制度构想。② 波塞和杜特费尔德（Posey and Dutfield）也提出构建"传统资源权"（Traditional Resource Right）设想，这种权利是包括知识产权在内的，③ 主要用于保存、保护和补偿传统资源的系列"捆绑性权利"，"传统资源"包括动植物以及宗教、礼仪、遗传、文学和美学意义上的客体。④ 之后，他们又在"传统资源权"的基础上，主张构建"CBD 友好型"

---

① 为了实现和保障传统社群对其文化资源的权利，有效实现发达国家及其公司对发展中国家及其传统社群所处地区的生物资源或者生物材料利用的利益分享，"社区知识产权"既要求在国家层面上制定适当的法律，也要求国家之间相互承认。另外，建立"社区知识产权"的设想还主张建立国际数据库，对遗传资源或者种质资源进行记录并跟踪其使用情况，在国际层面上建立一个"公共卫士"（Public Defender）机构，以对传统社群或者传统社区与所在国政府之间以及国家与跨国公司之间的不公平利益关系进行干预。See The Crucible Group, *PEOPLE, PLANTS, AND PATENTS, THE IMPACT OF INTELLECTUAL PROPERTY ON BIODIVERSITY, CONSERVATION, TRADE, AND RURAL SOCIETY*, 1994, at 67, http://idl-bnc.idrc.ca/dspace/bitstream/10625/9957/9/98456.pdf, last visit at 18 October 2019.

② 传统文化社区内的全部知识和所有产品都归传统文化社区所有，传统文化社区有权允许该社区以外的其他主体按照共同商定的条件，对该社区的知识进行商业开发和利用，相关使用费划入传统社区共同管理的基金，用于保护、发展、加强、维持社区及其知识资源，传统文化社区的成员有权对以上行为进行监督。See The Third World Network, *THE MAIN ELEMENTS OF A COMMUNITY RIGHTS ACT*, http://twnside.org.sg/title/comm-cn.htm.last visit at 12 March 2019.

③ See Anil K. Gupta, WIPO-UNEP Study on the Role of Intellectual Property Rights in the Sharing of Benefits Arising from the Use of Biological Resources and Traditional Knowledge（2004）, at 50, available at http://www.wipo.int/tk/en/publications/769e_unep_tk.pdf.最后访问日期：2019 年 1 月 7 日；达里尔·A. 波塞、格雷厄姆·杜特费尔德：《超越知识产权——为原住民和当地社区争取传统资源权利》，许建初等译，云南科技出版社 2003 年版，第 69 页。

④ See Shahid Alikhan and Raghunath Mashelkar, *Intellectual Property and Competitive Strategies in the 21st Century*, Kluwer Law International, 2004, p. 86.

（CBD-friendly）的知识产权法。①

印度教育部副部长 P. V. Valsala G. Kutty 女士对印度、菲律宾和印度尼西亚在保护民间文学艺术方面的经验进行了总结：首先，民间文学艺术的概念需要进一步拓宽，使之包括民间文学、民间习惯、民间艺术、民间科学技术、民间信仰和民间医药等人类创造的所有产物；其次，需要授权的开发类型应扩展到涵盖制造、销售、提供出售、分销民间文艺等内容；最后，应明确规定民间文学艺术的所有权归社区或由国家设立的民间文艺协会所有。②

美国华盛顿大学知识产权法教授法利（Christine Haight Farley）认为，商标制度中的反假冒商标和反不正当竞争行为可以用来规制某些未经许可的民间文学艺术复制行为，政府可以采取适当措施保证来源于传统社区产品的真实性，如美国 1935 年印第安艺术和手工艺保护法。商标法律制度对传统文化的保护体现为两个方面：从主动保护角度来看，传统社群或传统社区可以注册自己的商标；从防御保护角度来看，可以禁止和撤销他人注册原属于传统社区的代表性文字、图案、名称等文化要素。③　综合学者们的观点，商标制度在前述防御性保护方面的作用更为明显。如有的学者将他人盗用土著传统文字和其他标记行为归因于盗用"原生态"资源所能带来的新的经济动力，西方文明在土著文化（indigenous cultures）中找到了新的价

---

① See Graham Dutfield, *INTELLECTUAL PROPERTY RIGHTS, TRADE AND BIODIVERSITY: THE CASE OF SEEDS AND PLANT VARIETIES*, 1999, at 77, available at http://www.sristi.org/material/mdpipr2003/MDPIPR2003CD/M5%20Intellectual%20property%20rights.pdf, last visit at 12 October 2016.

② See P. V. Valsala G. Kutty, *National Experiences with the Protection of Expressions of Folklore/traditional Cultural Expressions: India, Indonesia and the Philippines*, November 25, 2002. https://www.wipo.int/edocs/pubdocs/en/tk/912/wipo_pub_912.pdf, last visit at 28 December 2020.

③ See Christine Haight Farley, *Protecting Folklore of Indigenous Peoples: Is Intellectual Property the Answer?* 30 Connecticut Law Review 1, Fall 1997.

值内核。①

二是习惯法保护。有学者认为，习惯法可针对传统部落文化财产赋予"私人"的有限专有权，且由集体共同永久享有，土著民族的习惯法在文化遗产保护方面更有效率。② 美国得州农工大学法学教授斯里维迪亚·拉加万（Srividhya Ragavan）认为，由于版权在根本上不承认传统社区的权利，也无法提供永久性保护，习惯法（customary laws）则是可以优先考虑的选择，可以利用传统社区内部已经存在的利益分配规则管理文化财产。但缺乏国家层面的配套制裁制度，传统社区的习惯法是没有强制执行效力的。③

美国桑福德大学坎伯兰法学院法学克鲁克（Paul Kuruk）教授注意到习惯法在其中所发挥的重要作用，并考察了习惯法在传统知识保护方面的适用情况。他认为，习惯法与传统知识相伴而生，实际上是习惯法界定了何为传统知识。应承认习惯法在传统知识法律保护框架中的地位，并建立适当的执行机制和程序，发挥习惯法在保护传统知识中的作用。④ 但采用习

---

① See Sandler, F., *Music of the Village in the Global Maketplace*: *Self-Expression*, *Inspiration*, *Appropriation*, *or Exploitation*? Dissertation, University of Michigan, 2001, p. 39.

② See Kuruk Paul, *Protecting Folklore under Modern Intellectual Property Regimes*: *A Reappraisal of the Tensions between Individual and Communal Rights in Africa and the United States*, American University Law Review, vol. 48, no. 4, April 1999, pp. 769-850; Danielle Conway-Jones, *Safeguarding Hawaiian Traditional Knowledge and Cultural Heritage*: *Supporting the Right to Self-Determination and Preventing the Co-modification of Culture*. 48 Howard Law Journal 737, Winter, 2005. See also Meghana RaoRane , *AIMING STRAIGHT*: *THE USE OF INDIGENOUS CUSTOMARY LAW TO PROTECT TRADITIONAL CULTURAL EXPRESSIONS*, 15 Pac. Rim L. & Pol'y 827, September, 2006, at 828, 843, 845.

③ See Ragavan Srividhya, *Protection of Traditional Knowledge*. Available at SSRN: https://ssrn.com/abstract=310680 or http://dx.doi.org/10.2139/ssrn.310680, last visit at 25 October 2020.

④ See Paul Kuruk, *The Role of Customary Law Under Sui Generis Frameworks of Intellectual Property Rights in Traditional and Indigenous Knowledge*. Indiana International & Comparative Law Review (2007).

惯法来保护传统知识并不充分，尤其是在全球化的视角下，一味依赖习惯法将落入地域性的窠臼。

文化人类学家迈克尔·布朗(Michael F. Brown)曾提出，由于土著民族与现代社会所有权观念的不同，应先将土著文化确定为财产，在文化信息交流方面进行立法，他倡导以谈判和对话的方式，平衡传统社群的利益诉求和一般民众的自由民主要求，而非一刀切地建立文化遗产保护法律。① 多数学者认为传统社群的习惯法是更有效率和弹性的法律形式，可以较好地缓和传统社群与一般民众关于文化诉求的矛盾，这也是一种较理想的保护途径。

三是特别权利保护。有关民间文学艺术法律保护的讨论，已经演变为"需要特别权制度还是在现行的知识产权法律框架加以解决"之间的争论。② 一种观点认为，特别权(Sui Generis)和知识产权并不是对立的，甚至有些就是改造后的知识产权，比如改变保护条件、改变保护的期限等。但多数情况下，典型的知识产权制度和调整后的知识产权制度被认为不足以应对传统文化表现形式的独特特征，促使一些国家和地区发展了自己独特的专门制度。有学者在对夏威夷文化遗产进行调研后也认为，对夏威夷传统知识和文化遗产的保护必须源于土著人的特有制度(sui generis system)，而不是源于促进"文化商品化"的西方知识产权法。③ 有学者提倡使用类似于普通财产制度的特殊制度，以确保对有关人民提供充分的保护。④ 但也有学者认为，特

① See Michael F. Brown, *Who Owns Native Culture*? Harvard University Press, Cambridge 2003. p. 9.

② See Irma De Obaldia, *Western Intellectual Property And Indigenous Cultures The Case Of The Panamanian Indigenous Intellectual Property Law*, 23 Boston University International Law Journal 337, Fall, 2005.

③ See Danielle Conway-Jones, *Safeguarding Hawaiian Traditional Knowledge and Cultural Heritage*: *Supporting the Right to Self-Determination and Preventing the Co-modification of Culture*. 48 Howard Law Journal 737, Winter, 2005, p. 762.

④ See Yos Santasombat, *History of a Struggle*, SIGNPOSTS TO SUI GENERIS RIGHTS, December 6, 1997. At http://www.grain.org/publications/signposts.htm.last visit at 26 October 2020.

别权利(sui generis rights)可能淡化社区权利。①

联合国贸易和发展会议学术主任、英国利兹大学杜特菲尔德(Graham Dutfield)教授曾提出积极性保护和防御性保护的观点：积极性保护(positive protection)是针对民间文学艺术主动建立相应的法律保护制度，以提供特别权利(sui generis)保护；消极性保护(defensive protection)是指防止对与民间文学艺术相关的知识授予知识产权，例如通过建立民间文学艺术数据库或采用登记注册的形式，利用"在先权利"制度实行被动保护，或者是对知识产权取得设置信息强制公开或来源地证明等条件。就目前来看，防御性保护可以通过对现有知识产权制度的有限修改来实现，且大多数国家也能接受。但从长远来看，对民间文学艺术建立新的特殊保护机制才能实现其有效保护。杜特菲尔德(Graham Dutfield)教授认为，对全部民间文学艺术主张知识产权并不现实，对那些已经处于公共领域的民间文艺实行"知情付费"制度是比较实际和可行的做法。具体操作上，他仍然建议设立专门的民间组织或机构，管理民间文艺的许可使用和相关利益分配问题，尽管这种集体管理效率不高，但它的存在可以尽量减少外部开发对传统文化社区的侵害。②

杜特菲尔德(Graham Dutfield)教授在研究传统知识保护时提出，传统知识是传统社群在生产生活中逐步建立起来的知识体系。其所有权应归属于集体，对此可采取"防御性保护"+"积极性保护"的双重保护方式。一方面，可以利用专利制度为传统知识提供"防御性保护"，即要求原产地来源披露，建立传统知识数据库并将其作为现有技术，建立事前知情同意或来源地证明制度。另一方面，可以设立专门制度实现"积极性保护"：第一，制定专门的知识产权制度，鼓励但不强制权利要求的登记；第二，构建数据库权利并保护这些数据不受不公平的商业使用；第三，建立全球生物资

---

① See Dr Owain Williams, *Sui generis rights-A Balance Misplaced*, SIGN POSTS TO SUI GENERIS RIGHTS, at http://www.grain.org.last visit at 20 October 2020.

② See Graham Dutfield, *Protecting Traditional Knowledge and Folklore*, published by International Centre for Trade and Sustainable Development (ICTSD) and International Environment House, June 2003.

源利用协会；第四，建立补偿责任制度。①

美国桑福德大学坎伯兰法学院法学教授保罗·克鲁克(Paul Kuruk)认为，与现代知识产权相比，传统部落的文化财产并不赋予个人有限的专有权，而是由集体共同永久享有权利，因此要根据其特性选择合适的法律制度。作者对建立全球性的保护制度并不乐观，认为地区性的法律安排更切实际，他考察了非洲的实践，建议建立专门的机制机构以应对地区以外的侵权行为，包括对民间文艺使用费的收取。②

澳大利亚著名土著律师特里·扬克(Terri Janke)2003年为WIPO提供的研究报告中，分析与澳大利亚土著文化产品和艺术品相关的八个知识产权案件，多涉及澳大利亚版权法、商标法以及专利法。这些案件集中反映了澳大利亚土著人民对利用现有知识产权制度保护本土文化的积极探索。Terri Janke 女士在文中提出，现有知识产权制度仍不能对澳大利亚土著文化提供充分保护，澳大利亚土著人民正在尝试通过建立集体管理制度、加强习惯法的适用以及起草文化法案等途径来保护自身文化权利。从长远来看，建立特别权利保护机制是保护当地土著文化的有效途径。③

澳大利亚著名知识产权专家彼得·德霍斯(Peter Drahos)提出了"提取知识产权"(extractive intellectual property)的概念。他以澳大利亚土著人民传统知识为研究对象，提出土著人民不得不适应不保护他们财产的财产法，且得不到任何补偿，是不正义、不公平的。应结合现有规则，设立新的知识产权类型，即"提取知识产权"(extractive intellectual property)，以实

---

① See Graham Dutfield, *Legal and economic aspects of traditional knowledge*, *International Public Goods and Transfer of Technology Under a Globalized Intellectual Property Regime*. Cambridge University Press, 2005. https://www.researchgate.net/publication/292362721 last visit at 14 November 2020.

② See Kuruk Paul, *Protecting Folklore under Modern Intellectual Property Regimes*: *A Reappraisal of the Tensions between Individual and Communal Rights in Africa and the United States*, American University Law Review, vol. 48, no. 4, April 1999, pp. 769-850.

③ See Terri Janke, *Minding Culture*: *Case Study on Intellectual Property and Traditional Cultural Expressions*, Published by World Intellectual Property Organization, 2003.

现土著人民对其知识财产的控制。①

也有学者围绕土著民族文化、历史和政治背景进行了论述，认为土著民族的传统文化构成其文化遗产的有机组成部分，不能成为知识产权的客体。② 也有学者在考证了美国"土著民族墓葬与赔偿法案"后提出，该法案已经正式承认印第安文化的独特性，应当考虑采取新的路径来保护美洲的传统文化产权。实际上，《1982年示范法》和WIPO-IGC近些年来推出的相关"条款草案"均体现为"特别权利"思路。③

总体来看，广大发展中国家和最不发达国家将"特别条款"(sui generis clause)视为一个开放的窗口，通过扩大现有知识产权的范围，以保护其绝大多数公民、农民、医生、土著和地方社区的权利。未知的是，超越知识产权的特殊法律(sui generis laws)如何提供与知识产权不同的权利，如何在日益由知识产权主导的世界中发挥作用，以及世贸组织将如何应对。④

三、研究方法和主要内容

(一)研究方法

本书采用的研究方法主要有：

第一，规范分析法。规范分析是法学研究的基本方法，也是本书运用

---

① See Peter Drahos, *Intellectual Property, Indigenous People and their Knowledge*, Cambridge University Press, 2014, pp. 1-11.

② See Irma De Obaldia, *Western Intellectual Property And Indigenous Cultures The Case Of The Panamanian Indigenous Intellectual Property Law*, 23 Boston University International Law Journal 337, Fall, 2005.

③ See Jill Koren Kelley, *Owning the sun: Can native culture be protected through current intellectual property law?* 7 Journal of High Technology Law 180, 2007.

④ See *SIGNPOSTS TO SUI GENERIS RIGHTS*, December 6, 1997. At http://www.grain.org/publications/signposts.htm.last visit at 28 November 2020.

的基本研究方法。通过对国际层面《伯尔尼公约》《突尼斯示范法》《1982 年示范法》《斯瓦科普蒙德议定书》以及 WIPO-IGC 的相关研究报告等相关立法文件进行深入、细致的分析，发掘其在立法目的、权利主体、权利客体、权利内容等方面的制度经验，并指出相应的问题，吸收和借鉴其中的可取之处，为构建民间文学艺术产权保护制度提供经验支持。

第二，比较分析法。从相关现有研究和立法实践来看，我国学界还存在民俗学等研究成果"法学化"不足、国外立法与学术成果"本土化"不足等问题。需要妥适处理民俗学"第一性"学科与法学，特别是知识产权法学这种"第二性"学科的关系，充分吸收民俗学等相关学科的研究成果，将其"法学化""法律化"；需要妥适处理法律移植与法律本土化之间的关系，充分吸收联合国教科文组织、世界知识产权组织、非洲知识产权组织等国际和区域性组织设立的关于传统文化资源产权保护的国际"硬法"与"软法"的精神、原则与规则，将其本土化。笔者结合民间文学艺术的特征与现代知识产权制度基本理论，通过对比分析国内外相关立法实践和理论学说在立法目的、权利主体、权利内容等方面的不同做法和观点，为构建符合我国实际情况的民间文学艺术产权保护制度提供一定支持。

第三，案例分析法。案例分析也是法学研究的基本研究方法，尤其是在构建新的法律制度时更为重要。通过对国内外相关经典案例的分析，论证确认和保护民间文学艺术产权的重要性，并结合案例所反映的传统社群的权利诉求，对民间文学艺术的产权进行合理配置。

第四，田野调查法。为深入了解民间文学艺术传承和发展的实际情况，笔者曾赴湖南省溆浦县、湖南省会同县、湖南省保靖县、贵州省玉屏县等地进行实地调研，切身感受到民间文学艺术的文化魅力。田野调查所获内容，也为构建民间文学艺术知识产权保护制度提供了实证支持。

(二)主要内容

本书除"绪论"外总共有七章。"绪论"部分主要研究相关学术背景和立法背景。在现有的法律制度框架下，我国民间文学艺术的法律保护存在公法与私法的失衡。结合国际上相关立法经验和国内外相关理论经验，对民间文学艺术实行"特别权利"的产权保护是必要的，也是可行的。

第一章为"民间文学艺术的界定"，主要分析了民间文学艺术的内涵、特点和基本类型。概念和范围的界定，是私法保护的基础。民间文学艺术，是指各民族集体创造并世代传承的，表明其独特民族精神的传统文学和艺术领域的智力成果，包括民间文学、民间音乐、民间舞蹈、民间美术等，民间文学艺术具有传统性、整体性和创造性特点。根据民间文学艺术的公开程度，将其分为秘密性的与非秘密性的民间文学艺术；根据民间文学艺术表现形式作用的感官效果，将其分为言语系统的与非言语系统的民间文学艺术；根据民间文学艺术是否具有神圣性，将其分为神圣性的与非神圣性的民间文学艺术。

第二章为"民间文学艺术知识产权保护的必要性和正当性"。在必要性方面，主要从制度需求和现实需求两个层面分析了构建民间文学艺术知识产权保护制度的合理性；在正当性方面，主要从保障人权、实现可持续发展、保护文化多样性三个方面，分析了构建民间文学艺术知识产权保护制度的合理性。

第三章为"民间文学艺术知识产权保护的目的和基本原则"，主要研究民间文学艺术知识产权保护的目的、基本原则等问题。在立法目的方面，通过吸收和借鉴相关国际法律文件中的合理部分，结合知识产权的社会功能和民间文学艺术的文化功能，将民间文学艺术知识产权保护的目的确定为"确认与保护民间文学艺术特别权利"和"保护公共领域"。在保护原则方面，结合知识产权的基本原则和民间文学艺术的特征，将民间文学艺术知识产权保护的基本原则总结为"表达原则""合理使用原则""整体性原则""集体性原则"。

第四章为"民间文学艺术知识产权保护的条件"，包括实体条件和程序条件。在实体条件方面，基于对民间文学艺术传统性、集体性和创造性本质特点的分析，结合著作权法一般保护条件的要求，提出民间文学艺术的知识产权保护条件，即传承性、集体性和独创性；在程序条件方面，借鉴现代著作权法的自动保护原则，主张不对民间文学艺术知识产权保护作程序要求。

第五章为"民间文学艺术的权利主体和权利管理"。在权利主体方面，由于民间文学艺术在创作上具有集体性，是传统社群的集体智慧成果，应将其权利主体确定为相关传统社群群体，同时又存在相关传统社群内部成员个人对其民间文学艺术传承有突出贡献的情况，应明确相关传承人的主体地位。再考虑到跨国纠纷解决问题，可规定国家在法定条件下的主体地位，由此提出"个人—集体—国家"三元主体结构；在权利管理方面，结合现代著作权制度的经验，提出"行政管理+集体管理"二元管理模式，由相关知识产权部门统筹当地民间文学艺术的知识产权保护工作，同时，指定或设立相应的集体管理组织，对该产权进行集体管理，更好地实现产权利益。

第六章为"民间文学艺术知识产权的权利内容和限制"。在权利内容方面，根据整体性保护原则，在精神权利和经济权利两个方面对民间文学艺术知识产权进行整体保护。结合现代著作权法规定的权利内容，可将民间文学艺术知识产权的精神权利总结为发表权、标明来源权（或署名权）以及保护完整权，相关经济权利归纳为复制权、演绎权和传播权。但上述权利仅针对秘密性的民间文学艺术，对于已经公开的民间文学艺术，其权利主体仅享有标明来源权（或署名权）和保护完整权两项精神权利；经济利益方面，则借鉴"公共领域付费"的做法，要求已经公开的民间文学艺术的使用者，事先按规定缴纳使用费。在权利限制方面，吸收相关国际立法文件和学术研究中的合理部分，结合现代知识产权法，特别是著作权法中关于权利限制的规定，提出民间文学艺术合理使用的具体类型，包括传统性使用、个人使用、公益性使用等具体使用行为。

第七章为"民间文学艺术知识产权的侵权责任与法律救济"。在侵权责任方面，结合现有法律制度中关于民事侵权法律责任与知识产权侵权法律责任的规定，提出侵犯民间文学艺术知识产权的具体民事责任、行政责任和刑事责任；在法律救济方面，吸收和借鉴专利制度举证责任倒置的规定，将"举证责任倒置"适用于民间文学艺术知识产权侵权的法律救济程序；另外，对"惩罚性赔偿"和"公益诉讼"进行理论解析，提出将二者纳入民间文学艺术知识产权的法律救济途径，进一步维护传统社群对其民间文学艺术精神利益和经济利益。最后，根据全书的分析，草拟《民间文学艺术知识产权保护条例(学者建议稿)》。

第一章 民间文学艺术的界定

第一节 民间文学艺术的内涵

一、民间文学艺术的界定

民间文学艺术（folklore）一词最早在英国考古学家威廉·汤姆斯（Willian Thoms）于 1846 年写给《雅典娜神庙》杂志社的一封信中出现。① 此后，很多语言开始引用并广泛使用这一术语，该术语也逐渐成为正式的、广为接受的民俗学等学科的基石范畴。② 从词组结构来看，该术语由"folk"和"lore"两个英文词组合而成。在英语词汇中，"folk"，是指传统相近的一群人（或者说族群或部族），他们至少具有某一共同特征；"lore"，是指与教义、戒律或习俗有关的传统事项或信仰本身。③ 在语义上，"folklore"可概括为"特定族群的知识"（knowledge of the people）或者"特定族群的文化"（culture of the people）。

---

① 参见［英］威廉·汤姆斯：《民俗》，载阿兰·邓迪思编：《世界民俗学》，陈建宪、彭海斌译，上海文艺出版社 1990 年版，第 5~6 页。

② 参见乌丙安：《民俗学原理》，辽宁教育出版社 2001 年版，第 6 页。

③ 参见［德］S. von Lewinski, Indigenous Heritage and Intellectual Property, Kluwer Law International（2004），p. 262；卡马尔·普里：《国家的法律对民间文学表现形式的保护》，周林、冯晓东译，载《著作权》1993 年第 4 期。

在中文里，"民间文学"在《辞海》中的释义是指民间集体口头创作、口头流传，并在流传过程中不断得以修改和加工的文学形式，包括民歌、民谣、神话、传说、故事、歌谣、谜语、平话、谚语、说唱、戏曲等形式。① 而《现代汉语大辞典》解释了"民间艺术"：劳动人民直接创造的或在劳动群众中广泛流传的艺术，包括音乐、舞蹈、造型艺术、工艺美术等。② 将两种解释相结合则构成了汉语中"民间文学艺术"的通常含义。

现有相关国际条约中，大多对民间文学艺术的含义作了界定。1976 年《突尼斯示范法》第 18 条规定，民间文学艺术(folklore)③是指在某国领土内，由可推定为该国国民或传统社区(nationals or ethnic communities) 创作的，世代相传并构成该传统文化遗产基本元素之一的一切文学、艺术和科学作品(literary, artistic and scientific works)。根据该条款的表述，民间文学艺术具有世代相传的特征，并且应当至少构成当地传统文化遗产的基本要素之一。《1982 年示范法》在第 2 条规定了受保护的民间文学艺术④的含义和范围："民间文学艺术表达"(expressions of folklore)是指由某一国家或地区的传统社区(community or individuals)继承并世代相传的，构成该社群传统艺术遗产(traditional artistic heritage)特征元素的，能体现该传统文化诉求(traditional artistic expectations)的成果(productions)。值得注意的是，此处强调"属于传统艺术遗产范畴"的民间文学艺术，这种艺术遗产是局限于传统社区(community or individuals)的，并非是整个国家或民族的艺术遗产。1999 年《班吉协定》在 1977 年《班吉协定》的基础上，明确区分了"民间文学艺术"和"民间文学艺术表达"，并将两者分别纳入文化遗产保护体

---

① 参见夏征农、陈至立主编：《辞海》(第六版)，上海辞书出版社 2010 年版，第 2729 页。

② 参见阮智富、郭忠新主编：《现代汉语大辞典》，上海辞书出版社 2009 年版，第 2420 页。

③ 该示范法实际上使用了"民间文学艺术作品"(works of national folklore)一词。

④ 该示范法并没有沿用《突尼斯示范法》"民间文学艺术作品"(works of national folklore)的称谓，改用"民间文学艺术表达"(expressions of folklore)。

系和特别保护体系。其第一编"版权制度"的第 2 条规定,民间文学艺术①是指具有传统艺术遗产特色要素(characteristic elements)的、由特定群体或满足该群体期望的特定人(by a community or by individuals)传承并延续下来的艺术表现形式和民间艺术产品。此外,1999 年《班吉协定》还明确区分了"民间文学艺术表达"和"由民间文学艺术演绎的作品",根据附件七第 6 条第 1 款第 1 项的规定,"由民间文学艺术演绎的作品"是指对民间文学艺术进行演绎、改编、编排和其他形式改编的作品。《斯瓦科普蒙德议定书》并没有明确定义民间文学艺术,而是总结了民间文学艺术的特征,并将其分类,该议定书认为,民间文学艺术是传统文化和知识的表达、呈现和展现(expressed, appear or manifested),既可以是有形的,也可以是无形的。WIPO-IGC 于 2019 年发布的《民间文学艺术法律保护条款草案》第 1 条规定,民间文学艺术②是土著人民、当地社区和/或其他受益人(indigenous [peoples], local communities and/or [other beneficiaries])在传统环境下或从传统环境中表现的传统文化习惯性做法(traditional culture practices)、知识表现形式,或智力活动、经验或见解的成果。

在民俗学界,"folklore"通常被译为民俗,其基本含义是指"民众的认知"(the learning of the people)。③ 民俗是一个广泛且深刻的文化事象的集合概念,包括古老的风俗、习惯、仪典、迷信、歌谣、寓言等。④ 民俗在概念和范围上不等同于民间文学艺术,但民俗的文学或艺术表达则属于民间文学艺术,如民间故事、歌谣、音乐、舞蹈、戏剧等。《大英百科全书》根据民俗的性质,将其分为信仰习惯、传说俗语和艺术三大类。⑤ 林惠祥将民俗分为三类:一是信仰及其行为(beliefs and practices),包括对天地、

---

① 该协定沿用了《1982 年示范法》"民间文学艺术表达"(expressions of folklore)的称谓。

② 该示范法使用"传统文化表达"(traditional cultural expressions)一词。

③ 参见林惠祥:《民俗学》,商务印书馆 1948 年版,第 1 页。

④ 参见[英]威廉·汤姆斯:《民俗》,载阿兰邓迪斯编:《世界民俗学》,陈建宪、彭海斌译,上海文艺出版社 1990 年版,第 5~6 页。

⑤ 参见林惠祥:《民俗学》,商务印书馆 1948 年版,第 7~8 页。

动植物、人类、人工物、灵魂、预兆(占卜)、疾病(医药)等事物的理解；二是习惯(customs)，如社会制度或政治制度、生活仪式、职业和工艺、节日、竞技运动和游戏等；三是故事、歌谣及成语，包括故事(如纪实性的神话传说、娱乐性的民间故事)、歌谣与故事歌、谚语和谜语、习惯话语和地方俗语。① 实际上，"folklore"指向的特定族群或民众，主要是指尚未完成工业化或现代化发展的传统部落、族群、社区等，包括传统社群、土著居民、区域性文化社区等，可以统称为"传统社群"或者"传统文化社区"。特定传统社群或传统文化社区的经验性知识及其文化底蕴，是这些传统社群或传统文化社区基于其传统生产生活方式或者传统习惯，不断积累并创造传承下来的，体现其文化价值，或者构成其传统文化基本要素的全部物质财富和精神财富。

本书研究的民间文学艺术可界定为：各民族集体创造并传承的各种文学和艺术形式。在知识产权语境下，民间文学艺术是指各民族集体创造并世代传承的，表明其独特民族精神的传统文学和艺术领域的智力成果。民间文学艺术有的具有知识产权意义，有的不具有知识产权意义，有的是有形的，有的是无形的。故有必要对民间文学艺术的范围进行一定分析。

二、民间文学艺术的范围

根据相关条约立法和学界的理论，民间文学艺术的范围有广义与狭义之分。

广义的民间文学艺术主要涉及两种观点：第一，将传统名号纳入民间文学艺术的范畴，如词语、名称、标记和符号等。② 传统名号是指传统文化社区所有的、凝结和表达其传统技术、设计及艺术之商誉或者声誉的各

---

① 参见林惠祥：《民俗学》，商务印书馆 1948 年版，第 8~10 页。
② 参见严永和：《论我国少数民族传统名号的知识产权保护》，载《民族研究》2014 年第 5 期。

种长期存在的传统性名称、标记、符号等，如民族名称、图腾、标记、符号等。① 传统名号一般与传统社群的民俗、仪式和节庆相关。如我国湘西土家族苗族自治州保靖县及其周边地区的土家族崇拜其土司王"涅壳瀓"，当地的土家人会在祭拜的大树、古井等地方竖立写有"涅壳瀓"字样和其他符号的木牌，以示祭祖。"涅壳瀓"便属于神圣性的传统名号。另外，广西壮族自治区田林地区瑶族会在"盘王节"那天行"还盘王愿"仪式。"涅壳瀓"与"盘王"均属于具有神圣性传统名号。

WIPO-IGC 在讨论民间文学艺术的知识产权保护时，便将传统名号纳入其保护范畴。WIPO-IGC 于 2019 年公布的最新《民间文学艺术法律保护条款草案》将民间文学艺术分为四类：（1）语言和文字形式（verbal forms），如故事、史诗、传说、诗歌、谜语以及其他叙述性形式的表达；文字、符号、名称和标记等；（2）音乐形式（musical forms），如歌曲、旋律、器乐、表达仪式的歌曲等；（3）动作表现形式（expressions by movement），如舞蹈、戏剧、典礼、仪式、在圣地和巡游中举行的仪式、竞赛、传统体育或运动、木偶戏及其他表演，且无论是已固定的还是未固定的；（4）有形的或无形的表现形式（tangible or intangible forms of expression），或者它们的组合，如艺术制品、手工艺品、仪式所用的面具或服装、手工织毯、建筑以及有形的精神形态（tangible spiritual forms）、神圣场所等。

国内学界在研究民间文学艺术知识产权保护时，也有学者提出将传统名号纳入保护范畴。如管育鹰教授认为，民间文学艺术是指具备传统文化艺术特征，并构成该特征基本要素的，反映该群体传统文化艺术期望的全部文艺产品，② 它包括音乐表达形式、行动表现形式、有形表现形式等四种形式及其组合，其中言语表现形式包括叙述性语言，如民间故事、史诗、说词、诗歌、谚语和谜语等，以及传统标志，如文字、标志、名称、

---

① 严永和：《论商标法的创新与传统名号的知识产权保护》，载《法商研究》2006年第4期。

② 管育鹰：《知识产权视野中的民间文艺保护》，法律出版社 2006 年版，第 1页。

符号等。① 张玉敏教授认为，民间文学艺术是指在文学和艺术领域，体现特定区域内的社会群体或特定族群的特定品质或者文化特征的、代代相传且不断发展的、具有一定表达形式的智力成果，包括：（1）言语表现形式，包括文字（words）、标记、名称和符号；（2）音乐表现形式；（3）行动表现形式；（4）有形表现形式。②

第二，也有观点将广义民间文学艺术扩大到文化领域的所有成果。如1999年《班吉协定》就在其"文化遗产保护"部分第68条解释道，民间文学艺术（folklore）是指由相关社群（communities）创造，并代代相传的文学、艺术、宗教、科学、技术等传统（traditions）与生产（productions）的整体。

在学界，有学者把传统技术性知识纳入民间文学艺术范畴，认为民间文学艺术包含了各个文学艺术门类，涉及文学艺术的特征和共同主题，甚至包括创作某种文学艺术作品的特有传统技巧或传统工艺。③ 有学者认为，民间文学艺术涉及民俗生活的方方面面，包括各种形态的展现民间文学艺术独特美学价值和商业价值的民俗，是特定群体，特别是国家、民族以及特定区域内集体居民在其长期共同生活下逐渐积淀和传承的知识经验和知识体系，包括其他个人（或多人）在此基础上通过模仿、表演等形式创造出的表现该知识体系的所有表现形式。④ 有的学者还把思想内容范畴的主题也纳入民间文学艺术范畴，包括宗教思想、风俗礼仪、民间信仰、风俗节庆等文化因素。⑤

---

① 参见管育鹰：《知识产权视野中的民间文艺保护》，法律出版社2006年版，第235页。

② 参见张玉敏：《民间文学艺术法律保护模式的选择》，载《法商研究》2007年第4期。

③ 唐广良：《遗传资源、传统知识及民间文学艺术表达国际保护概述》，载郑成思主编：《知识产权文丛》第8卷，中国方正出版社2002年版，第63页。

④ 参见龙文：《论民间文学艺术的权利归属及其知识产权保护模式》，载郑成思主编：《知识产权文丛》第10卷，中国方正出版社2004年版，第340~341页。

⑤ 参见黄玉烨：《民间文学艺术的法律保护》，知识产权出版社2008年版，第45~47页。

张耕教授将民间文学艺术分为"母型"和"子型"，后者是指个人(如传承人)根据民间文学艺术的基本范式，通过模仿、再现、表演或演绎等方式，进一步创作出来的具有新的表现形式或内容的民间文学艺术；前者是指体现传统社群文化特色或者文化遗产特性的基本范式，如民间故事中的基本结构和程式、民间歌曲中的基本语调和腔调、民间舞蹈中的基本动作等。可以说，民间文学艺术"母型"是隐藏在"子型"背后的传统形态，"子型"则是"母型"的"二次表达"。① 根据民间文学艺术"子型"的二次创作方式，可以进一步判断其创新程度。如对民间文学艺术基本范式进行机械地模仿或者复制，这时，民间文学艺术的"子型"与"母型"在形式和内容上几乎完全一致，可以判定其不具有创新性；而对民间文学艺术基本范式进行学习或者效仿，通过声音、表情、动作等方式对其进行二次表演(如演奏、演唱、表演等)，或者通过改编、翻译、汇编等方式，对其进行二次演绎，在客观上产生了新的民间文学艺术表现形式，则可以判定其具有创新性。②这里的"母型"实际上是指构成传统文化的基因和要素，属于"思想观念"的范畴。

另外，还有学者基于广泛的文化权，提出了关于文化资源的综合权利。例如，有学者根据国际上普遍得到承认的基本人权，提出了包括传统知识、文化资源、自然资源、生物遗传资源等在内的"传统资源权"。③ 这是一种包括自然资源、遗传资源和文化资源在内的综合性权利。有的学者认为，狭义上，传统社群有权保护和发展自身文学、艺术等文化财富，传统社群的文化身份、传统、语言、文化遗产等文化和历史应当受到尊重和保护；广义上，传统社群有权不受外国文化影响。这是一种个人权利和集

---

① 参见张耕:《民间文学艺术的知识产权保护研究》，法律出版社 2007 年版，第42 页。

② 参见张耕:《民间文学艺术的知识产权保护研究》，法律出版社 2007 年版，第40~41 页。

③ 达里尔·A. 波塞、格雷厄姆·杜特费尔德:《超越知识产权——为原住民和当地社区争取传统资源权利》，许建初等译，云南科技出版社 2003 年版，第 2 页。

体权利并存的"文化权"。① 还有学者提出"文化特征权"概念，借此认可和保护传统文化的知识产权，具体权利内容包括文化归属权、公布权、文化尊严权、使用权、传授权和获得报酬权。②

狭义的民间文学艺术，限于文学和艺术范畴，主要源于 1967 年《伯尔尼公约》"未出版作品"条款及《1982 年示范法》。1967 年《伯尔尼公约》第 15 条第 4 款将作者身份不明的未出版作品纳入著作权保护范畴。而《1982 年示范法》第 2 条规定的受保护民间文学艺术包括语言表达（Verbal Expressions）、音乐表达（Musical Expressions）、行为表达（Expressions by Action）、有形表达（Tangible Expressions）四种。

有学者结合了《伯尔尼公约》和《1982 年示范法》的相关界定，把民间文学艺术理解为"由身份不明的作者创作的"语言形式、音乐形式、动作形式和"以物质材料体现的形式"的作品。③ 有的学者把民间文学艺术分为文字语言类、动作表演类、造型服饰类、民俗节祭类和科技技巧类。其中，前三类属于文学艺术范畴，其物质载体可以通过各种文学形式或艺术品表现出来时，具有著作权法保护的可能性，而民俗节祭和科技技巧则不然。④ 有的学者认为，民间文学艺术作品包括民间的故事、传说、唱本、寓言、叙事诗、谚语、戏剧、音乐、舞蹈、曲艺等。⑤

有的学者对民间文艺与精英文艺比较分析，将产生并流传于民间的原生性艺术表现形式称为狭义的民间文学艺术，即"Folk Art"，主要包括民

---

① 参见龙文：《论民间文学艺术的权利归属及其知识产权保护模式》，载郑成思主编：《知识产权文丛》（第 10 卷），中国方正出版社 2004 年版，第 320 页。

② 参见王鹤云：《民间文学艺术的知识产权特性》，载《中国知识产权报》，2003 年 3 月 19 日。

③ 参见孙建红：《民间文学艺术作品的版权保护》，载《中国出版》1988 年第 10 期。

④ 参见杨新书、刘水云：《论中国民间文学艺术版权保护》，载《知识产权》1993 年第 4 期。

⑤ 参见张广生：《试论民间文学艺术作品的著作权保护》，载《中国法学》1992 年第 1 期。

间文学、民间音乐、美术、舞蹈、民间工艺等。① 有的学者结合我国的实际情况，将民间文学艺术的保护范围分为文学的表现形式、音乐和戏曲的表现形式、动作的表现形式以及有形的表现形式四种。② 有的学者认为，民间文学艺术作品包括语言形式(如民间故事、民间诗歌等)、音乐形式(如民歌、民间器乐)、动作形式(如民间舞蹈、戏剧等)以及用物质材料创作的形式(如绘画、雕塑、工艺品、编织品等)。③

　　我国在设置《著作权法》第6条时，使用了"民间文学艺术作品"一词，现行《著作权法》第6条仍存在"民间文学艺术作品"条款，国家版权局2014年9月发布的《民文学艺术作品著作权保护条例(公开征求意见稿)》也继续使用"民间文学艺术作品"这一术语。该术语结合了《突尼斯示范法》所称的"民族民间文学艺术作品"(works of national folklore)和"folklore"本身的含义，其内涵仍是狭义的。

　　笔者认为，广义的民间文学艺术包括传统名号(如传统名称、标记、符号等)和传统技术性知识(如传统设计、传统医药等)等内容。从内容和性质上看，传统名号与现代商业标识具有共性，传统技术性知识中的传统设计、传统医药等内容与专利外观设计、发明创造具有共性，它们与文学艺术的内涵相差甚远，故可将其排除在民间文学艺术产权保护范围之外。而纯粹的没有经过系统性表达的民族语言、文字，以及民族信仰、礼仪、节庆等思想观念，只有文化价值，没有产权意义，故也可以将其排除在民间文学艺术知识产权保护范围之外。故将民间文学艺术分为民间文学、民间音乐、民间舞蹈、民间美术以及上述类型的组合是比较合适的。

　　综上所述，本书所称民间文学艺术，是指各民族集体创造并世代相承的，表明其独特民族精神的传统文学艺术成果，包括民间文学、民间

---

① 龙文：《论民间文学艺术的权利归属及其知识产权保护模式》，载郑成思主编：《知识产权文丛》(第10卷)，中国方正出版社2004年版，第300页。

② 参见王瑞龙：《民间文学艺术作品著作权保护的制度设计》，载《中南民族大学学报(人文社会科学版)》2004年第5期。

③ 赵蓉、刘晓霞：《民间文学艺术作品的法律保护》，载《法学》2003年第10期。

音乐、民间舞蹈与其他动作表达形式、民间美术，以及其他类型及上述各种类型的组合。需要说明的是，为遵从学术习惯，本书在介绍相关学术观点和相关国际立法时，除特别说明外，均使用"民间文学艺术"一词。

第二节　民间文学艺术的特点

民间文学艺术是传统社群在长时间的生产生活经验基础上，集体创造并不断传承的，反映其民族文化特点的文学艺术表达。民间文学艺术整体上具有传统性、集体性和独创性特点。

一、传统性

民间文学艺术的传统性主要表现在以下几个方面：

第一，民间文学艺术是民族文化的重要表现形式和内容，与创造它的传统社群的生活紧密相关，是传统社群为满足自身生产生活需求而创造和维系的，它在产生、发展和应用方面具有鲜明的传统特征。与"传统性"相对应的是"现代性"。现代性通常指工业社会以来新产生的，基于当下生活环境和生活方式形成的与之相适应的，在思想理念、道德和行为标准方面的集合。民间文学艺术的传统性一方面体现在其长时间的历史保留，其产生、创新以及表达通常不是通过现代化手段而主要依靠口头方式代代相传。这意味着民间文学艺术的创造和传承都渗透着相关社会族群的知识和经验，在不断变化的生产生活方式中，民间文学艺术也在被不断改变，从而更加适应所处的社会环境。另一方面，大多数民间文学艺术是未被"固定化"的。从短期来看，民间文学艺术呈现出约定俗成的状态，但从长远来看，它并没有因"约定"而一成不变。民间文学艺术是经历了成百上千年的尝试、探索和运用的，不变的是它引以为创作基石的民族文化，这是任何个人都难以拥有的无穷的经验和知识。从时间维度上讲，"传统的就等同于有一段历史"①，传统与现代（或近代）之间存在某个时间鸿沟，"传统"意味着历时性和广泛性。时间是人记录和回忆经验变化的线索，当人的经验随时间的流逝不断变化，经验本身就已经具备了广泛性和历时性。民间文学艺术的传统性，体现了其传统认知和价值观念，反映了传统社群的传统文化和社会结构。

第二，民间文学艺术的传统性，还表现为其在表现形式方面具有类同化和类型化。由于民间文学艺术通常与当地民族群众的生产生活方式以及生活环境相联系，尽管它经历了很长时间的发展和变异，但在具有相同或类似地理环境的地方，通常存在相同或近似版本。这一类相同或者近似的民间文学艺术版本，往往具有相同或者相似的"情节单位"。例如，许多少数民族神话以治理洪水为主题。治水神话是一种典型的英雄人物传说，大致内容都是在讲述当地遭遇洪水，氏族英雄或神仙如何战胜洪灾，拯救苍生的故事。主人翁多是当地民众最信奉的人物。最典型治水神话原型就是大禹治水，这个故事在《山海经》《淮南子》《孟子》《吕氏春秋》《汉书》等古籍文献中都有描述。笔者在湖南省保靖县调研时也了解到，当地关于土家人祖先八部大王的传说故事版本甚多，其中就不乏关于洪水的：据说八部大王有八兄弟，得当地白头婆婆指点，要他们拔掉白河上的茅草刺蓬，搭桥铺路以供行走。兄弟八人用手拔刺，开山凿石，拔树架桥。桥修好后，由于牛鬼出没，发大水把桥摧毁，八兄弟知晓后便戴上银帽，穿起凤毛衣，飞来桥边收拾牛鬼。兄弟们用树桩打穿牛鬼的鼻子，系上葛藤，牵了回去，牛鬼就变成了笨牛。从此以后，这一带水域再无灾祸。这些在特定主题方面具有相似情节的民间文学艺术之所以能广泛传播，是因为它"简化了民众识别、传习与操作这种文化的难度，提高了它在人脑船体中的信

---

① ［英］玛里琳·斯特拉森（Marilyn Strathern）：《赋予身份的权力？——生物学、选择和新的再生技术》，载［英］斯图亚特·霍尔、保罗·杜伊盖编：《文化身份问题研究》，庞璃译，河南大学出版社 2010 年版，第 50 页。

息贮量和在时空蔓延中的关联程度"①。这是现代专业文人艺术家文学艺术所没有的。

第三，民间文学艺术的传统性还表现在其流传方式的传统性。民间文学艺术大多以口头语言创作、传播和保存，不使用文字。其原因主要有两个：其一，社会历史因素，即历史上民众大多不识字或者文化水平较低，使其只能用口头语言甚至用方言进行创作。其二，创作和传播环境的需要。就民间文学艺术的创作而言，如果需要让当地民众熟悉，用口头语言进行创作，才能便于在民众口头上流传，进而为民众所接受，这样的民间文学艺术才能成型。② 就传播环境来看，民间文学艺术多处于传统社会，传统社会的民众流动性一般不大，相关群体或村落相对稳定且封闭，生产和交往的人数、规模都十分有限，社会交往的范围较小，社会关系也不是很复杂。由于信息环境和客观环境处于重合状态，人们对信息的掌握更多的是建立在"第一手资料"的基础上，故使用口头语言更为方便和直接。而现代文学艺术处在多媒体的互联网时代，电视、报纸、图书、网络、汽车、手机、照相机等现代媒介大量存在，它们可以携带大量信息，人的交往范围也被无限扩大，信息环境已经可以与客观环境脱离而独立存在，现代文学艺术的流传方式不再依赖于特定客观环境。这是民间文学艺术的传统性所不具备的。当然，民间文学艺术的发展离不开现代传媒，民族文化与现代大众文化的交融得借用现代传媒作为传播工具和手段，③ 实现可持续发展。

客观来看，民间文学艺术流传方式的传统性集中体现为与之相适应的独特表现手法。如民歌中通常都会借用谐音字来简介地表达其真实含义，这种不同于现代文学艺术作品的传播方式，使民间文学艺术能够"自觉"地

---

① 参见钟敬文：《民俗文化学发凡》，载董晓萍编：《民俗文化学梗概与兴起》，中华书局 1996 年版，第 11 页。

② 参见钟敬文：《民间文学述要》，载季羡林主编：《民间文艺学及其历史——钟敬文自选集》，山东教育出版社 1998 年版，第 70 页。

③ 参见仲富兰：《民俗传播学》，上海文化出版社 2007 年版，第 95 页。

积淀和融入相应的民族文化和民族精神。现代作家文学或舞台艺术的传播方式主要依靠比较稳定和定型的文字，从而缺乏上述表现手法。

二、整体性

民间文学艺术的整体性主要体现在两个方面：一是民间文学艺术本身所蕴含的整体性观念；二是民间文学艺术在集体发展和传承方面所体现的整体性。

第一，民间文学艺术反映传统社群作为整体的价值观念，并且这种价值观念本身是一种集体观，而非个人观。民间文学艺术是特定部族的智慧结晶，其产生和发展都离不开部族群体。少数民族在共同的生活和长期劳动中，通过融合他们独有的历史、风俗习惯、宗教信仰、道德观念等，民间文学艺术则是该群体共同意志、情感、愿望和价值观念的表达。因为作为该群体的集体创造，他们的民间文学艺术必然会遵从他们自身的"文化逻辑"。例如，我国湖南保靖地区土家人普遍崇拜其祖先涅壳赖（亦称"八部大王"），保靖县至今保存着八部大王庙首峒遗址，"首八峒，历汉、晋、六朝、唐、五代、宋、元、明，为楚南上游……故名为八部者，盖以威镇八峒，一峒为一部落"[1]。涅壳赖后来被推举为八峒之首，统领八峒。八部大王身强体魄、为人仗义、关心百姓，带领土家人逐渐走向兴盛。为表达对涅壳赖的感恩与崇敬，后人立八部大王庙以示纪念，庙中届年必行祭祀，称"八部大王祭"。民间流传着许多相关故事和传说，如"龙宫学艺""东征辽王""乐贫守穷"等，是当地土家人一直津津乐道的地方文化。真诚、勇敢、善良、乐于助人等美好品德是当地土家人团结一致的精神纽带。

民间文学艺术所反映的民族观念是一种集体观念。"集体"这个概念是动态的，它展示的是"集体自我或真实自我隐藏于许多其他的、更表面化

---

[1] 保靖县民族事务局编：《保靖县民族志》，民族出版社2015年版，第26页。

或认为强加的'自我'，一个享有同样历史和祖先的群体共有这些'自我'"。① 日本学者田村善之把土著居民的集体性文化概括为三个方面：权利的集体性、文化生存的土地集体性和土著文化非独占性。② 在传统文化社区，权利往往是集体性的，而非集体性的权利，它是传统社群在所有制观念和习惯方面的体现。例如，我国湘西保靖县地区，当地土家人有"偷梁"的习俗，土家人建房所用的横梁一般要开叉的树木，③ 建房的那家会提前一天选定符合做梁的品质的树(即便是别人家的树)，到了晚上，给树系上红绳，旁边烧香，放鞭炮，然后将树砍掉扛回家做梁。树的主人家看到也不会有任何意见，反而觉得自家树木做了别人家的"栋梁之材"，特别自豪。在当地，这是约定俗成的规矩，谁都不会有意见。起初，相关部门注意到这种砍伐行为，想"依法"予以禁止和处罚，后经村民解释，相关部门也不再追究。这种"偷梁"习俗，便是当地不分你我的集体观念的反映。从民间文学艺术的传承和发展来看，民间文学艺术传承人多以传承和弘扬该民间文学艺术为己任，不会妄称该项民间文学艺术为个人所有。

第二，民间文学艺术的创作和传承具有集体性。民间文学艺术是民族文化的表现形式，文化强调整体性，不论是政治文化、民间文化还是大众文化，都是由某一类人或某一群人为特定目的而逐渐酝酿、产生、发展形成的。不论哪种文化，都是集体性的，是强调整体的。随着工业化和城市化水平得到不断提升，现代社会中的个人逐渐被独立化，以旧的观念和道德标准为传统的社会凝聚力正在消失，人与人之间的联系不像以前那样是有机的联系，而是"片段化""碎片化"的，人际关系也越来越具有偶然性和契约性。④ 相对而言，民族文化所涉及的传统社会则更具凝聚力，其整体

---

① [英]斯图亚特·霍尔(Stuart Hall)：《导言：是谁需要"身份"?》，载[英]斯图亚特·霍尔、保罗·杜伊盖编：《文化身份问题研究》，庞璃译，河南大学出版社2010年版，第4页。

② 这里的"非独占性"是指土著文化并非能由个人独占。

③ 寓意这个家庭以后会"开枝散叶"，而不是"一根独苗"。

④ 参见仲富兰：《民俗传播学》，上海文化出版社2007年版，第94~95页。

性和集体性更强。

民间文学艺术的创作是集体性的，其创造者是人民群众，具有直接的"人民性"和群众基础。正如钟敬文先生所说，民间文学艺术作品是群众集体的创作。① 民间文学艺术的集体创作形式主要有以下几种：一是在集体场合由大家在口头上即兴编凑而成，如我国的川江号子，就是由船工们在劳作时合唱的，以统一节奏和动作，根据劳动内容和水势缓急的不同，其名称和腔调都有所不同，歌词的内容也大多自由创作。川江号子记录了川江流域劳动人民同险滩恶水搏斗的场景；二是先由一人口头编出，大家觉得可以，便竞相口口相传，在传播的过程中，人们也会自觉或者不自觉地添加上自己的创作；三是由专业或者半专业的人士集中群众创作，在前人创作的基础上，编出更加丰富的作品。② 如笔者在湖南省保靖县亨章村了解到，当地土家族新建房屋兴"上梁"，过程中会由木匠师傅行上梁礼词："一步一行一条龙，常山有个赵子龙，长坂坡前救太子，万马丛中逞英雄。二步二行两边排，山伯巧遇祝英台，杭州共读三年书，九人识破女裙钗。三步三行三月三，王家三姑王宝钏，包钏找亲绣楼上，绣球当打平贵郎……"据当地村民介绍，这些礼词的内容多是中华人民共和国成立前当地的读书人写的，③ 每句都引经据典，朗朗上口，深受当地人喜爱，但由于时代久远，一些被遗忘的段落也经过了后人的加工。先由专业文人或艺术家进行创作，流入群众后逐渐被接收和认可，在群众中广泛传播，也是体现了民间文学艺术集体性的，这是"第二性的民间文艺"。④ 因为民间文学艺术不论是由谁创作的，其欣赏者都是人民群众，只要是人民群众普遍接受和欣赏的，就具备集体性，这种集体性体现为"人民性"。但现代文学

① 钟敬文：《民间文学述要》，载季羡林主编：《民间文艺学及其历史——钟敬文自选集》，山东教育出版社1998年版，第71页。
② 关于民间艺术的集体创作形式，参见段宝林主编：《中国民间文艺学》，文化艺术出版社2006年版，第20页。
③ 在湖南省保靖县亨章村，有一处小有名气的"文昌阁"，为旧时读书人的汇集之地，由于失火和破坏，现已不复存在。
④ 参见段宝林主编：《中国民间文艺学》，文化艺术出版社2006年版，第16页。

作家或专业艺术家所创造的文学艺术作品体现的是个人的思想和情感，其受众不具有这种直接的"人民性"。民间文学艺术在艺术表现形式方面所体现的思想内容和情感，都存在特有的集体性。①

民间文学艺术的传承具有集体性。民间文学艺术完成创作后，在广大民众的流传中进行加工和完善，渐渐成为脍炙人口的普遍文化形式。这种文化形式一旦形成，便成为一种习惯，在更加广泛的环境中流动，整个流动的过程都是对这一文化形式的再加工和再创造的过程。② 民间文学艺术在长期的历史传承中，整个群体都参与到了该文化表现形式的创作、修改、完善和加工过程，以体现他们的整体风格，在整个传承过程中都体现着群体性。

三、创造性

从本质上来看，创造性是人通过体力或智力劳动赋予事物"意义"的过程的反映。人是具有"意义"赋予能力的(the capacity for endowing meaning)，但人们赋予"意义"的方式是根据其特定历史和经验来的。③ 民间文学艺术是具有象征意义的文化表达，它不是一蹴而就的，而是传统社群在长期生产生活的经验基础上，不断加以创造、淬炼并稳定化的。在艺术的内容和形式方面，不同民族都有自身特色，一定程度上又体现了与他者之间的关系，并以此描绘出差异化的历程与实践。民间文学艺术的创造性，在客观上就反映为每一项民间文学艺术都由传统社群集体创造，从而在主观上凝

---

① 钟敬文：《民间文学述要》，载季羡林主编：《民间文艺学及其历史——钟敬文自选集》，山东教育出版社 1998 年版，第 71 页。

② 正如民俗学家所说："民俗在刚刚形成时，结构和内容往往比较简单，而在以后的漫长历史发展过程中，则会变得越来越复杂，越来越丰富，这正是集体再加工的结果。"钟敬文主编：《民俗学概论》，上海文艺出版社 1998 年版，第 12 页。

③ 参见尼古拉斯·罗斯(Nikolas Rose)：《身份、谱系学、历史》，载[英]斯图亚特·霍尔、保罗·杜伊盖编：《文化身份问题研究》，庞璃译，河南大学出版社 2010 年版，第 157 页。

聚了该民族的审美意识和审美情趣。通过创造性的表达，民间文学艺术拥有了自己的历史，并具备一定功能。

如我国湖南湘西地区的竹编艺术品，是当地土家族和苗族在湘西独特的地域环境下长期积累的生产生活经验的表达，体现了它们独特的生活习俗、宗教信仰、文化背景的审美情趣，湘西地区竹编艺术品选择的题材如龙凤、花鸟、鱼虫等，都是湘西竹编文化观念建构起来的观念性造型符号。① 而黎族竹编则通常编织上各种动物、奇花异草等展现民族风情的图案，外形上非常适合翻山越岭与游耕生活。② 再如，苗族是一个善歌善舞的民族，苗歌大多以山川大地为背景和舞台，是苗族人民对自然的感性描绘。笔者在湘西保靖地区夯沙村调研了解到，苗歌在吕洞山地区无处不在，山水、茶酒、花鸟鱼虫、历史人文都可以用歌唱的形式表达。当地的苗歌有山歌、傩歌、哭嫁歌、故事歌、椎牛鼓舞歌、拦门歌、扛仙歌、跳香歌（又称"辛女歌"）。声部此起彼伏，多声特点明显，在多声部苗歌中，高、低声部先后进入，两个声部相互交替流动，有时再加上"拉腔"和"领歌"，同时可唱出三至四个声部来。苗族人民以歌代言，以歌抒情，以歌明理，以歌传法，以歌祭祀，将自己的喜怒哀乐都融会在歌声里，苗歌就是苗族人民生存、生产、生活状态最好的表达方式，已经成为他们的精神文化中不可缺少的组成部分。从历史的角度看，民间文学艺术代代相传的过程也就是连续而缓慢的创作过程，它经历了许多代人的加工、修改，内容不断充实，题材内容不断丰富，艺术形式渐渐丰满。因此，继承和创作是相辅相成的，民间文学艺术在继承中发展，成为维系民族成员的心理纽带。

民间文学艺术的传统性、整体性和创造性特点，在其产权保护的"准入标准"上反映为传承性、集体性和独创性，即后文所说的"民间文学艺术

---

① 参见田特平：《湘西民间艺术概述》，湖南师范大学出版社2013年版，第34页。

② 参见罗文雄：《丰富多彩的海南黎族生活用具》，载《装饰》1999年第3期；张俊豪：《黎族》，中国水利水电出版社2004年版，第81页。

产权保护的实体条件"。其中，集体性还构成判断民间文学艺术产权权利归属的重要依据和基本原则。

第三节　民间文学艺术的类型化

一、民间文学艺术的类型化标准

"类型"(type)是具有相同或类似特征事物的抽象概念的集合，类型化则是对该集合概念思考的过程。类型化是人类思维的方式之一，如物理学上建立类似的实验模型，地质学上研究类似的地质结构，语言学上研究语法的类似结构等。① 正如拉伦茨所说，人们借助"类型"的思维方式，用以表明"抽象—普遍"的概念及其逻辑体系不足以清晰阐释的生活现象和意义脉络。② 德国学者恩吉施将"类型"分为"平均类型或常见类型"与"整体类型或完形类型"，前者是指根据一般发展规律而可以预见的通常情况，后者是指(或多或少)在整体上足以表现这类事物的个性特征，这些个性特征便是区分不同类别事物的标准，它们彼此相互联系，但并不要求这些个性特征在任何情况下都必须全部同时存在。③ 也就是说，对具体事物的分类，重点不是将其特点逐一进行比对和归类，而是要把握各个类型的整体性特点。整体上看，民间文学艺术可按照以下标准进行分类：

第一，根据民间文学艺术的公开程度进行分类。综合一些外国学者否定民间文学艺术著作权保护的理由来看，"公共领域"是其主要担忧的因素，因为给予民间文学艺术著作权保护会极大缩减公共领域的范围，妨碍

---

① 参见黄建辉：《法律阐释论》，新学林出版股份有限公司 2005 年版，第 28 页。
② 参见[德]卡尔·拉伦茨：《法学方法论》，黄家镇译，商务印书馆 2020 年版，第 577 页。
③ 参见[德]卡尔·拉伦茨：《法学方法论》，黄家镇译，商务印书馆 2020 年版，第 578~579 页。

文化的进一步创新和发展。① 但实际上，著作权何尝不是从公共领域划分出来并加剧扩张的"领地"：我们越来越期待某项事物被私有化，并对这种保护私有状态的法律大加褒奖，版权已经由"向读者征税致作者以奖赏"②，向作者"推定的权利"（presumptive right）演变。③ 将民间文学艺术一刀切地认为是公共领域的事项，这在知识产权法上是"武断"的。④

从认识论角度看，著作权语境下的公共领域是指可版权作品中不受著作权法保护的集合，因为有的信息在原则上是不受保护的。⑤ 公共领域可理解为任何人都可以未经许可任意使用的信息范畴。⑥ 民间文学艺术本身并不完全属于公共领域，如在我国广西壮族自治区田林地区瑶族"还盘王愿"仪式中所演唱的《请圣调》《解秽》《劝酒调》《接圣调》《接功曹》等曲目，⑦ 只能由特定的人演唱，且仅在当地瑶族社区内公开。我国湘西保靖

---

① See Michael F. Brown, *Can Culture be Copyrighted?* 39 Currency Anthropology 193, 1998, pp. 204-206.

② See Lord Macaulay, *Copyright*（Speech in the House of Commons 1841）, in 8 Essays by Lord Macaulay 195, 201（Lady Trevelyan ed. , 1879）. The practical expression of this conceptual foundation was that copyright law was considered regulatory, rather than proprietary, during the first century or so of its operation in the United States. See L. Ray Patterson, *Free Speech*, *Copyright*, *and Fair Use*, 40 Vand. L. Rev. 1, 52（1987）.

③ See YOCHAI BENKLER, *FREE AS THE AIR TO COMMON USE：FIRST AMENDMENT CONSTRAINTS ON ENCLOSURE OF THE PUBLIC DOMAIN*, New York University Law Review, Vol. 74, No. 2. May 1999.

④ 正如马克思所说："过去那种地方的和民族的自给自足和闭关自守状态，被各民族的各方面的互相来往和各方面的互相依赖所代替了。物质的生产是如此，精神的生产也是如此。各民族的精神产品成了公共的财产。"参见马克思、恩格斯：《共产党宣言》，中共中央马克思恩格斯列宁斯大林著作编译局译，人民出版社1972年版，第27页。

⑤ See Jessica Litman, *The Public Domain*, 39 Emory L. J. 965, 1990, pp. 968, 975-977.

⑥ See YOCHAI BENKLER, *FREE AS THE AIR TO COMMON USE：FIRST AMENDMENT CONSTRAINTS ON ENCLOSURE OF THE PUBLIC DOMAIN*, New York University Law Review, Vol. 74, No. 2. May 1999.

⑦ 参见杨民康、吴宁华：《盘瑶与蓝靛瑶仪式音乐文化研究》，民族出版社2016年版，第33~38页。

地区土家人流行的上梁歌、孝歌，在当地也由特定人员演唱，传承方式也仅限于特定家族之间。对于这种民间文学艺术，外部社会并不可以任意使用的，若将其当作公共财产，也是不公正的。

事实上，在民间文学艺术领域，存在秘密与公开之分。WIPO-IGC 在《民间文学艺术法律保护条款草案》中体现了把民间文学艺术根据其公开程度的不同授予不同权利的意图，其第 5 条"保护范围"项下所提供的一些建议案就对民间文学艺术进行了秘密与公开的划分，并在此基础上进行了"差异化"赋权。

第二，根据民间文学艺术表现形式作用的感官效果进行划分。民间文学艺术是具有象征意义的符号系统，① 这种符号系统作用于人的听觉、视觉等不同感官。英国人类学家利奇（Edmund Leach）把人的行为分为自然的生物学活动（如心跳、呼吸等）、技术行为（是指对客观世界物质状态的改变行为）和表达行为（是指对现实世界状态的表述行为）。人通过表达进行交流，表达行为是人首先通过触觉、听觉、视觉等方式感知和接受信息，再按照一定逻辑对信息进行"编码"，进而以具有象征性的符号传达到他人。在传达的过程中，视觉信息被我们转化为听觉信息、触觉信息或者嗅觉信息，反之亦然。文化实际上就是人对信息的综合表达。② 这种表达借由符号来传递。

符号是携带和传达意义的信息系统，象征性的"符号"是民族文化传播基本运载工具和手段，人们通过创造各种"符号"来表达对客观世界的认知。语言、文字、音乐、图像、标记、动作等信息组成了文学艺术的符号系统。其中，语言、文字、音乐等符号主要作用于人的听觉，用以表现民

---

① 符号是具有一定意义的意象，可以是图形、图像、文字的组合，也可以是声音、信号、建筑造型，甚至可以是一种思想文化、一个时代人物。例如，在数学中"="是代表等价符号，"紫禁城"是我国古代皇权的象征。语言学家索绪尔将"符号"界定为"能指"和"所指"。参见郭庆光：《传播学教程》，人民出版社 2011 年版，第 35 页。

② See Edmund Leach, *Culture and Communication An Introduction to the use of structuralist analysis in social anthropology*, Cambring University Press , 1976. 转引自［英］埃德蒙·利奇：《文化与交流》，卢德平译，华夏出版社 1991 年版，第 10~13 页。

间文学艺术的某种文学艺术概念或某种声音形象。也就是说，那些单纯的词汇、短语或声音只能作为民间文学艺术基本元素，而由这些词语组合形成的有意义的表达或器乐、声乐的具体组合，才能体现一定语意，表达某种感情，即形成了具有象征性的概念系统。我们可以将它称为言语系统的民间文学艺术，或民间文学艺术的听觉映像。

而图像、标记、动作等，主要作用于人的视觉，是用某些特定标识、图案动作等表达的民间文学艺术事象，这些事象排除了语言学的声音形象和音乐学的声乐、器乐形象代码。同样，但只有当这些视觉事象能够表现某个文学艺术概念或某种视觉形象，形成某种系统概念或意义体系时，才具有象征性，我们可以称它为非言语系统的民间文学艺术，或民间文学艺术的视觉映像。

《1982年示范法》将民间文学艺术分为语言表达（verbal expressions）、音乐表达（musical expressions）、动作表达（expressions by action）和有形表达（tangible expressions）四种类型。WIPO-IGC于2019年公布的《民间文学艺术法律保护条款草案》也将民间文学艺术分为语言文字形式（verbal forms）、音乐形式（musical forms）、动作表现形式（expressions by movement）和有形的或无形的表现形式（tangible or intangible forms of expression）四种类型。其中，语言表达（或语言文字形式）和音乐表达（或音乐形式）主要作用于听觉，属于言语系统的民间文学艺术，而动作表达（或动作表现形式）和有形表达（有形的或无形的表现形式）主要作用于视觉，属于非言语系统的民间文学艺术。

第三，根据民间文学艺术是否具有神圣性进行划分。"人类生活在'意义'领域之中，我们所经验到的，并不是单纯的环境，而是环境对人类的重要性。即使是对环境中最单纯的事物，人类的经验也是以人类的目的来加以衡量的。……我们一直是以我们赋予现实的意义来感受它，我们所感受的，不是现实本身，而是它们经过解释后的产物。"①这种意义主要与民众的心理相关，例如，民俗学家在研究相关民俗活动时，注意到的是犁田

---

① ［奥地利］阿德勒：《自卑与超越》，黄光国译，作家出版社1986年版，第7页。

的仪式，而非犁本身的形状；注意到的是渔夫捕鱼的禁忌（taboo），而非渔具的制造；注意到的是建筑物建造时的祭献事项，而非建造桥梁或者房屋的专业技术。① 民间文学艺术是一个"意义体系"，是少数民族对自然的直接感受和对自身社会关系的思维结果。

英国民俗学家哥麦（G. L. Gomme）将民俗分为传统的民俗和心理的民俗（traditional and psychological），前者是指民众因不愿改变而经过长时间代代相传、继承下来的祖先的事实行为，后者是指民众因科学知识的局限，不能完全了解自然现象而产生的心理行为。② "心理的民俗"表现为传统社群对自然事物或自然现象的认知体系，如星空、山崖、森林、洞穴、海洋等。少数民族通常有自己的宇宙观，少数民族的部分民间文学艺术根植于其世界观、宇宙观、审美观等因素，大多体现为"万物有灵"的思想，比如我国许多少数民族崇尚大树，认为大树有神性，有大树的庇护，苗寨才会人丁兴旺，从而形成"生命树""守寨林""母亲树"等文化现象；在亚马孙流域，盖丘亚族把"死藤水"作为一种药用植物，它同时也具有宗教用途，被喻为"精神的葡萄酒"。诸如大树、死藤水这样具有特殊象征意义的事物，是有关社群集体的精神信仰和寄托，这种共同的精神信仰和寄托是构成不同社群"心理身份"的重要因素。我们可以根据是否与少数民族精神信仰相联系，把民间文学艺术区分为"神圣性民间文学艺术"与"非神圣性民间文学艺术"。

二、民间文学艺术的类型化

（一）秘密性的与非秘密性的民间文学艺术

1. 秘密性的民间文学艺术

秘密性的民间文学艺术是少数民族根据其习惯法采取保密措施进行控

---

① 参见林惠祥：《民俗学》，商务印书馆 1948 年版，第 2 页。
② 参见林惠祥：《民俗学》，商务印书馆 1948 年版，第 4 页。

制从而没有在社区外公开的民间文学艺术。WIPO-IGC 的《民间文学艺术法律保护条款草案》第 5 条称之为"秘密和/或神圣民间文学艺术"。这种民间文学艺术，仅为特定民族内部成员所知晓，并在其族群内部掌握或使用，外部社会无法公开获得。如笔者在湖南省保靖县调研了解到，当地梯玛（从事当地祭祀活动的巫师）和祭司有吞竹签、上刀山等绝活，一般不外传，且除特定祭祀活动外不会进行表演。

民间文学艺术的秘密性与其地域性相关，"文化具有民族性、区域性，而社会阶级文化则植根于一个地区及其民族的特定历史之中"。① 民间文学艺术大多通过心口相传的方式流传于本部族。少数民族生活范围的区域性，使民间文学艺术在形式和内容上具有一定的地域性特征。在我国，少数民族多处相对偏远的地区，经过长时间的生存和发展，其民间文学艺术具有较强的"地域性"特征。例如，作为毛南族文化名片的花竹帽是"毛南三宝"之一，不仅结实耐用，美观大方，而且还是男女之间的爱情信物，代表了毛南族的勤劳和智慧。虽然其他地区的少数民族也有竹制帽子和头饰，如畲族的斗笠、彝族的鸡冠帽等，但不论从外形、美感，还是所蕴含的文化意义方面，都存在很大差异。

对于秘密性的民间文学艺术，在特别权利保护制度下，可赋予其广泛的专有权，包括精神权利和经济权利。②

2. 半公开的民间文学艺术

有的民间文学艺术，仅在传统社群或当地传统文化社区内部公开或流传，外部社会尚未获得或不能获得，WIPO-IGC 的《民间文学艺术法律保护条款草案》第 5 条称之为"仍在集体范围内持有、维护和使用但未经授权公众可以获得的民间文学艺术"。对于这种类型的民间文学艺术，可称之为

---

① [英]伯尼斯·马丁：《当代社会与文化艺术》，李中泽译，四川人民出版社 2000 年版，第 2 页。

② 具体内容参见下文"民间文学艺术产权的内容"部分。

"半公开的民间文学艺术"。①

对于半公开的民间文学艺术，在其商业利用过程中，一方面，我们应秉持公平、诚信的原则，规范民间文学艺术的商业利用行为，防止对民间文学艺术的歪曲和篡改，避免损害传统社群的精神利益；另一方面，我们可以赋予传统社群近似于"秘密民间文学艺术"的产权，② 防止民间文学艺术被盗用和滥用，保障传统社群的合理经济利益。半公开的民间文学艺术应享有署名权（或标明来源权）、保护民间文学艺术完整权等精神权利。

3. 已公开的民间文学艺术

"公开"的含义，包括相对公开和绝对公开。如前所述，仅在传统社群或当地传统文化社区内部公开或流传的民间文学艺术，属于相对公开。而已经在外部社会（包括外国）公开的民间文学艺术，属于绝对公开的民间文学艺术。WIPO-IGC 的《民间文学艺术法律保护条款草案》第 5 条将绝对公开的民间文学艺术解释为"可以公开获得、广为人知且属于公共领域的民间文学艺术"。

对民间文学艺术进行"秘密"与"公开"的区分，其意义在于配置以"差异化"权利。在现行知识产权制度下，首先，秘密的民间文学艺术与商业秘密类似，故可以通过商业秘密相关制度受到法律的保护；其次，秘密的民间文学艺术由于尚未公开或尚未完全公开，公众无法通过公共渠道获得相关信息，主张以现行著作权制度进行保护的理论障碍较少。

对于已经被公开出版或发行的作品，公众可以通过各种公共渠道自由获取该作品的相关信息，该作品的作者就不能再对作品的"二次传播"加以

---

① 如在我国广西壮族自治区田林地区瑶族"还盘王愿"仪式中，仪式主持人在整个仪式过程中演唱的《请圣调》《解秽》《劝酒调》《接圣调》《接功曹》等曲目，均为在当地瑶族社区内公开的民间文学艺术。参见杨民康、吴宁华：《盘瑶与蓝靛瑶仪式音乐文化研究》，民族出版社 2016 年版，第 33~38 页。

② 参见严永和：《传统文化资源知识产权特别权利保护制度的构建》，中国社会科学出版社 2020 年版，第 242 页。

控制，即著作权法上的"发表权一次用尽"，但这并不妨碍作者对其作品享有的其他权利。对于已公开的民间文学艺术，由于其已经被公开出版或发行，公众可以通过各种公共渠道自由获取相关信息，传统社群实际上已经无法对其宣称"占有"或"控制"权利，故无法通过知识产权制度受到保护。细究起来，这种说法是值得商榷的。首先，著作权法尚且认可作者对已公开作品除发表权以外的其他权利，以公开为理由否认与民间文学艺术相关的其他权利，难以令人信服；其次，前述推理逻辑存在一个重要环节，即已公开的民间文学艺术由于已经被出版或发行，且超过了著作权保护期限，即推定该民间文学艺术进入公共领域，但实际上，著作权法所规定的保护期一般是根据作者完成作品的时间起算。而民间文学艺术并不会因公开出版或发行而就此不再变化，根据著作权法定期限的计算方式，很难说民间文学艺术"过期"或者"不过期"。①

（二）言语系统的与非言语系统的民间文学艺术

1. 言语系统的民间文学艺术

现实世界很大程度上建立在"团体语言的习惯"之上，人类生活在自己的语言中，作为一种独一无二的文化现象，语言直接构成了人类的存在方式。② 语言是作用于听觉的系统性交流方式，根据前述的第二种分类标准，可将主要作用于人类听觉的少数民族文学艺术事象统称为言语系统的民间

---

① 因此，不能因为民间文学艺术的出版或者公开，进而推定该民间文学艺术进入公共领域；相反，应当推定该民间文学艺术是最新版本的民间文学艺术，且不属于公共领域事项，除非有相反证据证明该版本民间文学艺术已经流传久远。WIPO-IGC 所探讨的民间文学艺术的知识产权保护，主要是指半公开或者公开的民间文学艺术的知识产权保护问题。参见崔国斌：《否弃集体作者观——民间文艺版权难题的终结》，载《法制与社会发展》2005 年第 5 期。

② 参见梁治平：《法律的文化解释》，载梁治平编：《法律的文化解释》，生活·读书·新知三联书店 1998 年版，第 5 页。

文学艺术。① 如前文讨论民间文学艺术范围中的民间文学(如民间故事、史诗、传说、诗歌、谜语及其他叙述形式)和民间音乐(如民间歌曲、器乐等)。言语系统的民间文学艺术，通过词汇、短语或声音等基本元素的聚合，系统地表达某种特定语意或具有象征意义的概念系统。这种聚合状态一方面联系了该民间文学艺术事象的"能指"和"所指"，比如传统婚礼中的《撒帐歌》，由一位妇女念诵"一把栗子，一把枣；小的跟着大的跑"；同时一手托着果盘，一手将盘中的枣子和栗子撒向新婚夫妻的床帏中。往新婚夫妻的床上撒枣子和栗子是一种动作符号，即非语言系统的象征符号；而"枣子"谐音同"早子"，"栗子"谐音同"立子"，这明显是一种语言符号，利用谐音产生的聚合关系，用以表达"早生贵子"的"所指"意义。② 另一方面，通过重复利用这种聚合状态，可以产生一定的"模拟"效果。比如，诗词歌赋大量使用比喻、双关、隐喻等修辞手段，使歌谣中的禽鸟、草木等词语的形象与恋爱观念相联系，自古流传的《诗经》《乐府》等文本，便是通过多样的聚合关系，模拟了古代男女的恋爱习俗，进而向我们传递了传统恋爱观念的相关信息。

在民间文学艺术中，特别是在少数民族的民间文学艺术中，言语系统的民间文学艺术是大量存在的，他们存在于歇后语、谜语、传说、神话等诸多形式中。歇后语是一种民间文学形式，它通过比喻、夸张、双关、谐音等修辞方式，营造反常、矛盾、幽默的语境，指引人们产生联想，从而

---

① 言语系统的民间文学艺术并非仅表现为语言或文字，还能表现为表达一定审美意识和审美情趣的歌曲、器乐等，因为并非只有语言和文字才能表达人的情感，音乐也是人们表达情感的方式之一。但需要注意的是，那些单纯的器乐声响，即仅用于传达特定信息而不具备审美意识和审美情趣的器乐声响，不属于非言语系统的民间文学艺术。如我国西南山区的少数民族中有吹竹号报丧的习俗，不同的竹号声传递不同含义的信息。碧江怒族村中人死后，立即吹响竹号，吹一支竹号，表示死者未婚，吹两支竹号表示死者有妻子儿女，吹三支竹号表示村寨头人死亡，死者是巫师的则吹四支，妇女儿童死亡不吹竹号。村中人听到不同的号声，便采用不同的方式前往吊唁。再有一些少数民族会使用鼓语，鼓语能传递许多信息，这些信息与当地少数民族的生产生活紧密联系。

② 参见乌丙安：《民俗学原理》，辽宁教育出版社2001年版，第230页。

解读其含义，即所指。如我国湘西土家族聚居地区流行的歇后语，"田坎上栽豇豆——一路"。在这一歇后语的语境中，前半句所说的在田坎上栽种豇豆，豇豆和田坎是两个能指，让人们联想到供人行走的修长的田埂和一条条结在架子上的豇豆，想要在田坎上栽种豇豆，只能是沿着田坎的走向栽种，即"栽了一条田坎"，简化后便是该歇后语的后半截——"一路"，形容一路上都是豇豆。而在平常的生活对话中，"一路"常用来表达让双方一同前往的意思。这句歇后语甚至让人们知晓了当地多种植水稻和豇豆的农业习惯。再如，"瞎子进学堂——摸到就是书（输）"，这一歇后语利用谐音，表达其所指。前半句包括"瞎子"和"学堂"两个能指，让人想到一位盲人一边伸手试探，一边缓慢走进学堂的情景。而书虽然不是学堂里的唯一物品，但在学堂里，书的数量和所占其他事物的比例是比在其他情景中要多很多的，所以"书"是该歇后语所指含义中的关键元素，"摸到就是书"是由前一句按照情景严格推理而来的，最后利用"书"与"输"谐音，一转前半句的逻辑推理思路，以"输"代"书"，一时间让人摸不着头脑，一时间又让人恍然大悟。人们利用歇后语，在平常的生活对话中说歇后语的前半句，用于代替后半句的"截语"，不仅诙谐、幽默，拉近对话者的感情距离，还能显示自己的博学与机敏。

　　谜语也是言语系统的一种民间文学形式。谜语一般由谜面和谜底两部分构成，通常把谜底称为谜语的"本体"，即谜面问题之答案隐藏的"所指"；谜面称作谜底答案的"喻体"，即谜语问题本身的"能指"。从人的思维逻辑来看，喻体和本体的关联程度取决于人的隐喻思维对二者关系的"串联"程度、人们对二者的熟悉程度，人们对喻体和本体越熟悉，越容易将二者联系起来。① 但为了娱乐效果，人们在制作谜语时通常会让喻体和本体的关系保持一定距离，一方面可以摆脱人们在认知上的"惯性"，让谜语不至于索然无味，另一方面又让喻体和本体的逻辑关系没有超过人的认知范围，使谜语得以成立。通过谜面对喻体形象的描绘，喻体创造出一副

---

① 　参见王燕：《谜语策略及认知机制》，载《哈尔滨学院学报》2006 年第 3 期。

"脑补"的图像，形成声音或文字形象的"所指"符号，指向喻体所隐藏的事象。以物谜为例，笔者在湘西保靖县调研时了解到这样一则谜语，"伢儿矮又小，最不讲礼貌，客来就上桌，上来就屙尿"，这是由一定韵律和一连串礼俗词汇构成的声音形象，用反讽和拟人的手法向我们展现了当地土家人的待客之道。具体来看，"矮""小""上桌""屙尿"是对该谜底状态的比喻和描绘，表明它身材矮小，常出现在宴请客人的餐桌上，而且还会"屙尿"。这些基本元素所组成的图像仿佛在描述当地土家人热情地迎接客人，和来宾在堂屋的餐桌上共进餐饭的情景。通过一字一句地阅读，在一连串的提示下，引出"酒壶儿"这个在民间饮食中的细微事物作为答案。映入眼帘的酒壶，其矮小的形象和斟酒功能让人茅塞顿开，"不讲礼貌""上桌屙尿"等用语，又将酒壶的形象拟人化，既表现了当地土家人热情好客、喜爱喝酒的风俗，又教了小孩"客先入座"的传统礼仪。谜语"能指"和"所指"的聚合关系，表现在人们对喻体和本体的熟悉程度和联想效果。

另外，神话故事、传说以及以此为题材的民族民间戏剧也属于言语系统类型的民间文学艺术。神话故事、戏剧等文学艺术表现形式，不在于它具体讲述的言语，而在于隐藏在言语背后的意义。如流传于我国湘西保靖地区的"锦鸡传说"，用叙事的手法讲述了青年春哥与锦鸡姑娘的爱情故事：春哥是一个孤儿，被迫卖身到土司家放羊。一天，在山上看见一条毒蛇攻击一只美丽的锦鸡，春哥挥斧斩蛇，救出了锦鸡。锦鸡化身为一个姑娘，与春哥相爱并私订终身，临分别时，锦鸡姑娘赠送春哥一个如意铃铛和一根鸡毛作为信物。春哥后来用如意铃铛摇出银子，赎身获得自由。土司不死心，派管家放了一把大火，想要烧死春哥，如意铃铛帮助春哥逃出火海并将管家烧死。后来春哥与锦鸡姑娘重逢，喜结良缘，婚礼时，土司前来闹婚，要求按照习俗享受三天三夜的初夜权，锦鸡姑娘用计制服了土司，将其变成了窗前踏板，永远受人踩踏。春哥和锦鸡姑娘从此过上了幸福的生活。《锦鸡》长诗分为歌头、卖身、斩蛇、赎身、灭火、重逢、闹婚七个部分，共 178 段，长达 712 行，故事曲折动人，人物命运带有传奇色彩，爱情故事的悲欢离合将浪漫的童话色彩与残酷的现实写照有机结合在一起，具有浓厚的民族特色和较高的文学艺术价值。① 故事中，"锦鸡""如意铃铛""鸡毛"等神话元素，均是具有象征意义的文学符号，通过故事剧情的起承转合，这些基本元素组合在了一起，它们也附有了超出自身"能指"的含义。当地土家人至今仍将锦鸡视为美好、善良的事物。

民间传统戏剧也是一种言语系统的艺术形式。传统戏曲通过天文、地理、气象、动物、植物等基本要素，用以渲染故事氛围的手法十分常见。笔者在湘西保靖县普戎镇调研了解到，当地特有的西戏十分有名。西戏亦称"灯儿戏"，主要在保靖、永顺、龙山、古丈一带流行，其剧目一般取材于民间传说、神话故事以及当地新生事物和古典传统折子戏，② 唱腔常以"生、旦角唱腔"和"丑角唱腔"两种腔调转换，采用"三棒鼓"的"五五七五"句式，四句押韵，③ 配以鼓、锣、胡琴、唢呐等乐器，加韵白或诗白以渲染。④ 笔者记录了当地民间艺人表演《梁祝》的部分内容。旦角：一把龙凤绣，鸳鸯配成就，二绣蝴蝶花上游，爱坏众诸侯。生角：八月桂花香，举子奔科场，十年寒窗习文章，一朝把名扬。净角：手把赶羊棍，打开羊圈门，羊儿放出一大群，赶上大路行。丑角：你要灵芝草，你去满山找，满山满岭找遍了，未见灵芝草。这个故事中，"龙凤""鸳鸯""蝴蝶""桂花"等元素让人自然地联想到这是一个讲述青年男女的爱情故事。

言语系统的民间文学艺术是非常丰富的，其表现的内容并非其文字、语言或音乐的"能指"本身，而是文字、语言、音乐背后的"所指"。在这里，人们可以理解和体验到"能指"的具体事物和"所指"的意义之间微妙的内在相似性，这些纷繁且复杂的"相似性"元素组成了结构性和连续性的文

---

① 《锦鸡》全文记录于《保靖揽珍》。参见邹佳丽主编：《保靖揽珍》，湖南人民出版社2013年版，第36~51页。

② 如前述锦鸡姑娘传说故事以及其他民间故事等。

③ 如传统折子戏《山伯访友》中的唱词："听到公子叫，急忙就来到，四九若凡来迟了，打得两头翘。"山伯唱词："每日坐书房，心中闷得慌，灯下苦读习文章，何时把名扬？"参见邹利佳主编：《保靖揽珍》，湖南人民出版社2013年版，第134~135页。

④ 生旦角唱腔一般平和婉转，行腔自如，偶尔高亢激昂，悲啼如诉。丑角唱腔一般节奏明快，诙谐幽默。

化观念,① 使言语系统的民间文学艺术脱离了文字、语言、音乐等基本符号本身,成为"更高一级"的语言表达。

2. 非言语系统的民间文学艺术

非言语系统的民间文学艺术是指除语言学的声音形象和音乐学的声乐、器乐形象代码外,其他所有的民间文学艺术事象是表现某个文学艺术概念或某种视觉映像的事象,如民间舞蹈、特定标志、图像、手工艺品等。如前文关于民间文学艺术范围中的民间舞蹈(如杂耍、典礼上的表演、仪式上表演及其他表演)和民间美术(如民间雕刻、雕塑、陶艺、瓷艺、家具、编织、刺绣、服饰、乐器、建筑等),以及特定标记、图像和符号等(即传统名号)。

非言语系统的民间文学艺术中,特定标记、图像和符号等,即传统名号,不属于本书研究的民间文学艺术范畴,此处略作讨论。传统名号是广泛存在的,如一些民族所使用的向右折旋转的"卐"形纹饰,实际上来源于印度教男神迦涅什,用以代表从东向西白天运行的太阳,象征光明、生命和荣誉,同时也是善良、仁慈、智慧的标志;而向左折旋转的"卍"形纹饰,则来源于女神迦梨,用以代表从西向东运行的黑夜的太阳,象征着黑暗、死亡和毁灭,也是野蛮、残暴、丑恶的标记。传统名号是指传统文化社区所有的、凝结和表达其传统技术、设计及艺术之商誉或者声誉的各种长期存在的传统名称、标记等符号,② 如民族名称、图腾、标记等。传统名号的产权保护与现代商业标识制度近似,在国外,也存在非土著的实体在公司名称、体育用品、时装、玩具、摩托车和酒类制品上对土著相关标

① 在美国人类学家乔治·莱考夫和马克·约翰逊看来,隐喻的本质是通过另一种事物来理解和体验当前的事物,"隐喻"具有互动性和范畴性,其类型包括结构隐喻和方位隐喻。总之,人类生活在"隐喻系统"中。在这一系统中,索绪尔的"能指"和"所指"即是"隐喻系统"中的"凸显"和"隐藏","能指"和"所指"之间的关系由"隐喻管道"链接。参见[美]乔治·莱考夫、马克·约翰逊:《我们赖以生存的隐喻》,何文忠译,浙江大学出版社 2015 年版,第 3、7~10 页。

② 参见严永和:《论我国少数民族传统名号的知识产权保护》,载《民族研究》2014 年第 5 期。

记和名称进行商业性使用。① 多数国家对此采取的是防御性保护策略，即防止非土著公司在商业贸易中使用与土著人民和土著社区相关的文字、名称、外观设计等显著性标记，甚至将之注册为商标或域名。② 当然也存在积极性保护策略，即将与土著文化相关的具有"显著性"的商标进行注册，一些土著社区也已注册集体商标、证明商标或地理标志。与传统名号相关的产权保护制度与本书所探讨的特别著作权保护制度相去甚远，在此也暂不讨论传统名号的知识产权保护相关问题。

　　民族民间舞蹈是典型的非语言系统的文学艺术形式。舞蹈的本质是人们通过五官位置(表情)、肢体位置(动作)和所处相对位置(距离)等元素的一整套变化，用以一定的目的和信息。舞蹈是一种动作符号，是人以身体运动达到"心智交流"的现象。③ 舞蹈是一门"动的艺术"，这种艺术"是经过动态或转变的形式屈求快感的……是用身体的运动和时间的变迁来完成艺术家的目的的"。④ 通过运动，而非语言的形式，舞蹈表达了语言难以表达的情感，舞蹈可以说是一种"无言"的艺术。⑤ 民间舞蹈在我国文学艺术中占有重要地位，各民族以其风格各异的舞蹈，鲜明地反映其民族性格、风俗习惯、审美情趣及蕴含的智慧灵性。⑥ 例如，我国瑶族的长鼓舞，根据其表演的场景和内容，总体上可分为三类：一是在"还盘王愿"的祭祀

---

① 　See WIPO/GRTKF/IC/40/8.

② 　如安第斯共同体第486号决议第136条(g)款规定，在商业贸易中使用含有土著或相关社区的名字、名称、文字、字母的，或用于区别其产品、服务的标记或其加工的方法，或构成社区文化的表现形式的标记，可能不适当地影响相关第三方权利的，可不予注册；美国专利与商标局建立了一个综合性数据库，以拒绝登记任何谎称与某一土著部落或该部落保持的信仰相关的商标；新西兰《商标法》规定，如果在某一商标的使用或注册中被认为可能冒犯传统社区某一重要组成部分(包括该国的毛利人)的情况下，可拒绝其使用或注册。See WIPO/GRTKF/IC/40/8.

③ 　值得注意的是，"符号"的目的是用以传递一定的信息，没有体现主观目的和载有一定的信息的动作不能成为"动作符号"，比如打哈欠、膝跳反射等生理反应和条件反射并无目的和内容。

④ 　[德]格罗塞：《艺术的起源》，蔡慕晖译，商务印书馆1984年版，第40页。

⑤ 　参见资华筠：《中国的舞蹈艺术》，载《艺术百家》2010年第3期。

⑥ 　参见资华筠：《中国的舞蹈艺术》，载《艺术百家》2010年第3期。

仪式中跳的"还愿长鼓舞"，如《挞鼓舞》《黄泥长鼓舞》《芦笙长鼓舞》等；二是逢年过节表演的，统称《贺年长鼓舞》；三是兼具祭祀和表演性质的长鼓舞，如《赶羊做鼓长鼓舞》等。① 长鼓舞是瑶族人民抒发其民族情怀，反映其生产生活的精神产品，它所表现的内容都是瑶族人民生产生活方式在艺术层面上的真实写照。长鼓舞的许多舞蹈动作，如模仿动物的金鸡展翅、画眉跳笼、鲤鱼晒籽等，以及模仿植物的雪花盖顶、古树盘根等舞蹈动作，都是瑶族人展现其生活方式和生活环境的艺术表达。

苗族也是擅长鼓舞的少数民族，我国湘西地区苗族鼓舞有花鼓舞、武术鼓舞、猴儿鼓舞等。传统的《猴儿鼓舞》风趣诙谐，表演者一边敲鼓，一边模仿猴子的动作；《花鼓舞》鼓点节奏欢快，表演者动作轻盈，姿势曼妙；《武术鼓舞》都是武术动作，舞姿威武雄壮、刚健有力。整体上，苗鼓节奏明快，动作舒展大方，鼓者双手交替击鼓，全身闪转腾挪，击鼓与舞蹈相结合，极富美感和观赏性。土家族人的摆手舞也有两种表现形式：一是包括大量的模仿动作的舞蹈，如模拟先祖原始的生产生活、颤摆、双摆、回旋摆、抖狗蚤、弯腰驼背、屈膝行进等仪态，其基本动作"甩同边手"表现了土家祖先在迁徙过程中攀援岩壁、艰难行进的场景；二是以大量的歌谣颂扬祖先的创世纪功德。在土家族，由梯玛在祭祀中唱出的《摆手歌》，洋洋数十万字，既是土家人迁徙史的纪年谱，也是土家人渔、牧、农的生产生活经验，又是历代英雄的赞歌。根据土家摆手舞的活动规模和主题，可大致将其分为"大摆手"和"小摆手"。其中，"大摆手"以祭"八部大王"为主题，主要展现人类起源、民族迁徙、抗击外患和农业生产等内容，规模庞大；"小摆手"则以祭祀彭公爵主、向老官人或各地土王为主题，仅表演部分农业生产活动，规模较小。民族舞蹈与各民族自身历史以及当地独特的地理环境有着密切关系。这些看似简单的动作符号，都蕴含着他们对生活和感情的独特表达和特有的审美情趣。

---

① 参见胡岭梅：《瑶族"长鼓舞"的传承和发展》，载《湖南科技学院学报》2005年第8期。

民族民间美术也是非语言系统的文学艺术中的重要内容。民族民间美术是具有自己独特审美意识的感情表达，是一门理想主义的艺术，也是一门手工的艺术。① 民间美术的种类和内容繁多，根据民间美术的功能，可将其分为以下几类：（1）祭祀类的民间美术，如神像、礼仪用具等；（2）起居类的民间美术，如亭、桥、牌楼、陵墓等建筑，以及各种石制、木制饰品或家具；（3）器用类的民间美术，即具有造型意义的各类器具，如交通工具、生活器具等；（4）穿戴类的民间美术，如二维层面的服饰图样、年画、布画、炕围画、窗花等；（5）游艺类的民间美术，如木偶、皮影、面具、脸谱、灯彩、玩具等。② 各个民族的审美情趣是有差异的，以色彩特征为例，苗族喜爱蓝色，其服饰的色调也为蓝色；彝族、哈尼族以黑为贵，其服饰也主要是黑色；藏族、白族崇尚白色，其服饰的主要色彩是白色。③ 而民族服装的具体纹饰和图案，展现了各民族独有的审美风格。如苗族擅长挑花和刺绣，虽然苗族各支系在挑花的布局、造型和选色上有所不同，但整体上的造型能力都很高，如具有跳动感的青蛙、有偶蹄印的猪蹄、多刺而又有果实的刺梨④。苗族刺绣则主要使用在苗族服装的头巾、衣领、袖口、衣肩、腰带、裙片等部位，刺绣的纹饰有的取材于牛、虎、马、兔、雀、鸡等动物，有的取材于油茶花、牡丹花、菊花、桃花等植物，还有的取材于山川大河、岩石峭壁、太阳、月亮等自然景观。⑤

土家织锦也是民族民间美术中的典型代表。土家织锦又称"西朗卡

① 参见冯骥才：《中国传统民间美术的时代转型》，载《艺术·生活》2009年第2期。

② 参见王朝闻总主编：《中国民间美术全集》，山东教育出版社1993年版，序。

③ 参见刘世军主编：《中国民间美术》，西南交通大学出版社2010年版，第5页。

④ "刺梨"是苗族地区常见的野果，富含维生素，此果浑身遍布小刺，去刺后可食用，亦可提汁酿酒，晒干可入药。

⑤ 参见李绵璐：《谈民族民间美术》，安徽美术出版社2003年版，第4页。

普"，又称"土花布"或"斑布"。据《宋史·哲宗本记》记载，"元佑四年，溪峒彭于武等进溪峒布"，"溪峒布"即土家织锦，是当时进贡皇帝的贡品。在旧时，土家女孩自六七岁开始便跟着祖母或姑母、母亲学习捻线、染色、织造。《保靖县志》记载，"女勤于织，户多机声"。土家织锦以棉纱为经线，以集股的彩色粗丝或用土红、藤黄等矿、植物染料制作的棉毛线为纬线，巧妙地搭配色彩，将动植物形态作几何图样，采用通经断纬的方法，手工挑织成粗厚的纤维棉布。乾隆《永顺府志》记载，"土人以一手织纬，一手用细牛角挑花，遂成五色"。

区分言语系统的民间文学艺术与非言语系统的民间文学艺术的意义主要在于：第一，就传承方式而言，后者比前者更强调个人之间的上下传承，民族民间文学多是口口相传，例如，一个民间故事可能会在几代人的反复讲述中逐渐发生新的演变。而民族民间舞蹈、民族民间美术等非言语性的民间文学艺术的传承，仅靠口传是不够的，还需要师傅身体力行地传授。但二者的关系又不是绝对割裂开的，比如，在一场传统戏剧的表演中，既包括了言语系统的戏剧剧本和演员的唱腔，还包括了非言语系统的戏剧服饰、人物和舞台装饰、舞蹈动作等，是"动"与"静"结合的艺术。在对民间文学艺术进行产权赋权时，应对传承人或那些为民间文学艺术传承作出巨大贡献的个人特别予以关照。第二，可以更具体地认识民间文学艺术，并在此基础上分析与现有著作权制度所保护的一般"作品"类型的区别，具体来说，民间文学艺术与一般作品相比，更具传统性和整体性。

（三）神圣性的与非神圣性的民间文学艺术

1. 神圣性的民间文学艺术

神圣性民间文学艺术是指构成传统社群精神认同或者精神身份（part of the spiritual identity）的具有特殊意义的民间文学艺术。神圣的民间文学艺术属于"认同文化"，而非"消费文化"，是族群成员相互认同的文化标识，具有丰富的价值内涵。① "文化认同"是表明传统文化社区与其文化生活之间存在的关联意义，而意义是人对客观事物的主观理解和解释，是人给对象事物赋予的普遍或共同含义。神圣性民间文学之所以能反映该社群特殊的共同精神，其核心在于"造成实质影响的重要性部分"，也就是其"共同民族情感"的特殊意义。

神圣性民间文学艺术一般具有宗教或者精神信仰意义。民间文学艺术是否神圣、是否具有神圣性，在于其对有关少数民族或者传统文化社区是否具有某种特殊的精神崇拜意义，是否构成特定精神信仰仪式的一部分。如我国土家族的"梯玛神歌"②，是土家族特有的祭祀歌舞，整体上表现为由梯玛在"调年摆手堂"开展祭祀活动，请来各路神仙以镇鬼压邪，同时也可为人们求福求财。在社会历史方面，它是一部光辉的民族史诗，有反映农耕生活的《蹉跎》，有反映民族迁徙的《起发祖根》，有反映"溪州之战"的《请四都衙门》《嘎唉请》，也有反映土司制度之后的《巴总卡》，总体上勾画出了土家人的历史框架。在文学艺术方面，《梯玛神歌》本身就是一部大型诗歌集，如其中的《西朗卡普》描写了一对男女青年的爱情故事，词句优美，满含诗意。③ 土家人通过祭祀歌舞的形式，表达对祖先和神灵的敬畏，以及对美好生活的盼望。同样，广西田林地区瑶族"还盘王愿"仪式中表演的音乐曲目、湖南省隆回县花瑶开山时演唱的"呜哇山歌"中的"请神歌""送神歌"等，也体现了少数民族的精神崇拜。值得注意的是，神圣性民间文学艺术通常是不公开的，即通常是前文所述的秘密性民间文学艺术或半公开的民间文学艺术。在古时，梯玛的祭祀场所——调年摆手堂——周围实行警戒，如有外人进出，会按习俗杀了祭神。现在，梯玛一般也不

---

① 参见刘魁立：《关于非物质文化遗产保护的若干理论反思》，载《民间文化论坛》2004 年第 4 期。

② "梯玛"为土家族语言，"梯"是"敬"的意思，如敬神；"玛"意为"人们"，连起来为"敬神的人们"。古时候，梯玛在土家族内享有族权和神权，后逐渐演变为族内专管祭祖敬神的人。

③ 参见龙泽瑞、龙利农编：《牛角里吹出的古歌——梯玛神歌》，人民出版社2003 年版，第 40~45 页。

会在祭祀活动之外进行表演，由于《梯玛神歌》内容繁多，其传承范围也仅限于师徒之间，外人难以知晓。神圣性民间文学艺术通常也不具备商业开发价值。但是，不论神圣性民间文学艺术是否公开、是否具有商业开发价值(甚至已经被开发)，我们都应赋予相关主体精神权利，以保护其精神利益不受损害。

2. 非神圣性的民间文学艺术

非神圣性民间文学艺术是指除神圣性民间文学艺术外，不具备精神认同或身份功能的部分，是一般意义上的纯粹民间文学艺术。与神圣性民间文学艺术所强调的"精神认同"不一样的是，非神圣性民间文学艺术一般仅强调普遍意义上的"文化认同"。

将民间文学艺术进行"神圣性"的区分，主要目的在于关注民间文学艺术中具有神圣性部分的精神权利。神圣性的民间文学艺术极容易被随意使用，以致伤害到传统社群的精神情感。故构建民间文学艺术的特别权利体系时，应对其中具有神圣性的部分予以特别关注。

第二章　民间文学艺术知识产权保护的 必要性与正当性

第一节　民间文学艺术知识产权保护的必要性

构建民间文学艺术知识产权保护制度的必要性主要体现在制度需求和现实需求两个方面。

一、民间文学艺术知识产权保护的制度需求

民间文学艺术是各民族在漫长的历史长河中创造、传承和发展的智力成果。作为传统文化重要表现形式的民间文学艺术，其法律保护事关国家精神文明建设和民族自信。正如 2014 年 3 月，习近平总书记在联合国教科文组织总部演讲时指出，"中华文明经历了五千多年的历史变迁，但始终一脉相承，积淀着中华民族罪深层的精神追求，代表着中华民族独特的精神标识"。① 民间文学艺术既是中华民族智慧的结晶和历史的见证，是连结民族感情的纽带和维系国家统一的基础，也是珍贵的、不可替代的、具有重要价值的文化资源。

---

① 外交部：《习近平在联合国教科文组织总部的演讲》，载 https://www.fmprc.gov.cn/web/ziliao_674904/zyjh_674906/t1141771.shtml，最后访问日期：2020 年 12 月 27日。

第一，以产权制度保护民间文学艺术，就是在保护民族文化，有助于维护民族尊严，加强文化自信。根据我国《宪法》第 4 条和《民族区域自治法》第 6 条的规定，① 民间文学艺术是少数民族文化事业的重要载体。构建民间文学艺术产权保护制度，是基于我国《宪法》和《民族区域自治法》对少数民族精神文化建设工作的积极推动，是维护民族尊严，加强文化自信的制度实践。

第二，构建民间文学艺术产权保护制度，是发展文化产业的重要一环。2015 年 10 月，党的十八届五中全会要求"构建中华优秀传统文化传承体系，加强文化遗产保护"。如何加强"文化遗产保护"？2017 年 1 月，中共中央办公厅与国务院办公厅发布的《关于实施中华优秀传统文化传承发展工程的意见》指出，要"坚守中华文化立场、传承中华文化基因"，"鼓励发展对外文化贸易，让更多体现中华文化特色、具有较强竞争力的文化产品走向国际市场"。承认民间文学艺术知识产权，使民间文学艺术持有人得到产权激励，是建设生态文明、传承和发展中华传统文化的重要一环。体现中华文化特色的民间文学艺术产品走向国际市场，首先要明确其产权。如果离开知识产权保护，中华文化走向世界就失去了经济价值；而文化产品的出口必定要保护好知识产权。

第三，建立民间文学艺术知识产权体系，有助于实现我国乡村振兴战略。中共中央、国务院发布的《关于实施乡村振兴战略的意见》提出了目标任务、基本原则和若干重大决策措施，总体上形成了以产业兴旺、生态宜居和乡村文化繁荣为核心的基本策略。全国人大常委会于 2021 年正式通过的《乡村振兴促进法》将乡村振兴战略的总体要求进一步总结为产业兴旺、生态宜居、乡风文明、治理有效和生活富裕五个方面，主要涉及乡村产

---

① 我国《宪法》第 4 条规定："国家根据各少数民族的特点和需要，帮助各少数民族地区加速经济和文化的发展。"我国《民族区域自治法》第 6 条规定："民族自治地方的自治机关继承和发扬民族文化的优良传统，建设具有民族特点的社会主义精神文明，不断提高各民族人民的社会主义觉悟和科学文化水平。"

业、乡村人才、乡村文化、乡村生态、乡村组织等领域。①

在乡村文化振兴方面，《乡村振兴促进法》明确提出要加强乡村文明建设，倡导孝老爱亲、勤俭节约、诚实守信，培育文明、良好、淳朴的精神氛围。民间文学艺术作为民族文化的重要表现形式，它多以文艺作品为有形载体，倡导爱祖国爱家乡、敬老诚信、敬业友善等人际理念与准则。民间文学艺术可以说是乡村文化建设、确保乡风文明的重要无形资源。构建民间文学艺术知识产权保护制度，对于繁荣乡村文化、促进少数民族地区精神文明建设，具有重要意义。

在乡村产业振兴方面，我国《乡村振兴战略规划（2018—2022年）》明确提出，要积极开发与传统节日相关的文化产品，以及戏曲、武术、舞龙、舞狮等民间艺术和民俗表演，畅通传统文化资源与消费需求之间对接关系，进一步推动传统文化与旅游等相关产业的创新与融合。《乡村振兴促进法》更是提出，要充分发挥乡村在中华民族优秀传统文化传承和发展方面的特有功能，因地制宜地对乡村历史文化和资源禀赋进行分类，进而充分发挥乡村的资源优势，进一步发展乡村手工业、乡村旅游相关文化产业。② 民间文学艺术作为民族地区特有的文化资源，大多已经成为当地乡村特色文化产业的重点开发对象，民间文学艺术的产业开发是推动乡村文化产业发展和旅游开发的重要源头。民间文学艺术知识产权保护制度的构建与完善，可以为乡村地区提供文化资源的要素产权，使我国广大乡村地区对自身传统文化资源享有控制权，促进相关文化产业发展和相关文化公共品供给，为乡村文化发展创造条件，为乡村产业带来新的经济增长点和新的经济发展动能。

第四，建立民间文学艺术知识产权保护制度是健全和完善知识产权制度的重要内容。2019年11月，中共中央、国务院发布《关于强化知识产权保护的意见》，把传统文化资源产权保护制度纳入需要完善的"新业态新领

---

① 参见《中华人民共和国乡村振兴促进法》第2、3条。
② 参见《中华人民共和国乡村振兴促进法》第3、4、19条。

域保护制度"范畴，要求"研究制定传统文化、传统知识等领域保护办法"。该意见已经确认传统文化资源的产权，立法部门需要尽快研究落实相关立法。2020年11月，习近平总书记在主持中共中央政治局第二十五次集体学习时强调，要促进建设现代化经济体系，激发全社会创新活力，推动构建新发展格局。要深化知识产权保护工作体制机制改革，健全大数据、人工智能、基因技术等新领域新业态知识产权保护制度，及时研究制定传统文化、传统知识等领域的保护办法。此外，国务院于2021年发布的《知识产权强国建设纲要（2021—2035年）》进一步提出，我国在完善和制定知识产权整体立法时，应适时扩大知识产权保护客体范围，在我国民间文艺的利用水平稳步提升的背景下，要构建保护民间文艺在内的特定领域知识产权规则体系，加强民间文艺的获取和惠益分享制度建设，加强非物质文化遗产的搜集整理和转化利用。可以说，建立民间文学艺术知识产权保护制度是我国知识产权制度化和现代化进程的必由之路。

二、民间文学艺术产权保护的现实需求

近年来，随着我国文化产业的蓬勃发展，一方面，对民间文艺资源的使用方式越来越多样化，既创造了大量的经济价值，也广泛促进了民间文学艺术的利用和传播；另一方面，各类民间文艺资源在使用和传播过程中遭遇了各种侵权行为，相关权利人的精神权利和财产权利遭受到不同程度的侵害，已经引起社会各界的高度重视，同时也引发了一定数量的民事纠纷。如广西柳州山歌《石榴青》与歌曲《山歌好比春江水》著作权纠纷案、壮族民歌《夜了天》与音乐作品《夜了天来夜了天》著作权纠纷案、马鞍山洪滨丝绵画案等，类似侵权纠纷层出不穷。由于无法可依，许多侵权纠纷往往不了了之，有些进入诉讼程序后，司法处理情况也千差万别，民间文学艺术著作权很难得到有效保障。近年来，每年"两会"期间都有代表、委员提出关于民间文艺著作权保护的议案、提案或者建议。进入21世纪以来，关于民间文学艺术开发利用的民事诉讼案件迅速增加，如"乌苏里船歌案"

"千里走单骑案"等，并且呈进一步扩大的趋势。为妥善处理民间文学艺术产权纠纷，进一步研究构建民间文学艺术知识产权保护制度已成为回应社会关切、解决现实纠纷的现实需求。

第二节　民间文学艺术知识产权保护的正当性

德国法学家卢曼认为，在高度分化的社会中，法律的正当性不再依赖于纯粹心理学上对规范和价值的内在化理解，而是在于那些直接受到法律制度影响的人普遍接受法律制定者的规范性期望，并以该规范性约束的内容为行动前提。① 同样，构建民间文学艺术知识产权保护制度的正当性，重点不在于民间文学艺术的内在价值，而是要重点考虑受该制度影响的相关者是否期望接受这一制度规范。可以认为，构建民间文学艺术产权保护制度，体现了人们在保障人权、实现可持续发展以及保护文化多样性三个方面的集体期望。

一、保障人权

从构词上看，人权是指"人之作为人享有或应当享有的权利"。② 人权概念的提出是对人主观能动性的进一步强化，它普世地要求所有人都享有作为人应当享有的各项基本权利。尽管各国对人权的具体认识与实践有所

① 参见［德］尼克拉斯·卢曼：《法社会学》，宾凯、赵春燕译，上海人民出版社2013年版，第308~316页。

② "人之作为人"中的第一个"人"，是指现实中具体的人，第二个"人"则具有双重含义：一是指抽象的、本性意义上的人，在这一点上，人权是"凭借自然或本性"的自然权利，即人权与自然权利同义；二是指现实中具体的人，即作为社会成员的人，在这一点上，人权不是凭借自然或本性产生的，而是基于习俗、法律而享有的，借由社会成员资格产生的。参见夏勇：《人权概念起源：权利的历史哲学》，中国政法大学出版社2001年版，第166页。

差异，但对于一些最基本的人权还是普遍认可的。①《世界人权宣言》提出，人人生而平等、自由，且不因其在种族、肤色、性别、国籍等方面有任何区别。保障人权实际上就是对人的生命权、自由权、财产权等基本权利的保护。

民间文学艺术知识产权保护在人权方面的正当性主要表现为知识产权本身所具有的人权属性，以及对作为基本人权的文化权利的保护。首先，知识产权的人权属性表现为对人的创造性劳动成果的保护，这也是实现智慧财产权的重要途径。在洛克看来，财产是通过个人的劳动产生的，是人的生命和自由之基础，人的财产权神圣且不可侵犯。② 在卢梭那里，每个人都应享有完全平等的社会地位，人对其生命、自由和财产都享有天赋之权，且都应当受到保护。③ 就知识产权而言，国家的认可并非其产生的根本缘由，知识产权与一般财产权利一样，是与生俱来的基本人权。所谓创造性活动是权利产生的"源泉"，而法律则是权利产生的"根据"。④ 简单来说，知识产权的人权意义，一方面体现在对作为个人所有的智慧财产权利的保护，另一方面体现在对作为社会财富的知识产品之利益的合理分配。⑤ 民间文学艺术的知识产权保护涉及的是特别类型的知识产权，以知识产权保护文学艺术财产，是保护人基本财产权利的体现，具有人权正当性。

其次，民间文学艺术是民族文化的重要组成部分，其知识产权保护的

① 这些最基本的人权包括生命权、自由权、财产权、尊严权、获助权、公正权和受教权。其中，生命权是最基本、最重要的人权；自由是人权的灵魂，如果没有充分的自由权，生命权也将失去意义；财产权是生命权和自由权的延伸。参见〔英〕米尔恩：《人权哲学》，王先恒等译，东方出版社 1991 年版，第 262~2894 页；〔瑞士〕弗莱纳：《人权是什么》，谢鹏程译，中国社会科学出版社 2000 年版，第 131~133 页。

② 参见洛克：《政府论》（下篇），叶企芳等译，商务印书馆 1964 年版，第 19、53 页。

③ 参见卢梭：《社会契约论》，何兆武译，商务印书馆 1962 年版，第 31 页。

④ 参见吴汉东：《关于知识产权本体、主体与客体的重新认识》，载《法学评论》2000 年第 5 期。

⑤ 参见吴汉东：《知识产权的私权与人权属性——以〈知识产权协议〉与〈世界人权公约〉为对象》，载《法学研究》2003 年第 3 期。

实质就是确认与保护相关产权，以实现作为人权基本内容的文化权利。随着人权理念深入人心，人权在内容上还派生出了第三代人权——发展权，①以保障人类社会在政治、经济、文化等方面的整体发展。1979 年第三十四届联合国大会明确提出：发展权属于天赋人权，每个国家和个人都享有平等发展的权利和机会。1986 年通过的《发展权利宣言》更是全面阐释了发展权在主体、内涵、地位、实现途径等方面的具体内容。② 联合国教科文组织（UNESCO）也强调，"发展"的内容是以人为核心的多元化发展，它寻求的是在经济、文化、教育、科技等众多方面相互补充、相互联系的整体发展。③ 发展权的提出反映了各个国家特别是发展中国家谋求平等发展的诉求以及建立公平、公正国际知识产权秩序的强烈渴望。

　　自从西方国家文艺复兴和发现新大陆以来，西方文化基于其现代性和优越性，建立了一套所谓"普世的"文化体系和价值观念，西方发达国家借助其强势的国际地位对发展中国家进行文化输出和渗透，导致那些尚未实现"现代化"的社会必须进行自我批判和反省，接受所谓的"现代性"，实现"现代化"。④ 发展中国家的传统文化面临西方主流文化排挤和边缘化的风险。

　　就知识产权而言，尽管 TRIPS 协定一再强调对知识产权实行平等保护，⑤ 但其讨论的内容仍然是对发达国家文化科技成果的有偿利用，而发

---

　　① 　See Satvinder Jusss, *Global Environmental Change*: *Health and the Challenge for Human Rights*. Ind. J. Global Leg. Stud. , 1997, p. 121.

　　② 　《发展权利宣言》明确指出，发展权利是一项不可剥夺的人权，发展机会均等是国家和组成国家的个人一项特有权利。国家有权利和义务创造有利于实现发展权的国家条件和国际条件。

　　③ 　参见[塞内加尔] 阿马杜·马赫塔尔·姆博：《人民的时代》，中国对外翻译出版公司 1986 年版，第 96 页。

　　④ 　参见汪堂家：《"文化"释义的可能性——与构建主义对话》，载《复旦学报(社会科学版)》1999 年第 3 期。

　　⑤ 　如国民待遇原则，即给予外国人与本国国民所受的待遇相比"不应较为不利"（no less favourable）；最惠国待遇原则，即一成员对任何其他国家国民给予的任何利益、优惠、特权或豁免，应立即无条件地给予所有其他成员的国民。参见《与贸易有关的知识产权协定》第 3、4 条。

展中国家传统文化资源只能被无偿使用。在全球化市场中，发达国家凭借其在经济和政治上的垄断地位，垄断了科学技术和文化知识。资本主义为了持续剥削和统治，需要让劳动者"愚昧无知"，以保持自身的文化优势，其中也包括让劳动者的智力成果成为资产阶级的"专利"。① 可以认为，知识产权国际保护规则在建立之初，就体现了强势文化的话语权和解释权。

民间文学艺大多反映的是经济、技术相对落后的传统社群的文化。为民间文学艺术提供知识产权保护，通过建立相应的产权体系，使相关传统社群有权管理自身文化事务，排除他人不正当利用，既实现了传统社群的经济和文化权利，又维护了传统社群的文化认同和文化尊严。

二、实现可持续发展

所谓"可持续"（sustainability），是指既要满足当下的社会需求，又不会危害到后人满足其需求的能力。可持续发展是以人为中心的发展，它要求人与人、人与自然的协调与和谐。联合国大会 2015 年通过的《变革我们的世界——2030 年可持续发展议程》（"Transforming our world：the 2030 Agenda for Sustainable Development"，以下简称《议程》）列举了 17 个可持续发展目标，并首次将文化纳入可持续发展的国际进程，该《议程》承认了文化和文化多样性在实现可持续发展方面（sustainable development）的重要推动作用，也肯定了文化对可持续发展的贡献。② 保障文化的可持续发展对于实现人类可持续发展来说，具有重要意义。

知识产权是人的私权，知识产权制度从诞生开始发展到现在，见证并实际地促进了科学技术的进步和社会的发展。研究其发展轨迹，我们不难发现：知识产权本身就是一种"特权"，法律通过创制和扩展这种"特权"，

① 参见黄楠森、夏甄陶、陈志尚主编：《人学词典》，中国国际广播出版社 1990 年版，第 247 页。

② 具体文本参见商务部网站，http://genevese. mofcom. gov. cn/article/wjysj/201604/20160401295679.shtml，最后访问日期：2021 年 3 月 18 日。

一方面使知识产品本身更具价值，另一方面也以丰厚的回报激励人们学习和进步，以创造更多、更好的知识产品。这是知识产权制度促进科学技术进步、实现社会经济可持续发展的基本逻辑。

现代知识产权是一种"法定特权"，所谓创造性活动是权利产生的"源泉"，而法律是权利产生的"根据"。① 知识产权本身就是与自然权利相对应的、临时性的"特权"。知识产权这种特权是"随时可以由现行法塑造、限制并最终取消的权利"。② 法国学者柯勒（Kohler）和皮卡尔（Picard）早在19世纪就意识到知识产权不同于有形财产权，而属于特殊的财产权类型，属于某种"特权"。③ 但过度强调"绝对权利"会造成行业的绝对垄断，不利于长期发展，这就要求平衡知识产权个人利益与公共利益的"天平"。14世纪前后，威尼斯是地中海贸易的中心之一，当时的威尼斯手工业尤其是玻璃吹制品行业十分兴盛，同时也具备较为完善的行会制度。威尼斯参议院为打破城市商人的垄断行为，吸引域外发明，1474年颁布了《威尼斯专利法》，第一次限制了公众利益的个人独占权，规定政府可以按照需要在发明人操作的条件下使用其发明。这可以说是法律规定专利强制实施的最早版本。

15世纪后期的英国为引进外国技术，促进本国技术发展，以王室特许权的形式授予商人和工匠在一定时期内对某种商品的垄断经营权利。后来，英国于1623年颁布了《垄断法规》，正式规定发明人对其创新产品所享有的专有权，从而鼓励人们发明创造新产品和技术，并将其推广应用，从而实现技术的进步，促进相关产业的发展。英国议会在1709年颁布了《安娜法令》，正式授予了作者和出版商的专有复制权利，以鼓励人们创作和投资出版行业。著名经济学家诺思评价道："十八世纪的英国获得持久

---

① 参见吴汉东：《关于知识产权本体、主体与客体的重新认识》，载《法学评论》2000年第5期。

② 参见［澳］彼得·德霍斯：《知识财产法哲学》，周林译，商务印书馆2008年版，第38~43页。

③ 参见李琛：《论知识产权法的体系化》，北京大学出版社2005年版，第66页。

的经济增长，是因为一种所有权演进的环境，这种环境促进了从继承权、无限制的土地所有制、自由劳动力、保护私有财产、专利法和其他对知识产权所有制的鼓励措施，直到一系列旨在减少产品和资本市场缺陷的制度安排。"①

随着技术发展和社会变革，新兴客体物的不断增加，知识产权领域也增加了相应的特别权利。"人类历史进程的其中一个基本的推动力是科学技术的发展，它决定了经济生产力可能性的范围，以及一系列社会结构性特征。"②科学技术是推动知识产权内容和结构不断丰富的重要动力，同时也带来了更多的"特别产权"客体。在过去的三次工业革命中，知识产权为技术拥有者带来了巨大财富。第一次工业革命，瓦特发明了蒸汽机，并通过与机器制造商马修·博尔顿（Matthew Boulton）合作，其产品很快被广泛应用。1794 年，双方合伙组建瓦特-博尔顿公司，并很快成为富翁。第二次工业革命以发电机和电动机的发明为典型代表。较独立的发明人而言，企业更有能力承担创新活动带来的巨大风险和损失，这就对知识产权保护提出了更高的要求。在西门子公司的推动下，德国于 1874 年创立了专利保护协会。1877 年德国采用统一的专利法之后，加强了知识产权保护力度，企业能将更多的收益投入到研发（Research and Development，R&D）项目中，很多德国企业开始设立内部 R&D 实验室。第三次工业革命以互联网计算机和半导体技术为标志，科技研发更加具有复杂性和不确定性，产品对科学技术依赖性增强，科学技术成为第一生产力，企业借助外部 R&D 获得的技术所占份额也越来越小。一开始，以纯技术进口的美国，对知识产权实行弱保护政策，促进了新技术在国内的快速应用，美国经济也得以持续高速增长。直到 20 世纪 60 年代末，美国的技术发明开始被其他国家大量商业化，由于商业利益受损，美国才转而实行强有力的知识产权保护政策。

---

① ［美］道格拉斯·诺思、罗伯斯·托马斯：《西方世界的兴起》，厉以平、蔡磊译，华夏出版社 1999 年版，第 23 页。

② ［美］弗朗西斯·福山：《我们的后人类未来》，黄立志译，广西师范大学出版社 2016 年版，第 17~18 页。

进入 21 世纪以来，信息技术、生物技术和新材料成为对人类经济发展与社会进步最有影响力的技术领域。① 以计算机网格信息技术和生物基因技术为代表的第四次技术革命，② 至今方兴未艾。迅速发展的高新技术会转化为越来越多的科技成果，新兴技术的崛起让经济发展不再以开发稀缺自然资源为代价，而是依靠科学技术的创新。

高新技术的发展使知识产权的范围不断扩张，知识产权法域也在不断拓宽。越来越多的新兴科技成果被法律保护，如 1953 年，德国针对植物新品种保护出台了《种子材料法》，率先对植物新品种育种者培育的植物新品种授予特别权利，对植物新品种提供专门法保护。③ 我国于 1997 年发布了《植物新品种保护条例》，开始对符合条件的植物新品种授予特别权利。美国于 1984 年制定了《半导体芯片保护法》，该法"实际上是一个独立的体系，既不属于著作权法体系，也不属于专利法体系"，而是同时借鉴、吸收了著作权法和专利法的经验和惯例，进而确认和保护关于集成电路布图设计的财产权。④ 欧盟为制止他人对数据库内容的提取或再利用，于 1996 年推出了《数据库保护指令》，这是一种独特的、史无前例的、类似财产权的权利。⑤

知识产权是私权，它让私人享有对私权收益的占有，使享有知识产权利益的个人不断扩张个人占有的领地。"人类有无穷无尽的向往、需要及欲望，因而也能够带来同样无穷无尽的'应当'。"⑥随着科学技术的进步，

---

① 参见路甬祥：《21 世纪的科学技术》，载《新世纪科学技术发展与展望》，中国人事出版社 2002 年版，第 18 页。

② 参见顾肃：《第四次科技革命》，江苏人民出版社 2003 年版，第 5、7、9~13 页。

③ 参见吴汉东、胡开忠：《无形财产权制度研究》，法律出版社 2001 年版，第 349 页。

④ 参见吴汉东、胡开忠：《无形财产权制度研究》，法律出版社 2001 年版，第 383 页。

⑤ See Xuqiong (Joanna) Wu, VIII. *Foreign and International Law*: A. E. C. Database *Directive*, 17 Berkeley Tech. L. J. 571, 2002, p. 576.

⑥ ［美］弗朗西斯·福山：《我们的后人类未来》，黄立志译，广西师范大学出版社 2016 年版，第 118 页。

科技领先的国家借助其国际话语权强制推行维护自身国家利益的知识产权战略，不断提升国际知识产权保护标准，以保持其技术创新和创造力领先地位。毋庸置疑的是，知识产权制度促进并保障了社会经济的可持续发展。

就民间文学艺术而言，长期以来，传统社群以其丰富的文化资源对人文和自然的可持续发展作出了巨大贡献。但这些传统社群在人类社会的现代化过程中逐渐被边缘化，面临着生存危机。在外部，受现代个人主义价值观的影响，现代群体显露了对少数群体的轻视和不尊重。在内部，传统社群因其文化缺乏所谓的"时尚性"，被大众文化排挤，甚至抵制。在现代商业社会，不乏对民间文学艺术进行无偿使用的现象，一些企业将一些在传统社区公知的经验知识经过简单加工之后拿来主张知识产权，进而获得经济利益。

人文发展与自然发展有一个共同规律，生物多样性是自然可持续发展的基本条件，而人文多样性同样是人文可持续发展的重要条件之一。[①] 实际上，对少数文化的边缘化和不尊重，这对不论是发达国家还是发展中国家、现代社区还是传统社区来说，都是必须面对的一个问题。以知识产权为载体，构建民间文学艺术特别知识产权保护制度就是要通过法律形式，进行特别的财产制度安排，确认和保护民间文学艺术知识产权，保障民间文学艺术科学和可持续发展。

三、保护文化多样性

文化是人类智慧、精神和美学的发展过程。[②] 文化多样性在目前尚无一个严格的定义。有学者认为，文化多样性是人类在长期发展过程中形成

[①]　参见奥德丽·R. 查普德：《将知识产权视为人权——与第 15 条第 1 款第 3 项有关的义务》，《版权公报》2001 年第 3 期，第 6 页。

[②]　参见［英］约翰·斯道雷：《文化理论与通俗文化导论》，杨竹山等译，南京大学出版社 2001 年版，第 2~3 页。

的生活方式，分为有形的和无形的两种多样性。① 美国人类学家鲁斯·本尼迪克(Ruth Benedict)认为，文化是通过某个民族的活动表现出来的一种思维和行为模式，一种使该民族不同于其他民族的模式。② 从这种意义上讲，文化多样性的直接原因在于文化本身的差异。联合国教科文组织在2001 年发布的《文化多样性宣言》中指出："文化在不同的时代和不同的地方有不同的表现方式。"不同的时代和不同的地方文化的"不同表现方式"使得文化呈现出丰富的状态，文化多样性即可理解为"文化内容的多样性"和"多样性的文化类型"。

但从本质上讲，文化多样性的原因在于文化功能的多样性差异。文化多样性的重要性在于文化的功能。首先，文化多样性是人类应对挑战的重要基础。差异的文化"可以储存好的和有用的做事方法，储存这方面的知识和经验"。③ 文化是保存人类经验的重要媒介，而文化多样性则是人类知识经验丰富的象征，文化多样性的存在为"社会的更新和适应性变化提供了丰富的资源"。④ 其次，文化多样性所要求的不同文化之间的多元关系，多元文化之间的张力是人类文化存在和发展的不竭动力，支撑了多元文化结构的稳定性。⑤ 另外，可持续发展不仅仅单纯地强调人与自然的关系，可持续发展在关注经济、社会与环境相互协调发展的同时，还注重不同种族、不同国家、不同民族、不同地域之间的均衡发展，以及人与人、人与

---

① 有形的多样性包括村落、祭祀神灵祖先的庙堂、舞场、建筑、饮食、传统的加工活动(如烹饪、编制、舂米、雕刻等)、实物(如衣服、家具、生活用品、民间工艺等)、礼仪活动和与民族文化相联系的历史文献；无形的多样性包括世代相传的家庭生活、神话、民俗、民歌、民间舞蹈、口头传说、信仰意识等。参见刘冬雪：《文化全球化与文化多样性》，载《社会科学辑刊》2003 年第 1 期。

② 参见[法]维克多·埃尔：《文化概念》，上海人民出版社 1988 年版，第 5 页。

③ 联合国教科文组织编：《世界文化报告 1998》，关世杰等译，北京大学出版社2000 年版，第 3 页。

④ [美]P. K. 博克：《多元文化与社会进步》，余兴安、彭振云、童奇志译，辽宁人民出版社 1988 年版，第 149 页。

⑤ 参见何中华：《从生物多样性到文化多样性》，载《东岳论丛》1997 年第 4 期；刘冬雪：《文化全球化与文化多样性》，载《社会科学辑刊》2003 年第 1 期。

社会、人与自然之间和谐共处的问题。统一的文化从表面上减少了人与人之间交流的障碍，有助于构建统一的社会意识形态。但如果这种统一性一旦形成，单一的意识形态会造成"非黑即白"的文化观念，任何创造性的想法都会变成"异意思"，遭到社会排挤。社会的发展将失去动力，人类存在的意义将由此受到质疑。① 正如费孝通先生指出，文化是为人生活服务的体系，而"文化要素的动态性质指示了人类学的重要工作就是研究文化的功能"。② 民间文学艺术是民族文化的结晶，具有历史、教育、娱乐等文化功能，其丰富的表现形式和内容体现了民族文化的多样性。

第一是历史功能。民间文学艺术的历史功能表现在其本身是"历时"的创造和发展，是经过较长时间沉淀下来的"历史教材"。在没有文字的民族中，他们的历史主要是靠口头来传承的，民间文学艺术在其中起到了不可估量的作用。如瑶族是我国古老的民族，它的族称有数十种：崇奉"盘王"（即盘瓠）的瑶族被称为盘瑶或盘古瑶；种蓝靛较多的瑶族被称为"蓝靛瑶"（山子瑶）；生产生活中习惯背背篓的瑶族被称为"背篓瑶"；砍山耕种、迁徙无常的被称为"过山瑶"；还有因服饰不同而被称为"红瑶""白裤瑶""花蓝瑶""顶板瑶"；因居住的地理环境不同被称为"东山瑶""西山瑶""八排瑶""坳瑶""沙瑶""平地瑶"等。有些族称还与瑶族的族源有紧密联系，如盘瑶信奉盘瓠，而《盘瓠》神话详细叙述了瑶族的来历。广东连南瑶族以每年农历七月七为盘古王诞辰，过"盘王节"，广西兴安地区的瑶族有"还盘王愿"③的习俗。而"达努节"桂西瑶族的祭祖节，是祭祀始祖密洛陀的节日，"达努"的瑶语意思是"不忘记"，让子孙后代不忘记创始母亲的恩情。我国湖南湘西地区的土家族信奉祖先"八部大王"，"八部大王"涅壳赖的神

---

① 唐广良：《可持续发展、多样性与文化遗产保护》，载《贵州师范大学学报》2005 年第 4 期。

② 参见［英］马林诺斯基：《文化论》，费孝通等译，中国民间文艺出版社 1987 年版，第 14 页。

③ "还盘王愿"是过山瑶最隆重的仪式，凡遇家宅不安、六畜不旺、禾苗不好，他们会许下盘王愿，在年内或几年后还愿，届时举行盛大的集会。

话也记载了当地土家族的历史，相传土家祖先涅壳赖率领土家人统一了西至重庆涪陵，东临湖南沅陵，南联贵州东北部，北接湖北鄂西共八个原始部族，建立了"八峒"区，现在湖南省保靖县碗米坡镇首八峒村仍存有八部大王庙遗址。关于涅壳赖的神话故事也有许多，如"威武不屈、龙宫学艺""撒豆成兵、东征辽王""乐贫守穷、富贵不淫""遗迹白马渡、饮恨血水塘"等。①

第二是教育功能。民间文学艺术是一座极其丰富的宝库，在现实生活中，他们总是通过各种文学艺术形式，潜移默化地对本民族民众进行思想和道德教育。例如，在湖南省保靖县水田河镇的苗族流传着这样的童谣："苏得降文搔锐爬，勾最大得尼让柴。阿得茅纤阿矿腊，排日那求麻帅各。学堂九没到代挂，九没代挂学堂头。九没龙人九比然，人闪人茶尼人呆。"翻译成汉语是"小时叫我找猪草，今后长大砍柴烧。一根纤担一捆索，天天砍柴上高坡。学堂没有得到过，没去学堂把书学。不和别人比聪明，务农才智如纸薄"。② 这种民谣具有劝学的功能。还有《沙得苦乃玛》(劝孝歌)，大意是父亲劝儿子成人后不要嫌弃自己年迈，要多孝顺父亲。③ 另外，土家族姑娘出嫁前所唱《哭嫁歌》也具备家庭教育的功能。《哭嫁歌》具有一定仪式性、礼节性和文学性，④ 主要体现临别感恩，表现出对亲人的眷恋之情。另外，土家族《哭嫁歌》偏重叙骨肉情，道离别苦，女儿哭诉母亲十月怀胎的艰辛以及养育之恩，劝母亲保重身体，少点劳累；母亲哭唱女儿的可爱，是娘的心头肉，同时还告诫女儿如何孝敬公婆，处理邻里关系，勤俭持家等家常。

第三是娱乐功能。民间文学艺术不仅是民众智慧的结晶和创造，在功

---

① 参见保靖县民族事务局、政协保靖县委员会文史学习委员会编：《土家族发祥地首八峒》，湖南人民出版社 2007 年版，第 102~103 页。

② 参见保靖县民族事务局编：《保靖县民族志》，民族出版社 2015 年版，第 221 页。

③ 参见保靖县民族事务局编：《保靖县民族志》，民族出版社 2015 年版，第 217 页。

④ 参见邹利佳主编：《保靖揽珍》，湖南人民出版社 2013 年版，第 25~30 页。

能上更是为民众提供了娱乐享受。不可否认，许多民间文学艺术形式和活动具有极其浓厚的娱乐性质。我国少数民族地区整体上发展不平衡，为满足精神生活的需要，各民族在生产生活实践中创造了许多供人们娱乐的文学艺术形式和活动，以达到自娱自乐的目的。许多神话、传说、故事、歌谣、谜语等，除在祭祀、祭祖等特定情况，一般来说，都比较轻松愉快，具有调节精神的娱乐作用。在繁重的农业劳动后，人们通常会结伴对歌、讲述故事、谈天说地。如我国湖南、湖北、四川、贵州等西南地区的苗族和土家族人会吹树叶，这是一种流传已久的娱乐方式，人们在田间地头、房前屋后，闲来无事时在附近摘下几片叶子，擦净后将叶片正面横贴于嘴唇，食指、中指微岔，轻贴叶片背面，按住的叶片上缘稍稍高于下唇，拇指托住叶片下端，用上唇吹奏，就能发出清脆悦耳的声音来。土家族人还会吹"咚咚喹"（在土家语中亦称为"早古得"或"呆呆哩"），这是一种竹制的单簧竖吹乐器。选细竹，取 15~20 厘米的管身，竹管上端留有竹节，节下切一斜口劈出薄片为簧，管身正面将外皮削平，管壁开有三孔或四孔，一端切断为空管音孔。"咚咚喹"有"1 2 3 5"和"5 1 2 3"两种音阶，可通过独奏、齐奏或合奏来达到演奏效果。由于其制作和吹奏方法都比较简单，当地人在劳作之余或节庆时都会吹奏"咚咚喹"来应和当地山歌。"咚咚喹"因其音色清脆明亮，曲调轻快活泼，深受土家族妇女、儿童的喜爱。

　　当然，民间文学艺术的功能远不止这些，如一些民间文学艺术具有传授生产生活经验和知识的功能等。严格来说，民间文学艺术的多功能性也是其体现文化多样性的内在特征。人类本身就是多样的，各个民族、各个国家在政治、经济、文化等方面存在很大差异。① 以知识产权制度保护民间文学艺术就是在保护其承载的多样性的民族文化。从这个意义上讲，保护文化多样性是民间文学艺术知识产权保护最根本的理念。

---

　　① 参见夏勇：《人权概念起源：权利的历史哲学》，中国政法大学出版社 2001 年版，第 171 页。

第三章　民间文学艺术知识产权保护的目的和基本原则

第一节　民间文学艺术知识产权保护的目的

"目的"作为人的主观愿望，是推动主体对客观事物进行改造的内在驱动力，一定程度上，目的决定了主体的活动方向、过程和结果。在法律层面，立法目的一定程度上体现了立法者通过制定法律规范，实现其对社会关系有效调控意图的内在动机，立法目的既是法律创制的内在动因，同时也是法律实施的内在动因。① 就表达形式来看，立法目的是法律理念的直接体现。如果说立法目的是隐藏于法律规范表层之下，可以对法律规范的制定和实施产生控制和影响作用的价值形态，那么，法律理念则体现的是对法律本质及其发展规律的宏观认知、理性把握和整体构建，② 它是集法律信念、法律理想和法律精神为一体的有机整体，是"法律最高的价值"，是"真正的正义的最终的和永恒的形态"。③ 从这个意义上讲，立法目的是推动法律理念的客观化与实证化的重要媒介。探索民间文学艺术知识产权

---

① 参见刘风景：《立法目的条款之法理基础及表达技术》，载《法商研究》2013 年第 3 期。

② 参见李双元等：《法律理念的内涵与功能初探》，载《湖南师范大学社会科学学报》1997 年第 4 期。

③ 高铭暄、曹波：《当代中国刑法理念研究的变迁与深化》，载《法学评论》2015 年第 3 期。

保护制度构建的立法目的，首先要探究构建这种特别知识产权制度类型的根本源由、出发点和终极追求。

一、国际社会相关立法探索

国际社会对民间文学艺术知识产权保护基本理念的探索主要由世界知识产权组织和联合国教科文组织推动。1967 年《伯尔尼公约》第 15 条第 4 款将民间文学艺术列为"未出版作品"，从《伯尔尼公约》的背景来看，该条款的目的是将民间文学艺术视为作者身份不明的未出版作品进行保护，是保护民间文学艺术的"暗示性条款"。① 但是，有确定作者（不论作者已知还是未知）的已经出版作品，应按照著作权的一般规则进行保护，不属于该条款所说的民间文学艺术；其次，民间文学艺术必须是一种作品类型，诸如抽象的知识、技术、风格等也不属于该条款所说的民间文学艺术；另外，无法确认作者且未公开的作品，未能反映某一民族或某一个社会群体传统特点的，也不属于该条款所称的民间文学艺术。② 所以，《伯尔尼公约》对民间文学艺术的保护是间接的，其法律效果非常有限。

1976 年《突尼斯示范法》第 6 条规定了关于"民族民间文学艺术作品"③的保护规则，并在其相应的注解中提出，④ 保护"民族民间文化作品"的立

---

① 参见［法］克洛德·马苏耶：《〈保护文学艺术作品伯尔尼公约〉（1971 年巴黎文本指南）》，刘波林译，中国人民大学出版社 2002 年版，第 73～76 页。

② 郑成思：《版权法》，中国人民大学出版社 1997 年版，第 126 页。

③ 《突尼斯示范法》将民间文学艺术称为"works of national folklore"，本书在介绍相关条约或学术观点时统一使用"民间文学艺术"。

④ 1976 年《突尼斯示范法》第 6 条的注解写道："本条款之目的在于防止对民间创作等文化遗产的不合理利用和允许对其适当保护，民间创作不仅是一种经济发展的潜在力量，而且是一种与每个民族的特性密切相关的文化遗产……这些作品的经济权利和精神权利由被授权代表产生民间创作的民族的本国主管当局来行使，无时间限制。" See *Tunis Model Law on Copyright for Developing Countries. Commentary.*

法目的是阻止为其不适当使用，即保护其知识产权。①

《1982 年示范法》第 1 条便明确了保护"民间文学艺术表现形式"（亦称"民间文学艺术表达"）②的目的，即发展（develop）和传承（maintain）民间文学艺术表现形式，防止其不正当利用（illicit exploitation）和其他损害性行为（other prejudicial actions）。

2010 年，非洲地区工业产权组织通过的《斯瓦科普蒙德议定书》在第一部分便明确，该议定书的目的在于保护"民间文学艺术表达"（expressions of folklore），防止其传统范围之外的盗用、滥用和非法利用（misappropriation, misuse and unlawful exploitation beyond their traditional context）。

WIPO 于 2000 年成立"政府间委员会"（WIPO-IGC）之后，其相关会议文件专门对传统知识、民间文学艺术等知识产权保护原则进行了探讨。2019 年，WIPO-IGC 在《民间文学艺术法律保护条款草案》的"序言"部分，罗列了十三个立法目的：第一，承认土著民族、当地社区或者其他传统文化社区或者民族有权持、掌管、保护和发展其对包括民间文学艺术在内的文化遗产的知识产权；第二，承认土著民族、当地社区或者其他传统文化社区或者民族的包括民间文学艺术在内的文化遗产的内在价值，包括社会、文化、精神、经济、科学、思想、商业和教育价值；第三，肯定民间文学艺术体系是土著人民和当地社区智力活动和创造的结果，它构成土著人民和当地社区生活的一部分，对于土著人民和当地社区具有重要意义；第四，尊重社区自身和相互之间继续以其习惯的方式使用、发展、交流和传播民间文学艺术；第五，增进人们对民间文学艺术的尊重，对维持这些民间文学艺术持有人的尊严、文化认同以及智力价值的尊重；第六，肯定保护民间文学艺术有助于促进创造创新，有助于民间文学艺术的传播，使持有人和使用者共同受益，而且有助于社会经济福利的增加，并有利于规

---

①　参见严永和：《民间文学艺术的知识产权保护论》，法律出版社 2009 年版，第 155 页。

②　该文件称为"expressions of folklore"，本书在介绍相关条约或学术观点时，统一使用"民间文学艺术"。

范权利和义务的平衡；第七，按照共同商定的条件，包括公平、平等地进行惠益分享，遵从事先知情同意、许可和参与等条件，以促进思想和艺术自由，促进相关研究和文化交流；第八，确保民间文学艺术保护相关国际协定与知识产权保护相关国际协定的相互支持和配合；第九，承认知识产权制度在促进创新、文学艺术传播、经济发展，使民间文学艺术的利益相关方共同受益中的作用；第十，承认"活跃的公共领域"（a vibrant public domain）的价值，特别是对创造力至关重要的知识体系（the body of knowledge）的价值，承认有必要保护公共领域；第十一，承认有必要制定新的规则和准则，为执行与民间文学艺术相关的权利提供有效和适当的手段，同时兼顾各国法律制度的差异；第十二，承认有必要制定新的规则和准则，为执行与民间文学艺术相关的权利提供有效和适当的手段，同时兼顾各国法律制度的差异；第十三，本文书的任何内容均不得解释为削弱或取消土著人民或当地社区现在享有或将来可能获得的权利。

WIPO-IGC《民间文学艺术法律保护条款草案》第 2 条的"目标"条款，对民间文学艺术知识产权保护的立法目的进行了探讨。为民间文学艺术保护立法目的提供了三个供讨论的方案。第一个方案表述为：本文书的目的是提供知识产权方面的有效、兼顾各方利益和充分的保护，在支持对民间文学艺术的适当使用的同时，防止民间文学艺术未经授权①和未获补偿②即被使用，防止对民间文学艺术错误地授予知识产权。第二个方案表述为：本文书的目的是支持民间文学艺术在知识产权制度内根据国内法得到适当使用和有效、兼顾各方利益、充分的保护，同时承认土著人民、当地社区和受益人的权利。第三个方案表述为：本文书的目的是支持民间文学艺术在知识产权制度内根据国内法得到适当使用，同时尊重土著人民和当地社区在以下方面的利益：（a）在尽可能利用现有知识产权制度的同时，防止其民间文学艺术被盗用、滥用和未经授权使用；（b）在承认公共领域

---

①　未经授权的使用，包括对民间文学艺术的盗用、滥用和非法使用。

②　未获补偿的使用包括未能提供货币或非货币利益。

的价值，并承认有必要保护、保存和加强公共领域的同时，鼓励和保护创造和创新，不论是否商业化；(c)防止对民间文学艺术错误地授予或主张知识产权；(d)按照土著人民和当地社区的意愿，促进民间文学艺术的适当使用，以推动社区的可持续发展。

　　国内学者在以上表述的基础上进行了研究。吕睿认为，在利用知识产权保护民间文学艺术时，应秉持"文化权利与文化主权相统一"以及"利益平衡"两项基本原则。① 邓社民教授将民间文学艺术保护的基本原则归纳为自由传承原则、集体性原则、依传统或者习惯利用原则、惠益分享原则。② 张洋在研究民间文学艺术的权利主体时提出，保护民间文学艺术权利主体的产权利益，应遵循独创性标准原则、可持续发展原则、兼顾个体利益与公共利益原则、独有与共享相结合的原则。③ 在非物质文化遗产保护领域，李墨丝结合了 WIPO-IGC 对民间文学艺术保护所确定的原则，认为非物质文化遗产私法保护的基本原则，包括利益平衡原则、灵活和全面保护原则、尊重习惯原则。④ 实质上，上述原则也涉及或者构成民间文学艺术产权保护原则。

　　张耕教授将民间文学艺术知识产权保护的基本原则主要归纳为以下四项：(1)利益平衡原则，平衡民间文学艺术知识产权保护中"过度保护"与"不完全保护"之间的平衡；(2)协调保护原则，避免关于民间文学艺术保护的国内立法与现有国内法律制度及相关国际法律文件(如国际人权保护法律文件)发生冲突；(3)综合保护原则，民间文学艺术的法律保护(包括公法保护和私法保护)是一项全面且综合的系统工程，应采用多样性和灵

---

① 参见吕睿：《新疆民间文学艺术知识产权保护研究》，法律出版社 2014 年版，第 242~243 页。

② 参见邓社民：《民间文学艺术法律保护基本问题研究》，中国社会科学出版社 2015 年版，第 228~230 页。

③ 参见张洋：《民间文学艺术权利主体问题研究》，中国政法大学出版社 2016 年版，第 24~32 页。

④ 参见李墨丝：《非物质文化遗产保护国际法制研究》，法律出版社 2010 年版，第 302~304 页。

活性的保护机制，具体来说，可将文化遗产的行政保护(公法保护)与知识产权保护(私法保护)相结合，统筹兼用法律、经济、教育、宣传和政治等领域的多种措施，建立包括行政救济、民事救济和刑事救济等多种救济途径在内的综合保护机制；(4)尊重习惯原则，即尊重相关传统社群习惯法在民间文学艺术保护中的地位和作用，承认其"构成民间文学艺术法律保护体系的有机组成部分"。①

严永和教授根据 WIPO-IGC 的相关会议文件和学术界对民间文学艺术知识产权保护基本原则的讨论，认为民间文学艺术保护制度的基本原则应当有别于相关立法工作的基本原则，以及知识产权法律的基本原则。民间文学艺术保护制度的基本原则包括"来自知识产权法的激励创新原则和利益平衡原则，来自著作权法的二分法原则，来自社区习惯法的集体性原则、传统性原则"。②

上述研究成果为确立民间文学艺术产权保护的目的提供了重要的参考和素材。

二、民间文学艺术知识产权保护的目的

民间文学艺术的知识产权保护包括"知识产权保护"和"民间文学艺术保护"两个方面的内容。就其知识产权保护而言，这种产权的性质是"特别的"，是知识产权中的特殊类型，民间文学艺术的知识产权保护的出发点就是为民间文学艺术提供一种特殊的，公平、合理的知识产权保护机制。

民间文学艺术知识产权保护制度的立法目的可以提炼为以下两项：第一，确认与保护民间文学艺术特别权利；第二，保护公共领域，即对民间文学艺术特别产权进行适度限制，以维护民间文学艺术所有者与使用者利

---

① 张耕：《民间文学艺术的知识产权保护研究》，法律出版社 2007 年版，第144~151 页。

② 严永和：《民族民间文艺知识产权保护的制度设计：反思与重构》，载《民族研究》2010 年第 3 期。

益的平衡。确认与保护民间文学艺术的特别权利，促进民间文学艺术的保存、传承与发展，就需要防止民间文学艺术的盗用、滥用、实现利益分享或者公平公正的补偿，即保护民间文学艺术的知识产权利益。

（一）确认与保护民间文学艺术特别权利

确认与保护民间文学艺术的特别权利，是民间文学艺术知识产权保护立法的首要目的。要明确区分的是，民间文学艺术保护在公法保护和私法保护两个方面的差异。民间文学艺术的公法保护，是通过国家权力的干预，由公共财政对民间文学艺术的支持与赋权，促进民间文学艺术的保存、振兴，以满足社会公共文化需求。一方面，对民间文学艺术进行整体性、系统性管理，例如，对民间文学艺术借助公共财政进行搜集整理，确定代表性民间文学艺术项目，培养传承人，支持民间文学艺术的传承与发展，尤其是对濒临失传的民间文学艺术实行重点支持与保护等。另一方面，对乡村地区特别是民族地区进行局部重点扶持，例如，实施适度财政转移支付倾斜政策和民族优惠政策，确立更多的代表性民间文学艺术项目与代表性传承人，建立民间文学艺术博物馆和文化生态保护区等。另外，还可以在国内和国际范围拓展相关文化交流渠道，开展民间文化交流活动等。上述公共财政支持，对民间文学艺术而言，是一种颇为特殊的知识产权赋权机制。民间文学艺术的公共财政赋权与公法保护的核心在于"保存"（preserve）和"振兴"民间文学艺术，即在收集和整理的基础上，唤醒民间文学艺术的活力，让传统文化得到传播和振兴，促进文化繁荣，以满足社会公众的文化需求。私法层面的保护则涉及民间文学艺术的开发和利用，通过赋予特定群体一定的专有权，防止对民间文学艺术歪曲、篡改、盗用、滥用、未经允许地使用以及被错误地授予或主张知识产权等行为，通过市场机制培育民间文学艺术自身造血功能，以私权利益激发民间文学艺术所有者的传承和创作热情，发掘民间文学艺术的内在文学、艺术和经济价值，促进民间文学艺术发挥自身造血功能，实现民间文学艺术的传承与发展。这种专有权自然是一种产权。民间文学艺术的私法保护的出发点和落脚点在于私法赋权和"保护"（protect）私有产权。从理论上讲，民间文学艺术知识产权保护制度的立法目的，首先是要确认与保护民间文学艺术的特别权利。同时，这也是民间文学艺术利益相关者的普遍期待。

民主制度中的一般法律规则应当反映民众较为关切领域的偏好。[1]法律只是手段而非目的，法律最终还是要服务于人民。构建民间文学艺术知识产权保护制度，应当秉承"尊重身份"与"承认价值"两大基本理念，关注传统社群在民间文学艺术保护方面的基本诉求。随着全球化的发展，现代社会与传统社群的文化交流越来越密切，对民间文学艺术进行商业化使用也越来越频繁，而对民间文学艺术进行盗用、滥用等未经许可的使用行为更为普遍。以我国"赫哲族民歌案"为例，《想情郎》是流传于乌苏里江流域赫哲族的民间曲调。1962年，郭颂等人到乌苏里江流域的赫哲族聚居区采风，收集到了包括《想情郎》等在内的许多赫哲族民间曲调，并在此基础上创作了《乌苏里船歌》，但未标明该歌曲曲调源于赫哲族传统民间曲调。[2] 无独有偶，在"安顺地戏案"中，电影《千里走单骑》中也未正确标明其所使用的地方戏剧名称。[3] 而在"长阳南曲案"中，众多基层文艺工作者经过二十多年的走访和收集，将湖北长阳地区民间唱词汇编成集——《长阳南曲资料集》，被告在其出版的《长阳南曲》中使用相关内容时，故意将相关传统段子的传唱人、记录人的署名换作他人，不仅侵犯了《长阳南曲资料集》收集者的权利，更是损害了老一辈南曲传唱人的感情。[4]

---

[1]　See Antonin Scalia, *The Rules of Law as a Law of Rules*, 56 University of Chicago Law Review 1175, Fall 1989, at 1176.

[2]　"郭颂等与黑龙江省饶河县四排赫哲族乡人民政府侵犯著作权纠纷案"，参见（2003）高民终字第246号。

[3]　该电影错误地将"安顺地戏"称为"云南面具戏"。"安顺文化局诉新画面张艺谋侵犯著作权纠纷案"，参见（2011）中民终字第13010号。

[4]　"长阳县南曲著作权纠纷案"，参见（2005）宜民三初字第1号。

在著名的澳大利亚"越南地毯案"①中，一家位于珀斯（Perth）的贸易公司从越南②进口地毯到澳大利亚进行销售，但这些地毯的图案完全是从几位土著艺术家的原创作品中复制而来。③ 证据显示，其中一名土著艺术家（Banduk）的作品是在 1988 年的土著艺术画展中被越南一家地毯厂商（Indofurn）首次观察到的，但该越南地毯厂商与澳大利亚土著艺术促进会（the National Indigenous Arts Advocacy Association，NIAAA）协商不成，便铤而走险，实施了侵权行为。实际上，根据澳大利亚土著人的习惯，Banduk 所著的（在地毯上的）图案被人们称为"Djanda Sacred Waterhole"，是她们 Rirratjingu 家族所共有的，其家族和当地比邻的社区都拥有控制这些图像的权利。④ Banduk 一方面享有描绘这些图案的权利，另一方面她仍然肩负着当地土著文化在商业化传播中的审慎义务。⑤ "地毯案"发生后，Banduk 背负着巨大的精神压力，担心家族和土著社区不再信任自己，而自己享有的描绘这些图案的权利也会被剥夺。⑥ 这不仅会影响到她的艺术创作和经济收入，还会影响到她参与社区文化生活。⑦

按照澳大利亚的法律，未经保管人许可的复制或设计，保管人（或所有人）有权采取保护措施并惩罚该违法者。法院也认为，经传统文化持有

---

① See WIPO Document：WIPO/GRTKF/IC/3/7，*Review of Existing Intellectual Property Protection of Trad-itional Knowledge*，para. 9. Geneva，May 6，2002. https://www.wipo.int/meetings/en/doc_details.jsp? doc_id=2163，最后访问日期：2019 年 5 月 22 日。

② 越南当时并不是 1971 年《伯尔尼公约》的签署国，越南第一部保护版权的法律是 1994 年的《版权条例》，后被 1996 年《民法典》所取代。

③ 实际上，这几位土著艺术家十分出名，其作品也得到了国内外的一致认可。

④ Banduk Marika，Affidavit，1994.

⑤ See Terri Janke. *MINDING CULTURAL：CASE STUDY ON INTELLECTUAL PROPERTY AND TRADITIONAL CULTURAL EXPRESSIONS*，WORLD INTELLETUAL PROPERTY ORGANIZATION publish，2003，p. 12.

⑥ 按照传统的土著习惯，未经许可而滥用艺术品会带来严重的后果，甚至是处以死刑。现在的土著习惯也包括其他形式，例如剥夺参加土著仪式的权利，取消复制和创作那些氏族故事或图案的权利，被社区除名，支付罚金等。See M * and Others v Indofurn Pty Ltd and Others（1993）130 ALR 659 at 663.

⑦ Banduk Marika，Affidavit，1994.

者许可，特定的艺术家可以创作与之相关的艺术作品，同时，这些艺术家也将肩负起保护社区文化不受第三方侵害的职责。① 根据澳大利亚《版权法》的规定，"作品"应具有独创性。法院认为，尽管该艺术品遵照了土著民族的传统形式，但它是以传统为基础的再创造，每件艺术品都极具复杂性，并体现了高超的技巧和原创性。② 根据澳大利亚《版权法》第 37 条的规定，进口商知道或者应该知道该物品的制造过程，如果没有版权所有者的许可，进口销售、分销或交易侵权作品是侵犯版权的。如果该物由进口商在澳大利亚制造，也构成侵犯版权。③ 法院在逐个对比了侵权作品和原创作品的相似细节后，综合判断，认定侵权作品中复制了原创作品的重要组成部分，构成版权侵权。④

"地毯案"在一定程度上促进了澳大利亚版权立法对精神权利的重视，在澳大利亚 2000 年的《版权法（修正案）》中，保护作品完整权被加入版权法，一定程度上履行了《伯尔尼公约》对成员国的要求。但也有声音认为，运用现有的版权制度来保护土著民族的传统文化，并不能提供完全的保护，那些口传作品、年代久远的作品，并不能得到版权法的保护。⑤ 所以，还需要采取更多的措施来加强对土著文化资源的保护。

上述案例均涉及对民间文学艺术的盗用和未经许可的使用问题。不论从道德还是法律角度考虑，对民间文学艺术的使用或利用，我们都应顾及传统社群的感受，考虑其基本诉求。

在国际层面，确认与保护民间文学艺术特别权利也符合国际人权保护

---

① See M * and Others v Indofurn Pty Ltd and Others (1993) 130 ALR 659 at 663.

② See M * and Others v Indofurn Pty Ltd and Others (1994) 130 ALR 659 at 665.

③ See Terri Janke. *MINDING CULTURAL: CASE STUDY ON INTELLECTUAL PROPERTY AND TRADITIONAL CULTURAL EXPRESSIONS*, WORLD INTELLETUAL PROPERTY ORGANIZATION publish, 2003, p. 16.

④ Evidence given by the artist. M * and Others v Indofurn Pty Ltd and Others (1994) 130 ALR 659 at 678.

⑤ See Cathy Craigie, Director, *Aboriginal and Torres Strait Islander Arts Board*, *Correspondence to Terri Janke*, dated 12 April 2000.

和国际知识产权保护的发展趋势。国际人权保护方面,自 1945 年《联合国宪章》生效以来,联合国大会通过了一系列保护人权的国际文件:1948 年《世界人权宣言》强调,人人都享有文化权利;① 1966 年《经济、社会及文化权利国际公约》进一步承认了文化权利的"积极权利"性质;② 2001 年《世界文化多样性宣言》强调对传统社群文化权利的尊重;③ 2007 年《联合国土著人民宣言》更是肯定了土著人对自身文化遗产、传统知识和民间文学艺术所享有的知识产权。④ 总体来讲,与民间文学艺术相关的"文化权利"议题在国际上经历了从个体权利到集体权利、从消极权利到积极权利的发展历程,一定程度上奠定了民间文学艺术产权保护的法理基础,同时也反映了传统社群控制其民间文学艺术发展的基本诉求。

知识产权是私权,也是良好的政策工具。面对日益增强的民间文学艺术知识产权保护诉求,我们应充分利用知识产权的私权属性,发挥其政策功能,在承认传统社群对民间文学艺术享有知识产权的基础上,通过法律手段,反对"搭民间文学艺术便车"的行为。构建民间文学艺术知识产权保护制度,就是通过法律形式,赋予其一定的专有权,以防止民间文学艺术的盗用、滥用,并实现利益分享或者提供公平公正的补偿。

(二)保护公共领域

绝对的权利会带来绝对的垄断,因此,需要对权利进行一定的限制,以维护民间文学艺术所有者与使用者利益的平衡。保护公共领域就是对民

---

① 参见《世界人权宣言》第 27 条。

② See Economic and Social Council:E/C. 12/GC/21, General comment No. 21: *Right of everyone to take part in cultural life* (art. 15, para. 1 (a), of the International Covenant on Economic, Social and Cultural Rights), para 37. December 21, 2009. https://tbinternet.ohchr.org/_layouts/15/treatybodyexternal/Download.aspx? symbolno = E%2fC.12%2fGC%2f21&Lang=en, last visit at 22 May 2019.

③ 参见《世界文化多样性宣言》第 4 条。

④ 参见《联合国土著人民宣言》第 31 条。

间文学艺术相应的专有权进行一定的限制，平衡"专有领域"与"公共领域"。

法经济学视角为我们提供了保护公共领域的应然性回答。"对于任何一个试图探究法律在社会生活中的作用这一基本问题的社会和学者团体而言，法律经济学是一种极为有益的理论视野。"①构建民间文学艺术知识产权保护制度，以保护公共领域为立法目的，是"知识创新"与"法律赋权"双向互动的结果。

从"知识创新"到"法律赋权"的逻辑来看，因创造性活动产生的知识经验需要国家法律的认可。一方面，知识和经验（广义的知识产品）一旦生产出来就有被社会公众充分利用的可能，其本身也会因社会公众的分享而成为社会公众的共同财富，进而使得"排斥消费该商品的无功受禄现象是有代价的"。② 另一方面，尽管知识产品的公众消费所产生的社会利益比知识生产者所获得的个人利益大得多，但由于信息具有易逝性和外部性，意味着知识产品生产者所提供的知识信息很容易被消费者自由使用，其结果是知识产品生产者难以通过出售知识信息来收回其生产成本。在这种情况下，生产者会被迫将其知识产品作为私人物品保存起来，并由此导致知识信息生产的"不足"（non-appropriability），"私人市场提供的公共产品数量可能小于最优值"。③ 在财产经济学理论中，"所有权应该赋予任何一种资源，只要被称为财产的一组权力将带来使用那种资源的更大效率并由此增加社会财富，只要建立和履行这些所有权的代价小于收益"。④ 故知识创新者需要国家让渡出部分权力，将创造性知识和经验进一步转换为知识产

---

① ［美］理查德·A. 波斯纳：《法律的经济分析》，蒋兆康译，中国大百科全书出版社 1997 年版，中文版作者序言。

② ［美］罗伯特·考特、托罗斯·尤伦：《法和经济学》，张军等译，上海三联书店 1991 年版，第 152 页。

③ ［美］罗伯特·考特、托罗斯·尤伦：《法和经济学》，张军等译，上海三联书店 1991 年版，第 152 页。

④ 参见［美］罗伯特·考特、托罗斯·尤伦：《法和经济学》，张军等译，上海三联书店 1991 年版，第 146~147 页。

品，并享有一定的垄断权，以弥补自己的创新成本。从"知识创新"到"法律赋权"的逻辑过程来看，知识产权法通过设置一定的专有权，起到了防止他人盗用甚至滥用知识产品的作用。反映到民间文学艺术的特别权利保护中，便是确认与保护民间文学艺术的特别权利。

从"法律赋权"到"知识创新"的逻辑来看，当知识产权法对一项智力成果施以专有权利保护，便可促进其交易，进而激励创造者继续生产和创新。与此同时，知识产权法还需要平衡由此带来的知识生产者利益与相关公共利益，以实现"成本—收益"的"帕雷托最优"。由于知识产品的客体的无形性，这种有用的信息兼具公共产品与私人物品的双重属性，因而对其进行产权界定往往就比有形的物质产品困难得多。如果将其界定为绝对排他性私有产权，让知识生产者成为垄断性的控制者，会妨碍知识信息的交流、传播与社会利用，增加排他性履行和保护费用，降低产品生产和消费效率，最终导致社会总效益的下降。反之，知识产品一旦被界定为公有，将脱离生产者控制而自由传播，基于其易逝性和外部性等特征，势必造成疯狂的"搭便车"现象。这将使生产者难以通过出售知识信息收回其生产成本，极大地影响其创新积极性。经济家们正是由此感到困惑，"没有合法的垄断就不会有足够的信息被生产出来，但是有了合法的垄断又不会有太多的信息被使用"。① 因此从"法律赋权"到"知识创新"的逻辑过程来看，知识产权法需要对其所创设的专有权进行一定的限制，以防止过度垄断。反映到民间文学艺术的特别权利保护中，便是保护公共领域。

不难看出，知识产权制度始终在为"私益"与"公益"的动态平衡"殚精竭虑"。应该认识到，公共领域与知识产权制度并不对立，"公共领域"也并不应当作为将民间文学艺术排除产权保护范围之外，甚至被用来当作盗用民间文学艺术行为的理由。② 正如有学者指出，允许发达国家无偿地拿

---

① ［美］罗伯特·考特、托罗斯·尤伦：《法和经济学》，张军等译，上海三联书店1991年版，第185页。

② See Anupam Chander and Madhavi Sunder, *The Romance of the Public Domain*, 92 California Law Review California Law Review 1331, at 1334, 1340. October, 2004.

走发展中国家处于"公共领域"的信息，发展中国家却要在知识产权的框架下有偿获取信息，这带来了经济上的不平等。①

从知识产权的角度来看，公共领域包括"不受知识产权（包括著作权、专利权、商标权等知识产权）保护或者知识产权效力所不及的材料方面"。② 就具体内容来说，公共领域所囊括的"材料"既包括原本不受知识产权保护的事物，也包括不再受知识产权保护的事物。前者是指不满足知识产权要件（如作品独创性、专利授权条件等）而不受知识产权保护的材料；后者是指从专有权利中脱离出来的公众可自由利用的部分材料。一定程度上，公共领域为知识产权保护什么和不保护什么划定了边界。公共领域的知识产权意义体现的是一种基本规则：公共领域是原则，而知识产权才是例外。③ 从更广的角度看，公共领域实际上代表了"无法以事实手段或法律方式加以抽离的、公共知识和无形商品的总集合"。④

公共领域的事物不受知识产权法保护，更加严格地说，没有人可对公共领域的事物宣称任何权利，任何人均可不受限制地使用。一方面，应该认识到，"公共领域的信息"和"可供获得的信息"，二者之间存在根本区别，⑤ 即可公开可获得并不等于可无偿使用。知识产权本质上是以公开换

---

① See David Skillman and Christopher Ledford, *Limiting the Commons with Uncommon Property：A Critique of Chander & （and） Sunder's the Romance of the Public Domain*, 8 Oregon Oregon Review of International Law 337, 2006, pp. 343-350.

② 王太平：《美国知识产权法中的公共领域研究述评》，载吴汉东主编：《知识产权年刊》2006 年号，北京大学出版社 2006 年版，第 380 页。

③ See J. Thomas McCarthy, McCarthy on Trademarks and Unfair Competition &1. 01 ［2］, at 1-3（3d ed. 1996）.

④ Anja Hahn, *Traditionelles Wissen indigener und lokaler Gemeinschaften zwischen geistigen Eigentumsrechten und der public domain*, Beitraege zum auslaendischen oeffentlichen Recht und Voelkerrecht（Max-Planck-Institut）, Band 170, Springer 2004, p. 350. 转引自张陈果：《论我国传统知识专门权利制度的构建——兼论已文献化传统知识的主体界定》，载《政治与法律》2015 年第 1 期。

⑤ See David Skillman and Christopher Ledford, *Limiting the Commons with Uncommon Property：A Critique of Chander & （and） Sunder's the Romance of the Public Domain*, 8 Oregon Review of International Law 337, 2006, pp. 343-350.

取垄断的特权，对公众来说，受知识产权法保护的有用信息是公开的，但知识产权法却没有因此将其定性为"公共领域"，他人也不能无偿使用。同理，我们也不能出于民间文学艺术的可获得性将其武断地归入"公共领域"。因此，以"公共领域"为名，将其排除在知识产权保护之外，有"强盗逻辑"之嫌。另一方面，允许发达国家无偿地拿走发展中国家公开可用的信息，发展中国家却要在知识产权的框架下有偿获取信息，这带来了经济上的不平等和不公平，有"强盗行为"之嫌。

构建民间文学艺术知识产权保护制度，一方面要确认并保护其特别权利，另一方面还要保护公共领域，对其相应的专有权利进行一定的限制，以维护民间文学艺术所有者与使用者利益的平衡。确认与保护民间文学艺术的特别权利，促进民间文学艺术的保存、传承与发展，就需要防止民间文学艺术的盗用、滥用，实现利益分享或者公平、公正的补偿，即保护民间文学艺术的知识产权利益。

第二节　民间文学艺术知识产权保护的基本原则

法的三要素包括原则、规则和概念。"原则"的核心含义是"根本规则"。① 法律原则是在立法理念、立法目的的指导下产生的、适当具体化的法则或者准则，但又比具体法律规则要抽象些，位于立法理念、立法目的与具体规则的中间环节，具有承上启下的作用。② 法律原则既是法律规则的真理和基础，同时也是行为规则、程序或者法律判决的原理或者前提，除非有更明晰的前提，不能对之证明或者反驳，它们构成一个整体或者整

---

① 参见徐国栋：《民法基本原则解释——成文法局限性之克服》，中国政法大学出版社1992年版，第7~8页。

② 也正是在这一层面上，使得法律原则可能在司法实践中成为法官裁判案件的依据。参见庞凌：《法律原则的识别与适用》，载《法学》2004年第10期；陈林林：《基于法律原则的裁判》，载《法学研究》2006年第3期；彭诚信：《从法律原则到个案规范》，载《法学研究》2014年第4期等。

体的实质部分。法律原则既是直接的行为规则，又是其他规则产生的根据。

　　民间文学艺术知识产权保护是知识产权下的特殊保护，民间文学艺术知识产权保护的基本原则包括知识产权保护的基本原则，以及体现民间文学艺术特征的保护原则。法学界关于知识产权保护基本原则的论断较少，笔者将其总结为表达原则和合理使用原则。而体现民间文学艺术特征的产权保护原则可归纳为整体性原则和集体性原则。

一、保护表达原则

　　表达原则是指知识产权法不保护思想观念，仅保护思想观念①的表达，从这个角度看，亦可称之为"思想/表达二分法原则"。表达原则之所以成为知识产权保护的基本原则之一，根本原因是知识产权客体具有无形性。有形财产本身具有"固定"形态，可以通过"占有"来实现明晰的产权界定，而知识产权的客体是无形的，只有通过表达才能受到保护。存在于大脑中的思想观念，如概念、公式、名词术语、客观事实、科学发现和科学原理等，是不受知识产权法保护的。因为思想观念一旦被创造出来，就属于全社会共有，是人人都可以自由利用的东西，思想观念的创造者不能将其据为己有。相反，如果让思想观念的创造者享有专有权利，让他们有权控制他人对思想观念的使用，就等于操控别人的思想，那必然会阻碍文学艺术和科学技术的发展。②

　　所谓"表达"（expression），是人们对思想的具体阐释，"表达"一般由概念、判断和推理组成。"表达"的可财产性逻辑表现为：第一，由于表达的抽象性，从而具有可重复性和可再现性；第二，由于表达的确定性，为

---

　　①　思想观念是人的大脑对客观事物及其本质和规律的认识或者表象。

　　②　参见李明德、杜颖：《知识产权法》，知识产权出版社 2007 年版，第 18 页。

思想成为财产创造了条件；第三，由于表达具有个性化，因此可以成为财产。① 从知识产权的角度来讲，知识产权法保护人们对概念、判断和推理的表达，而不保护概念、判断和推理本身。

需要注意的是，《建立世界知识产权组织公约》曾将"科学发现权"纳入知识产权的范围。实际上，这只是肯定了科学家对其科学发现享有的精神权利，并非直接赋予科学发现者对其科学发现或科学原理的专有权。科学发现者当然无权阻止他人通过理论研究创作新的作品，也无权阻止他人利用相关理论进行科学技术发明。但科学发现者应当对其科学发现的内容享有一定的精神权利。例如天文学家发现了一个新的恒星，自然学家发现了新的物种，他们可以自行命名其新发现的客观事物。这种命名权属于一种精神权利，既是相关专家的荣誉，也代表了对相关专家科研工作的尊重。

在著作权领域，著作权法只保护思想观念的表达。"思想/表达二分法"最早是由著作权法确立的一项基本原则，被认为是人类社会追求思想自由在知识产权领域的体现，同时也成为知识产权保护的一项基本原则。知识产权法对思想与表达的法律界限进行了规定，但二者的关系仍然纠缠不清：首先，不存在不体现任何思想观念的表达，这就意味着表达不可能脱离思想观念而独立存在；其次，对思想观念的表达到何种程度可以受到著作权法的保护，并没有一个统一的标准尺度，尤其是在具体的司法实践中，被告作品是否侵权，哪些内容属于不受著作权法保护的思想观念，哪些内容是受著作权法保护的表达，被告抄袭的作品是原告作品中的思想观念还是其表达，这些都是在司法裁判过程中判断是否侵权的关键。

在商业标识领域，要求商标具备显著性，即普通消费者可以根据商业标识的差异，区分商品或服务的来源。从表达的角度来看，商业标识一般由文字、字母、数字、图形、颜色等要素构成，商业表示的设计思想和所表达的思想是不受商标法保护的，受保护的是构成该设计思想的元素（图

---

① 参见[澳]布拉德·谢尔曼、[英]莱昂内尔·本特利：《现代知识产权法的演进》，金海军译，北京大学出版社 2006 年版，第 61 页。

形、文字、颜色等)组合。这一点与作品的著作权保护相似。

在专利领域，专利法保护的是技术方案，这种技术方案是解决技术问题的技术手段的集合。可见，技术方案是特定应用技术的表达。更深层次讲，专利法保护的是特定思想的应用。如专利法中的"实用性"要求就是指有关发明创造已经具体化为实用的技术方案。发明创造者根据自己的思想，将抽象的自然原理应用到具体的有效方案，就是对自己思想独一无二的表达，而"这是任何其他发明人，即使是寻求适用该相同思想的发明人所不可能重复的"。[1]

总之，就知识产权保护而言，思想观念永远处于公共领域，只有通过表达，才能经由知识产权法确认，成为一种财产，进而受到知识产权法的保护。"表达"是确定什么受知识产权法保护，什么不受知识产权法保护的关键。可以说，表达原则是知识产权保护的"第一性"原则。

就民间文学艺术的知识产权保护而言，表达原则在其中的应用主要在于划定受知识产权保护的民间文学艺术的范围。民间文学艺术经过长时间的传承与发展，已经融入了相关族群长期以来渐次形成的审美意识、感情观念等思想内容，民间文学艺术已经与当地族群的生产、生活密不可分。例如，笔者在保靖县亨章村调研时了解到，农历"四月八"是当地土家族的一大节日，当地称为"牛王节"，[2] 意思是给牛过生日。这一天，人们要舂粉粑，给牛喂草或"牛稀饭"，土家族后生和姑娘们会吹树叶、唱山歌、跳摆手舞，有

---

① ［澳］布拉德·谢尔曼、［英］莱昂内尔·本特利：《现代知识产权法的演进》，金海军译，北京大学出版社 2006 年版，第 179 页。

② 关于"四月八"的来历，流传于当地的说法不太一致，《保靖县民族志》记载了三种主要说法：其一是牛王节，传说土家先民在一次战斗中打了败仗，被赶到河边，恰逢河水猛涨，十分着急，这时一头大水牛游了过来，于是土家先民就拖着水牛尾巴过河，脱离了险境。以后，土家子孙为了不忘牛的救命之恩，到这一天，就让牛休息一日，并喂以鸡蛋、米饭等精粮，以示怀念牛王功德。其二是与土家族先民迁徙活动有关，传说土家先民在四月八这天赶到迁徙的目的地，也有在四月十八赶到的，为了纪念到达的这一天，以后就分别过节，于是出现了四月八和四月十八。其三是祭婆婆神嫁毛虫的日子，祈求莫起虫害，保护五谷丰登。参见保靖县民族事务局编：《保靖县民族志》，民族出版社 2015 年版，第 137 页。

意者还会互赠信物。因为四月八正值农耕时节，许多外村的姑娘、小伙会互相帮忙插秧，粉粑粑也就成了招待客人或送礼的佳品。在这天，吃完晚饭后，村里的姑娘、小伙会在村头寨尾唱歌跳舞，很多年轻人利用四月八帮忙插秧的机会相中对象。像"牛王节"这样的传统民族节日，以及前文所述的土家族的"调年"和瑶族的"盘王节"等，是少数民族长期以来形成的"岁时民俗"，具有重要的文化意义和社会功能，但不具有知识产权意义。诸如少数民族的风俗、习惯、礼仪、节日、禁忌、信仰等，均属于思想观念，不具有财产性质和知识产权意义，因而不能受到知识产权的保护；但这些思想观念中的文学艺术表现形式是有产权意义的表达，应受知识产权保护。

二、合理使用原则

设置知识产权制度的目的在于推动科技进步、促进经济发展和倡导文化繁荣。这一目标的实现，既依赖于知识产权权利人专有权利的行使，也有赖于社会公众对智力成果的使用。一般来说，知识产权的使用包括两个方面的含义：一是对知识产权智力成果的使用；二是对知识产权专有权利的行使。合理使用的对象，仅涉及对智力成果本身的使用。[①] 从立法的角度来看，法律规定权利的专有使用是为了保障知识产权人的利益，但是在特定情况下，社会公众可以以某些特定方式自由使用该项智力成果，不必事先征得许可，甚至不必支付相应的使用费，这便是知识产权的合理使用。

合理使用是知识产权保护的原则，而非例外或限制。合理使用是将人类智力成果置于"公共领域"来对待。从知识产权的"时间性"来看，知识产权仅在法定期限内受到保护，法定有效期限过后，这种权利将归于消灭，相应的智慧成果也会成为社会公共财富，为全人类所共有。智慧成果处于专有权利保护状态下的时间比处于公共领域的时间少。所谓"公共领域是

---

① 参见何敏主编：《知识产权法总论》，上海人民出版社 2011 年版，第 198 页。

原则，而知识产权是例外"。①　就知识保护而言，国家和法律为了达到鼓励创新的目的，在公共领域中特意划出一部分受保护的特殊领域，赋予其知识产权。知识产权是技术进步的一种积极应对措施，"立法者一方面通过保护发明创造来鼓励投资，另一方面又试图通过防止过度垄断来保持竞争的开放性"。②　知识产权制度的最终目的在于扩大公共领域的范围，让市场上的所有竞争者拥有更多可以自由利用的智力成果。③　从目的和性质来看，合理使用是在保护知识产权的同时平衡人类智力成果的保护与利用，平衡权利人与社会公共利益的原则性安排。

在著作权领域，合理使用是指"在法律规定的条件下，不必征得著作权人的同意，也不必向其支付报酬，基于正当目的而使用他人著作权作品的合法行为"。④　合理使用是一种事实行为，因为"合理使用者"是出于学习、研究、教育等意图使用作品的，这种使用行为并不是有意在追求某种法律后果。并且合理使用的法律后果依法律规定直接产生，不存在当事人预期的意思之效力问题。⑤

在商标领域，商标的合理使用（有的学者也称"正当使用"）⑥是指非商

---

①　李明德：《美国知识产权法》，法律出版社 2014 年版，第 14 页。

②　See Paul Edward Geller, *INTELLECTUAL PROPERTY IN THE GLOBAL MARKETPLACE: IMPACT OF TRIPS DISPUTE SETTLEMENTS?*, 29 International Lawyer 99, Spring, 1995, p. 100.

③　参见李明德：《美国知识产权法》，法律出版社 2014 年版，第 13 页。

④　吴汉东：《著作权合理使用制度研究》，中国政法大学出版社 1996 年版，第 144 页。

⑤　参见吴汉东：《著作权合理使用制度研究》，中国政法大学出版社 1996 年版，第 146 页。

⑥　有学者认为，商标合理使用是"臆造"的概念，因为在商标合理使用中，并没有涉及该商标的"第二含义"，只是非商标意义上善意使用他人的具有描述性的标识，或者尽管涉及商标意义的使用，但却并不是为了指称或识别自己的商品或服务，而是为了描述自己的商品或服务。参见王太平：《商标法：原理与案例》，北京大学出版社 2015 年版，第 376~379 页。笔者认为，商标合理使用并非"伪命题"。首先，合理使用的对象与知识产权权利无关，而是智力成果本身；其次，合理使用行为本身是一种事实行为，其效果由法律直接规定，不需要考虑行为人的预期问题。

标权人在生产经营活动中以叙述性使用、指示性使用、说明性使用或平行使用等方式，善意使用了商标权人的商标，而不构成侵犯商标专用权的行为。① 从语言学的角度来看，商标本质上是一种语言符号，语词或符号均为语言的一部分，应为公用，若无公众使用则不能称其为语言。② 另外，商业标识的功能主要在于指示和区分商品或服务的来源，商标法的宗旨是防止消费者在商品或服务来源上的混淆。③ 因此，只要他人对商标(或者其构成要素)的使用没有侵犯商标所有人的权利，没有造成消费者在商标或服务来源上的混淆，就是合理的。

在专利领域，合理使用是指为科学研究、实验、改良或开发新技术、教学、个人非商业性使用，或出于其他重大公益目的而使用专利发明的，不视为侵犯专利权的行为。在传统财产法律制度中，个人权利与公众利益的冲突并不十分突出，但这一冲突在知识产权领域则十分明显。④ 就专利保护而言，专利制度需要考虑公共利益、经济利益、国家安全及工业化的可能性方面的因素。大范围的过度保护造成专利的泛滥，不仅增加社会生产总成本，而且由此可能导致投资风险的增加，对专利权人也是不利的。

合理使用是知识产权保护的一味"调节剂"。从科学文化作品的创作来看，在后作品无不是在前人的基础上不断创新得来的，在后作品或多或少都使用了前人的表达。因此，合理使用是可以被"推定"的，即后世作品的创造者合理使用了前人的表达，除非权利持有人能够证实其诉求。合理使用原则具有巨大的灵活性，我们实在无法穷尽不受"权利禁止"的所有情况。也正因为如此，在实践中对合理使用之判断很大程度上需要逐案分

---

① 参见冯晓青：《商标权的限制研究》，载《学海》2006 年第 4 期。

② 参见黄海峰：《知识产权的话语与现实——版权、专利与商标史论》，华中科技大学出版社 2011 年版，第 251~252 页。

③ 参见李明德：《知识产权法》，法律出版社 2008 年版，第 231~234 页。

④ 参见刘华：《遵循与超越：对知识产权法与财产法原则的比较分析》，载《法律科学》2004 年第 1 期。

析，合理使用的不确定性是不可避免的。①

就民间文学艺术的知识产权保护而言，知识产权保护并非目的，而是手段。如前所述，民间文学艺术的知识产权保护的目的，一是要确认与保护民间文学艺术的特别权利，二是要保护公共领域。确认与保护对民间文学艺术的合理使用，是实现公共领域保护的不二途径。与现有知识产权制度不同的是，民间文学艺术的合理使用涉及对已经公开的民间文学艺术的使用，以及相关族群内部成员对其民间文学艺术的使用。对于前者，可以对合理使用进行扩张解释，并设置"公有领域付费"制度；对于后者，应着重考虑相关族群的传统和习惯。

三、整体性原则

在非物质文化遗产研究领域，多数学者提倡对非物质文化遗产采取"整体性保护"的方针，即将其放在相应的生态环境（生存环境）中，进行"活态"保护，使非物质文化遗产不失本真。② 整体性保护是强调全方位、多层次、立体化的综合性保护，它立足于非物质文化遗产、人、环境三者

---

① See Ned Snow, *THE FORGOTTEN RIGHT OF FAIR USE*, 62 Case Western Reserve Law Review 135, Fall, 2011, p. 140.

② 例如，有学者提出将本真性、整体性、可解读性和可持续性作为非物质文化遗产保护的基本原则，参见王文章：《非物质文化遗产概论》，文化艺术出版社 2006 年版，第 322~337 页。也有学者提出活态原则、人本原则、整体原则、创新原则和协调原则作为少数民族非物质文化遗产保护的基本原则，参见贾银忠主编：《中国少数民族非物质文化遗产教程》，民族出版社 2008 年版，第 127~128 页。也有学者提出在非物质文化遗产保护过程中应秉承以下基本原则："物质化"原则、以人为本原则、整体保护原则、活态保护原则、民间事民间办与多方参与原则、原真性保护原则、多样性保护原则、精品保护原则、濒危遗产优先保护原则以及保护与利用并举原则，参见苑利、顾军：《非物质文化遗产保护的十项基本原则》，载《学习与实践》2006 年第 11 期。也有学者提出，为确保非物质文化遗产的生命力，实现其可持续发展，应当注重以生命原则、创新原则、整体原则、人本原则和教育原则相结合的有效保护，参见贺学君：《关于非物质文化遗产保护的理论思考》，载《江西社会科学》2005 年第 2 期。

之间的关系。实际上，文化与生物一样，都具有多样性和生态性。① 非物质文化遗产的整体性保护，是将自然环境、经济环境、社会环境、政治环境等多层次结构聚合成一个整体环境，这个环境囊括了政治、经济、社会、人、自然环境等所有人文和自然因素。

根据《非物质文化遗产公约》的定义，非物质文化遗产，是指被社群（或个人）视为其文化遗产组成部分的各种社会实践、观念表达、知识、技能、实物、手工艺品和文化空间（cultural spaces）。这里的"文化空间"便是指构成传统社群文化遗产组成部分的，各种社会实践、观念表达、知识、技能的"整体"，是包括了各种民俗文化思想观念和表现形式的"文化丛"。《非物质文化遗产公约》所提倡的"保护"（safeguarding），是指确保非物质文化遗产生命力的一切保障措施。所谓非物质文化遗产的"生命力"，客观层面，是指非物质文化遗产的各种表现形式，如口头传统、表演艺术等，在主观层面则体现为非物质文化遗产的精神内涵，如思想观念、传统意识等。《非物质文化遗产公约》规定的保护措施包括确认、建档、研究、保存、保护、宣传、弘扬、传承和振兴九个方面。其中确认、建档、研究和保存四种措施或方法，着重在客观层面维护了非物质文化遗产的生命力；而宣传、弘扬、传承、振兴，着重在主观层面确保了非物质文化遗产的生命力；保护则是兼从客观和主观层面的保护手段。

我国《非物质文化遗产法》第4条也明确，非物质文化遗产保护应注重其整体性。该"整体性"包括两个方面：一方面是指非物质文化遗产本身的整体性。一项非物质文化遗产可能有多种表现形式，需要对该项非遗下的所有文化表现形式进行全面性和整体性保护；另一方面是指非物质文化遗产与其所处空间的整体性关系，要将非物质文化遗产与其生存环境牢牢捆绑在一起，主动进行整体性保护。从这个角度看，我国非遗法继承了《非物质文化遗产公约》的基本精神。目前，我国对整体性保护原则的实践是

① 参见［美］唐纳德·L.哈迪斯蒂：《生态人类学》，郭凡、邹和译，文物出版社2002年版，第8页。

建立文化生态保护区。2007 年，我国在福建省闽南地区建立了首个国家级文化生态保护实验区，据笔者统计，截至 2021 年初，我国已建立 7 个国家级文化生态保护区、17 个国家级文化生态保护实验区。全国 21 个省（市、区）相继建成 197 个省级文化生态保护区。可以说，我国经过短期的建设和发展，文化生态保护区的建设与保护已粗具规模和成效。

基于文化生态平衡理念的整体性保护原则，适用于非物质文化遗产保护是比较合适的，但不宜将其完全照搬进民间文学艺术的知识产权保护中。产权是形成人们对特定物的权威的制度方式，享有这种权威的人可以选择任意一种不被禁止的方式对特定物进行使用。① 民间文学艺术的知识产权属于一种专门的特别产权，传统社群对其民间文学艺术享有特别知识产权，他人便不得随意使用。如果将这种特别产权扩大应用于民间文学艺术的相关空间或场所，就意味着公众无法触及这个"权威空间"，这种结果无疑是很危险的。民间文学艺术知识产权保护的"整体性"，一方面体现在保护民间文学艺术形式与内容的整体性，另一方面体现在保护以人为本的整体性权利。

第一，形式与内容的整体保护。简单来说，民间文学艺术是一个整体，是传统社群生活化的反映，它承载并沿袭了传统社群的生活制度和行为规范，民间文学艺术的表现形式与其内涵不可随意分割。

现代著作权法仅保护表达形式，而不保护作品的思想、情感、原理等内涵。在著作权法中，电影作品、音乐作品等都可以被分割成不同的表达形式。例如视听作品是一种综合性的作品，随着摄影、摄像技术逐渐成熟，电影甚至可以与其他艺术类型并列，称为"第八种艺术"。② 一部电影作品包含剧本、音乐等作品，根据我国《著作权法》的规定，"视听作品"中包含的剧本、音乐等作品的作者，享有独立的著作权。这其实是由劳动分

---

① See Alchian, A. and Allen, W. R, *Exchange and Production-Competition*, *Coordination*, *and Control*, 2nd ed. 1977, Belmont, Calif.: Wadsworth, p. 130.

② 参见王文章主编:《非物质文化遗产概论》，文化艺术出版社 2006 年版，第 287 页。

工决定的，一般来说，电影作品的著作权由制作者享有，如日本《著作权法》第29条规定，电影作品的著作权属于电影作品的制作者。① 但电影作品中包含的剧本、片头曲、片尾曲、背景音乐等作品都是各个创作者自己个人创作的，他们的作品对提升视听作品的艺术价值至关重要，但他们并没有参与整部电影作品的制作过程，故而不能对电影作品享有著作权。在现代著作权法观念中，音乐作品的谱曲者和填词者都可以单独享有各自的著作权。② 随着科学技术的进步，社会分工愈加精细化，未来会衍生出更多新的受保护的作品表达形式。

但是，对于民间文学艺术而言，不能将其形式和内容断然分离。首先，从本质上看，民间文学艺术与一味追求"创新"的作品不同，它是保守的，传承的。民间文学艺术的"创新周期"比现代"作品"要长得多，是在长时间的不断传承中逐渐创新的，其表达形式是经过传统社群长期摸索和总结出来的，是传统社群传统观念和生活方式的反映。民间文学艺术的形式和内涵是一个整体，不能因为对其赋权，而将其内容和形式分离，单独进行保护。

例如，川剧是四川地区特有的声腔艺术，它融合了四川地方方言、民风民俗、民间音乐、舞蹈、说唱曲艺和民歌小调。川剧表演既有唱腔表演，又有动作表演，表演时还要考虑与人物的契合度。川剧中的《单刀会》一戏主要描绘了关羽和鲁肃在争夺荆州过程中紧张激烈的冲突。起初，川剧《单刀会》昆腔演唱，至兰甫澄时改为高腔演唱，由于观众觉得昆腔和高腔松散无劲，后经过一些老艺人的摸索，将生角改用"性亢而正、调苍而劲"的"二黄老调"进行演唱，这才使该剧的表演整体上契合了关羽的人物

---

① 参见：《十二国著作权法》，《十二国著作权法》翻译组译，清华大学出版社2011年版，第375页。

② 例如，意大利《著作权法》规定，歌剧、滑稽歌剧、歌曲、歌词谱曲、舞蹈、舞蹈配乐的合作作者如无特别约定，期作曲者可单独行使其曲谱部分的经济使用权。参见《十二国著作权法》，《十二国著作权法》翻译组译，清华大学出版社2011年版，第288页。

性格。在动作表演方面，《单刀会》开场白过后，鲁肃来接关羽赴江东，关羽"飞舟"上场的身法就很有讲究，如果让关羽先骑马出场后再上船，会限制关羽在船上的许多身法，而让关羽出场时就出现在船舱内，就不会妨碍之后的表演。① 这些细枝末节的表演动作和表演形式，每一个眼神、动作、节奏点都是老一辈艺术家精心琢磨出来的。如果将前述《川剧》中的唱腔、唱词、动作等内容割裂开来，就无法体现其原貌。民间文学艺术的知识产权保护，要将民间文学艺术作为一个整体来对待。

第二，权利的整体性保护。产权是一组"权力"的集合，产权的核心在于利益，这也是人们主张和行使权利的动机。民间文学艺术的知识产权保护是以利益为导向的、以人为本的、特别类型知识产权保护。对民间文学艺术进行产权赋权，应当注重权利的整体性保护，既要赋予经济权利，还要赋予精神权利。以"精神权利+经济权利"的整体性知识产权，一方面从精神上加以安慰，另一方面以经济利益为导向，激励传统社群传承和发展其民间文学艺术。作为民间文学艺术产权主体的民族群体，基于许可他人使用其民间文学艺术而产生的经济利益，应直接转移到该少数民族群体。

另外，通常情况下，民间文学艺术的传承人是各民族或当地的主要知识分子，他们往往深谙当地的风土人情和地理物产，也是对当地民间文学艺术有较深刻理解和认识的，他们对民间文学艺术的保护和传承有重要价值和主要贡献。在相应知识产权的权能配置中，应予以照顾。如为其设置署名权、补偿权等。需要注意的是，署名权的设置不宜按照WIPO-IGC的说法，要求使用者注明该民间文学艺术"属于"某受益人。② 因为有的民间文学艺术不宜评选出传承人，如贵州黔东南180多万苗族人中至少有70万

---

① 参见重庆市戏曲工作委员会编：《川剧艺术研究》，重庆人民出版社1961年版，第2~3页。

② See WIPO/GRTKF/IC/40/19. *The Protection of Traditional Cultural Expressions: Draft Articles*, Article 5.

人会刺绣，至少有 60 万人会唱飞歌。① 如果评选了传承人，或将该民间文学艺术署名为"属于"某人，当地群众不但不会同意，还会打击当地群众传承和发展其民间文学艺术的积极性。

四、集体性原则

民间文学艺术知识产权保护的集体性原则主要表现在主观和客观两个层面。在主观层面，民间文学艺术知识产权保护的集体性原则主要表现为传统社群、当地社区或村寨长期以来渐次形成的集体价值观念，如审美意识、感情观念等。以民族音乐为例，音乐是关乎伦理和美学的问题，音乐表演兼容了叙事的功能，它是对社会及其个人的精神描绘。② 民族音乐则是有关民族群体对其民族精神的描述，这种民族精神反映的是该民族群体的"社会过程""交互形式"和"审美过程"，是动态的集体伦理规范和社会意识。因为，音乐不仅是表达思想的方式，更是一种生活方式或共同生活的过程，民族群体通过文化活动和审美判断"自觉地"融入他们自己的公共关系。③

再以民族文学为例，文学是对文化超脱自我范畴的呈现，民族文学是民族群体对其文化脉络认同、是非评价、道德观念的共同的文化心理和一致的文化情结。④ 一方面，民族文学凝聚着共同的文化情愫，例如，在保

---

① 参见田艳：《少数民族非物质文化遗产传承人法律保护研究》，中央民族大学出版社 2017 年版，第 130 页。

② ［英］西蒙·弗里兹（Simon Frith）：《音乐与身份》，载［英］斯图亚特·霍尔、保罗·杜伊盖编：《文化身份问题研究》，庞璃译，河南大学出版社 2010 年版，第 129 页。

③ 约翰·米勒·车诺夫：《非洲节奏与非洲意识》，芝加哥大学出版社 1979 年版，第 36 页。转引自［英］西蒙·弗里兹（Simon Frith）：《音乐与身份》，载［英］斯图亚特·霍尔、保罗·杜伊盖编：《文化身份问题研究》，庞璃译，河南大学出版社 2010 年版，第 131 页。

④ 参见肖智立：《民族文学中的共同情感塑造探究》，载《贵州民族研究》2019 年第 9 期。

安族民间文学《神马》《阿舅与外甥》中，藏语衬词和保安花儿表达的重叠是其民族共同情感的表达，也代表了该民族文学作品中共同情愫的缩影。流行于我国湘西土家族苗族自治州保靖县吕洞山地区的"印山高腔"，源于当地印山古城文化，旨在娱军安民，后形成高腔戏。① 其《寒江关》《烽火关》《庞大山》《五虎平西》《穆柯寨招亲》等剧目，多以"颂忠谴奸"为核心，凝结了当地人民善辨忠奸、惩恶扬善的心愿，表达了他们热爱疆土、精忠报国的集体精神。

另一方面，民族文学所涉及的民族文化是其凸显其民族性的方式之一。如畲族作家山哈的文学作品《追捕》，虽然以司法为叙事主体，但却以畲族历来传承的传统孝道贯穿始终，畲族群体所尊奉的孝悌文化观念成为其超越地域性，凝聚大众情感认同的纽带。又如，前述高腔戏，每次演出之前，演员都要祭祀老龙菩萨(亦称开合)，要打"闹场"开场，旨在请神灵保佑，剧目结束之后，还要由"掌台师"扮"九寨灵官"扫台，以祈求神灵保佑演出所在地人畜平安，万事遂心，表达了当地人民渴望幸福、平安的集体向往。②

在客观层面，民间文学艺术知识产权保护的集体性原则主要表现为民间文学艺术的创作、传承、鉴赏过程的集体参与性以及权利的集体拥有。民间文学艺术特别是知识产权保护制度中的集体性原则，主要体现在权利主体规则和利益分配规则中。③

---

① 参见彭一慧：《歌在吕峒 舞在苗乡》，载保靖县政协文史学习委员会编：《吕洞山苗族风情》，湖南人民出版社 2015 年版，第 115~117 页。

② 参见彭一慧：《歌在吕峒 舞在苗乡》，载保靖县政协文史学习委员会编：《吕洞山苗族风情》，湖南人民出版社 2015 年版，第 116 页。

③ 本书后文有专门论证，在此不再赘述。

第四章 民间文学艺术知识产权保护的条件

第一节 民间文学艺术知识产权保护的实体条件

如前文所述，民间文学艺术的知识产权保护，既要遵循上位法的基本原则，还要遵循体现民间文学艺术自身的本质特性。民间文学艺术自身本质特性，主要体现为集体性和传承性。就民间文学艺术的知识产权保护而言，可将"传承性"和"集体性"设立为相应的实体条件。

一、传承性

如前所述，民间文学艺术在传统价值观念、表现形式、流传方式以及表现手法方面具有传统性特征。在文学艺术领域的相关研究中，民间文学艺术的"传统性"也通常被称为"传承性"。① 传承性是指民间文学艺术在艺术传统和艺术形式方面的继承性。

民间文学艺术在艺术传统方面的继承性，主要表现为以口头方式创作和流传。民间文学艺术是各族人民结合其生产生活方式，经过无数群众和艺人不断创造和打磨后逐渐形成的。民间文学艺术的表现形式是传统的，是为广大人民群众普遍接受且喜闻乐见的文学艺术形式，"传统的"意味着

---

① 参见刘守华、巫瑞书主编：《民间文学导论》，长江文艺出版社1997年版，第37页。

也是最有民族和地方特色的。民间文学艺术的艺术传统相对稳定，但并不等于保守和封闭。①

民间文学艺术在艺术形式方面的继承性主要体现为对其艺术形式源头的继承和发展。就民间文学艺术的根本特征来看，"民间文化是原始文化的遗存，虽然经历过漫长的发展，带上了文明社会的内容，但其核心内容中，还遗留着许多原始先民的思维观念的依稀可辨的影子"。② 文化遗产得以继续存在和发展，不在于它们构成了经验的科学知识，或者受到具体规则或文字记载的保护，而是在于代代相传的传承习惯。③ 笔者在调研中了解到，我国湘西地区土家族所跳的毛古斯舞，便是通过表演一系列动作并穿插带有远古劳动人民生活的片段，以一种戏剧化的方式再现原始时期土家族人茹毛饮血的农耕生活，其动作豪放粗犷，内容原始真实，表演随性自由不拘束。民间文学艺术的传统性包含着对"原始先民"思维观念的传承。

民间文学艺术的知识产权保护，就是要通过构建特别权利体系保护民间文学艺术产权。在构建这一制度时，需要体现民间文学艺术的传承性。有的学者在研究包括民间文学艺术在内的传统知识"特别权客体"时，认为其认定标准应包括传承性。④ 有学者在论述民间文学艺术知识产权保护的客体时，间接地涉及其认定条件，其中也包括传承性。⑤ 笔者认为，在构建民间文学艺术的知识产权保护制度时，应当从以下几个方面体现其传承性。

---

① 参见段宝林主编：《中国民间文艺学》，文化艺术出版社2006年版，第32~36页。

② 参见刘锡诚：《社会经济发展与民间文化保护》，载刘锡诚：《民间文学：理论与方法》，中国文联出版社2007年版，第408页。

③ 参见林惠祥：《民俗学》，商务印书馆1948年版，第3页。

④ 参见丁丽瑛：《传统知识保护的权利设计与制度构建》，法律出版社2009年版，第305~306页。

⑤ 参见邓社民：《民间文学艺术法律保护基本问题研究》，中国社会科学出版社2015年版，第230页。

首先，民间文学艺术是传统文化的重要内容和主要表现形式，其知识产权保护制度的构建应体现"文化"要素。民间文学艺术作为一种艺术门类，历经漫长的艺术创作或者生产、艺术鉴赏或者消费、艺术传承或者传播的历史过程。在这一历史过程中，民间文学艺术形成比较稳定的、与自然及社会环境相适应的审美意识与审美方法论体系，是民族文化的具体体现。这些观点在相关国际法律文件中均有所体现，如《突尼斯示范法》第18条在界定民间文学艺术（folklore）时，就认为民间文学艺术构成了传统文化遗产基本元素之一（constituting one of the basic elements of the traditional cultural heritage）；1977年《班吉协定》附件七"版权保护"编第8条要求民间文学艺术构成非洲传统文化遗产的基本要素之一（constitute one of the basic elements of the African cultural heritage），其"文化遗产"编第46条对民间文学艺术的定义也包含"构成非洲文化遗产基本元素"（constitute the bases of the African cultural heritage）的规定；1999年《班吉协定》附件七的版权框架部分第2条第xx款，在界定"民间文学艺术表达"（expressions of folklore）时，也包含"构成传统艺术遗产典型要素"（characteristic elements of the traditional artistic heritage）的规定；《1982年示范法》第2条也规定"民间文学艺术表达"（expressions of folklore）构成传统艺术遗产的特征要素（consisting of characteristic elements of the traditional artistic heritage）；2019年WIPO-IGC的《民间文学艺术法律保护条款草案》，在第1条对"传统文化表现形式"（traditional cultural expressions）的定义中，也包含"传统文化"要素（traditional culture practices）；非洲地区工业产权组织2010年通过的《斯瓦科普蒙德议定书》第三部分第16条规定，民间文学艺术应体现文化特征和传统遗产要素（which are characteristic of a community's cultural identity and traditional heritage）。

其次，民间文学艺术不是一蹴而就的，而是经过岁月的不断洗礼，逐渐沉淀并传承下来的，民间文学艺术知识产权保护制度的构建应体现"传承"要素。相关国际立法文件大多将其表述为"代代相传"。如《突尼斯示范法》第18条规定，民间文学艺术是代代相传的（passed from generation to generation）；1977 年《班吉协定》同样规定民间文学艺术的世代传承性质（handed down from generation to generation）；1999 年《班吉协定》在界定"民间文学艺术表达"时也体现了其发展、传承性质（developed and perpetuated）；《1982 年示范法》第 2 条也揭示了"民间文学艺术表达"的"发展"特征（developed and maintained by…）；2019 年 WIPO-IGC 公布的《民间文学艺术法律保护条款草案》更是直接承认了其发展演变性质（dynamic and evolving），并在第 3 条"保护标准"条款中规定了"代代相传，无论是否连续"的条件；① 2010 年通过的《斯瓦科普蒙德议定书》第三部分第 16 条更是明确，民间文学艺术是不断创造和积累的智力活动成果（the products of creative and cumulative intellectual activity）。

传承性总体上反映了民间文学艺术的产生与演变规律。将传承性作为民间文学艺术的认定条件与保护条件，客观层面上，虽不能苛求民间文学艺术在漫长的传承过程中完全没有变化，但至少要求民间文学艺术在艺术本体、艺术体验、艺术评价、艺术创作等艺术要素②方面，对前一时期或前一版本民间文学艺术具有"依赖性"或"继承性"，客观上表现为代代相传而几乎没有实质性变化。在主观层面，民间文学艺术的传承性主要表现为继承和发扬了该群体或其他传统文化社区在民间文学艺术创作和传承过程中，逐渐形成并得以强化的传统审美意识、审美意愿和审美期待。③

---

① 第 3 条的备选方案对"代代相传"的连续性作了限定，要求不超过五十年或五代人的时间间隔。

② 哲学和美学专家认为，中国传统美学体系表现为审美本体论、体验论、品评论和艺术创作论，中国美学以艺术学为基础，故中国古典美学体系与艺术理论体系具有较高的重合度。民间文学艺术主要作为一种艺术门类，其内在原理与我国古典美学体系及艺术体系原理也具有共性。参见陈望衡：《中国美学史》，人民出版社2005 年版，第 1~13 页。

③ 需要注意的是，民间文学艺术所蕴含传统审美意识、审美意愿和审美期待，民族文化的基本元素和精神内核，这种精神内核不能称为知识产权所保护的对象，只有体现这种精神内核的表现形式，才能受到知识产权法的保护。

二、集体性

如前所述，民间文学艺术在客观层面上由传统社群集体创作和传承，在主观层面上反映了相关传统社区或群体的集体价值观念，因而具有集体性特征。构建民间文学艺术产权保护制度应体现民间文学艺术的集体性特征。

基于民间文学艺术的集体性，有个人主义观点认为，可以通过法律手段，将传统社群确定为传统文化的知识产权所有人，实际上是对传统社区习惯法的一种剥夺。因为随着私有制观念的急剧膨胀，将创新传统文化的活跃分子从传统社群的创新体系中剥离出来，会导致传统社会集体创作体系的逐步瓦解，"全球化的过程中，绝大部分传统社区都被逐步接受这种不可逆转的私有化趋势"。① 笔者认为，对民间文学艺术进行集体赋权，并没有在实际上剥离其集体身份，其创作者身份与集体身份可以"叠加"存在。实际上，正是由于习惯法的约束和限制，创作者对传统文化的创新背负着集体的意志，赋权行为在一定程度上能更好地实现其文化身份的集体认同感。从根本上讲，这是由其文化根源上的"自我认同"决定的。

民间文学艺术的形成和发展，不是靠单个成员的智力与灵感完成的，而是由其所在的群体，甚至是相关联的多个群体在长期的生产生活实践中共同完成的，民间文学艺术是集体创造的，是集体经验的体现。本质上看，民间文学艺术是具有倾向性的感情表达，具有直接的人民性。它是人民群众创作的，供人民群众欣赏的文学艺术，是站在广大人民群众立场上，直接抒发人民的思想情感，直接反映人民的真实生活，直接服务于人民的。民间文学艺术的直接人民性由"人民群众的生活地位"决定，② 这种

---

① 崔国斌：《传统知识保护的困境》，载《专利法研究》2002年。
② 参见钟敬文：《民间文学述要》，载季羡林主编：《民间文艺学及其历史——钟敬文自选集》，山东教育出版社1998年版，第73页；段宝林主编：《中国民间文艺学》，文化艺术出版社2006年版，第27页。

生活地位本质上就是集体生活。正如习近平总书记在"中国文联十一大、中国作协十大开幕式上的讲话"中指出，"源于人民、为了人民、属于人民，是社会主义文艺的根本立场，也是社会主义文艺繁荣发展的动力所在"。① 民间文学艺术也是如此，如果离开了传统社群本身，就脱离了人民群众，背离了民间文学艺术所承载的文化本源。任何个人都无法背负民间文学艺术所承载的厚重的文化内涵，也没有任何单独的个人能够公开主张其创造者权利。

就知识产权保护而言，民间文学艺术的"集体性"逻辑表现为：第一，将民间文学艺术定义为可财产化的资源；第二，将相关集体的能动性置于其文学艺术相关活动之上；第三，肯定民间文学艺术的集体性，并赋予集体关于其文学艺术财产的一系列权利。构建民间文学艺术知识产权保护制度，需要体现民间文学艺术的集体性：首先，就民间文学艺术特别权利保护而言，其实体保护条件中应包含民间文学艺术"集体性"要素；其次，就其权利主体而言，应确定为相关部族群体。②

实际上，国际社会在民间文学艺术知识产权保护的相关立法文件中，均将民间文学艺术的"集体性"作为其保护条件之一。《伯尔尼公约》第15条第4款③将民间文学艺术作品作为"作者不明的未出版作品"进行保护。实际上，该条款设置了三个保护要件：第一，该作品必须是《伯尔尼公约》第3条第3款意义下的未发表作品；第二，该作品的作者必须是未知的（unknown），认为民间文学艺术不属于任何特定作者；第三，有理由相信

---

① 习近平：《在中国文联十一大、中国作协十大开幕式上的讲话》，参见新华网 http://www.news.cn/politics/leaders/2021-12/14/c_1128163690.htm，最后访问日期 2021 年 12 月 15 日。

② 有关权利主体的内容，笔者在下文专门论述。

③ "（a）对作者的身份不明但有充分理由推定该作者是本同盟某一成员国国民的未出版的作品，该国法律得指定主管当局代表该作者并有权维护和行使作者在本同盟成员国内之权利。（b）根据本规定而指定主管当局的本同盟成员国应以书面声明将此事通知总干事，声明中写明被指定的当局全部有关情况。总干事应将此声明立即通知本同盟所有其他成员国。"

这个未知的作者是联盟内某个国家的国民。如果满足这三个条件，则可以由相关国家或地区指定的权威机构行使相关权利。① 不难看出，该条款已经清楚地认识到了民间文学艺术通常不出版，并且其作者通常不能确定为某一个作者或者多个作者的事实。《突尼斯示范法》第 18 条第 4 款对民间文学艺术的定义也表明，民间文学艺术是由推定为该国国民或传统族群创作的（by authors presumed to be nationals of such countries of by ethnic communities），均使用了复数形式。《1982 年示范法》第 2 条规定，"民间文学艺术表达"（expressions of folklore）应当能体现该社会群体的传统艺术期待（reflecting the traditional artistic expectations of such a community）。1977 年《班吉协定》在版权编第 8 条第 2 款中规定，民间文学艺术由成员国的民族社群创造（created by the national ethnic communities of the member States）；1999 年《班吉协定》在版权部分第 2 条第 xx 款中同样认为，"民间文学艺术表达"（expressions of folklore）由社区或集体创造和发展，并体现他们的集体期待（developed and perpetuated by a community or by individuals recognized as meeting the expectations of such community）；而在"文化遗产保护与发展"部分第 68 条中，也明确民间文学艺术是由集体创造的（created by communities）；非洲地区工业产权组织 2010 年通过的《斯瓦科普蒙德议定书》第三部分第 16 条规定，民间文学艺术应体现传统社群的文化特征和传统遗产要素（which are characteristic of a community's cultural identity and traditional heritage）。

集体性是民间文学艺术创作、传承、发展规律的反映。集体性一般要求有关民间文学艺术系有关传统社群集体创作、传承、发展，并反映有关民族长期以来渐次形成的集体的审美意识和审美认知。如果有关民间文学艺术系个人或者家族内部创作、传承、发展，应要求该民间文学艺术反映

① See Claude Masouyé, *Guide to the Berne Convention for the Protection of Literary and Artistic works*. Published by the World Intellectual Property Organization. GENEVA 1978, pp. 95-96. At https://www.wipo.int/publications/en/details.jsp? id = 3172&plang = EN, last visit at 15 March 2020.

其所在社区集体的审美意识、审美认知；或者有关民间文学艺术构成民族文化身份或者文化遗产的一部分等。

三、独创性

独创性源于现代著作权法对作品的一般要求。民间文学艺术的独创性在客观上体现为由传统社群集体独创，在主观上体现为该民间文学艺术凝聚了相关传统社群的审美意识和审美情趣。民间文学艺术与现代著作权法中的作品在独创性方面具有一定的共性。

(一) 现代著作权法的独创性标准

法律授予作者以著作权的直接目的是激励其创作更多、更好的文学、艺术作品，最终促进社会文化事业的发展。在现代著作权法中，关于著作权实体条件的规定较早见于《伯尔尼公约》的规定。《伯尔尼公约》第 2 条第 1 款把作品界定为"文学、科学、艺术领域内以任何方法或者形式表现的一切产物"，并在其第 2 条第 8 款和第 2 条之二中明确排除了某些不具有"可著作权性"的作品，如属于单纯消息报道性质的新闻、各种事实、政治言论等，均不受著作权法的保护。虽然《伯尔尼公约》没有明确规定作品应具有独创性，但根据其定义和所列举的作品类型，暗示可受著作权法保护的作品应具有独创性。《伯尔尼公约》对著作权的授权条件规定，要求构成受著作权法保护的作品在技术上具有独创性。①

德国《著作权法》也基本遵循了《伯尔尼公约》的规定。德国《著作权法》对著作权保护之作品的构成要件没有明确规定，只是在其第 2 条列举了若干作品类型。不过，其第 2 条第 2 款规定"著作仅指个人的智力创

---

① TRIPS 协定第 9 条继承了《伯尔尼公约》的上述条款，某种程度上也承认了《伯尔尼公约》关于作品构成要件的规定。

作", 实际上暗含了对作品的独创性要求。在德国著作权相关理论中, 不同客体所要求的独创性有一定差异: 对于文学艺术领域的作品而言, 一般要求它们具有较高程度的创作, 即特别体现作者的个性; 对于电脑程序、商品说明、表格、目录等非文学艺术领域的作品, 则依照"小铜币"理论, 即作品只需要满足较低水平的创作要求, 单纯地展现作者的个性即可。① 德国学者认为, 受著作权法保护的作品, 首先得有体现精神方面的内容, 这种内容既可以是抽象的, 也可以是具体的或可感知的; 其次是要求受保护的作品需通过某种形式进行表达, 表达的具体内容虽不要求已经完成, 但要求作品所表达的内容具有一定深度; 此外, 还要求受保护的作品具有独创性, 即作品内容应真实地体现作者个人的智慧, 这种智慧是指作者对某种思想内容或表达形式的创新。② 在这里, 精神内容构成了作品的灵魂; 表达形式是作品的外形与载体, 一般可借助其他技术手段来实现; 独创性则表现为作者在精神内容和表达形式方面有一定程度的创新, 从而形成新的作品。

美国《版权法》第 102 条第 1 款规定, 版权保护给与固定在有形表达媒介上的独创性作品。③ 根据美国《版权法》对作品的定义, 受保护的作品应同时具备以下四个方面的条件: 其一, 受保护的对象是作品(writings), 不属于不受版权法保护的对象, 如各种法律法规、政府文件等, 即作品具有合法性; 其二, 受版权法保护的对象是作者独创的, 此处强调的"作者"属于自然人, 也就是说, 动物、机器等不能成为作者;④ 其三, 受保护的对象具有原创性(originality), 美国 1909 年《版权法》第一次正式在法律中使

① 参见李伟文:《论著作权客体之独创性》, 载《法学评论》2000 年第 1 期。

② 参见[德]M. 雷炳德:《著作权法》, 张恩民译, 法律出版社 2005 年版, 第 113~117 页。

③ 参见李明德:《美国知识产权法》, 法律出版社 2014 年版, 第 242 页。

④ "猩猩自拍照"版权是猩猩的还是摄影师的? 终于有定论了[EB/OL]. https://new.qq.com/omn/20180430/20180430A18V4Q.html, 最后访问日期: 2020 年 12 月 3 日。

用"原创性"概念，即"所有由作者创作的作品"可以获得版权并受到保护，① 此处的"原创性"是美国现行《版权法》规定独创性要求的来源。这种原创性是指作品在客观上适当地体现作者的智慧，也就是作者在创作作品的主观过程中付出了自己的智力劳动，且这种智力劳动可以不含有可理解的思想或者观点（intelligible ideas）；其四，存在有形形式（tangible form），"有形形式"是指作品能够以某些有形形式进行体现，② 作品具有有形形式，通常也称为"固定性"。

对于美国《版权法》所要求的作品独创性，可以有两种理解：第一种理解是，只要作品不是抄袭的，是由作者独立完成的，不论其作品的创作高度如何，该作品即具有独创性；第二种理解则既要求作品由作者独立完成，还要求作品的创作具有一定高度或深度，体现一定的思想。在美国的相关司法实践中，法院认为，独创性要求作品由作者独立完成，至于其创造性程度，只要作品满足最低程度的创造性即可。③ 从技术标准的角度来看，美国《版权法》所秉承的独创性标准，其要求的创造性的量是相当低的，绝大多数作品可以轻易达到这个量。

从美国相关司法判决的历史过程来看，关于独创性要求中的创造性程度从"汗水理论"过渡到了"最低限度的创造性"。整体来看，美国《版权法》在受版权保护作品的实体条件方面与德国法基本一致。总之，作品的独创性要求是著作权法评价作者创造性劳动成果的一个普遍的重要标准。

我国于 2020 年修订了《著作权法》，并在第 3 条首次对"作品"概念进行了法律界定："指文学、艺术和科学领域内具有独创性并能以一定形式表现的智力成果。"该条款的内容与《著作权法实施条例》十分近似，④ 二者

---

① 参见卢海君：《从原创性的案例法发展看原创性之内涵》，载《西南政法大学学报》2009 年第 1 期。

② See Melville B. Nimmer and David Nimmer, Nimmer on Copyright §1.08[C][2]（Matthew Bender, Rev. Ed.）.

③ 参见李伟文：《论著作权客体之独创性》，载《法学评论》2000 年第 1 期。

④ 我国《著作权法实施条例》第 2 条规定："作品是指文学、艺术和科学领域内具有独创性并能以某种有形式复制的智力成果。"

的区别在于：前者规定作品需"能以一定形式表现"，后者则规定作品需"能以某种有形式复制"。严格地讲，"能以一定形式表现"比"能以某种有形式复制"更加广泛。对作品复制是根据原作品的表现形式，对其进行重复"展示"或者"再现"，通常理解为"可以以某种形式固定"，因为复制行为的逻辑前提必然是作品已经被固定下来，复制未经固定的作品有修改作品甚至篡改作品之嫌。"表现形式"是指作品的外在表达，因为思想观念由于本身过于抽象而无法受到保护，只有通过一定的表现形式才能受到著作权法的保护，新修订的《著作权法》在此有意体现"保护表达，不保护思想"的意图。可以说，作品有多少种表现形式就有多少种复制形式。就当下立法实践来看，我国《著作权法》所规定的作品的构成要件，本质上就是作者享有著作权、作品受著作权法保护的法定条件，这些条件包括独创性、可复制性。

独创性是著作权法对受保护作品在知识生产上提出的要求；没有独创性的作品，对社会是不具有价值和意义的，只有具备了独创性，才会增加社会的知识量，这样的著作权法才会促进创新。著作权法中的独创性的内在逻辑可区分为独立性与和造性。独立性，就是要求作品是创作者独立完成的，而非复制或者抄袭得来；所谓创造性，如前所述，不同国家的著作权制度对创造性的理解和标准有所差异，但其基本要求是，创作者的作品与已有的受著作权法保护的，依法享有著作权的作品相比较，具有最低程度的创新。这种创新，按照前引德国学者的观点，可以是思想内容的创新，也可以是表达形式的创新。但是，由于著作权仅及于作品的表达形式部分，故这种创新仅要求对作品的表达形式有所创新即可，而不必在思想内容方面有创新。

至于可复制性或者固定性，根据《伯尔尼公约》第2条第2款的规定，作品是否必须以某种有形形式或者物质形式固定下来，是否应当具有固定性，由成员国自行决定。可复制性或者固定性的逻辑前提是作品通过文字、言语、符号、声音、动作、色彩等一定形式将其无形的思想表达出来，使他人通过感官能感觉其存在。如无一定表现形式，思想仅存在于脑海之中，他人则无法感知，更谈不上固定和复制，这种有用的信息也就很难通过传播而为社会公众所利用，纵使该信息具有重大经济价值或者其他价值，社会公众也只能"干瞪眼"。故不具有一定有形形式的信息，不具有可复制性或可固定性，也就不能成为受著作权法保护的作品。著作权法"保护表达而不保护思想"是目前各国著作权法普遍接受的基本原则。

但是，目前大多数国家一般没有对作品受著作权保护的法定条件进行单独规定。一般来说，只要作品符合著作权法规定的作品定义，即受著作权法保护。我国知识产权法教科书也采取这一叙事模式。① 但是在专利领域，大多数国家在其专利法中明确设置了标准，如韩国《专利法》第 29 条规定了实用性、新颖性和创造性标准；② 美国《专利法》第 101 节规定的新颖性、实用性和法定主题要求，并在第 102 和 103 节进行了界定；③ 我国《专利法》也专门设立了专利授权条件条款。④ 笔者认为，可借鉴专利制度的立法思路，在探讨民间文学艺术产权保护问题时，单独规定其授权条件。

民间文学艺术是各民族通过集体智力劳动产生的，并不断传承和发展的集体智力成果。从性质上看，民间文学艺术与一般的文学艺术作品均属于文学和艺术领域的具体表现形式，不论是那些鸿篇巨制的史诗，还是朗朗上口、饱含深情的歌谣，抑或是婀娜多姿、喜闻乐见的舞蹈，都不能因其产生于"民间"而否认其文学艺术属性，将其排斥在著作权保护范畴之外。⑤ 民间文学艺术与一般的文学艺术作品是种属关系，可将其视为著作

---

① 参见吴汉东主编：《知识产权法》，中国政法大学出版社 2012 年版，第 46~51 页；刘春田主编：《知识产权法》，中国人民大学出版社 2000 年版，第 34~50 页；李明德、杜颖：《知识产权法》，法律出版社 2007 年版，第 34~50 页；王迁：《知识产权法教程》，中国人民大学出版社 2007 年版，第 31~95 页。

② 参见任虎：《韩国专利法》，华东理工大学出版社 2017 年版，第 65~77 页。

③ 参见张乃根编：《美国专利法》，中国政法大学出版社 1995 年版，第 5~9 页。

④ 参见《中华人民共和国专利法》第 22 条。

⑤ 参见张广生：《论民间文学艺术作品的著作权保护》，载《中国法学》1992 年第 3 期。

权制度下的特别客体。

(二)民间文学艺术应具有独创性

民间文学艺术在机理上与现代文学艺术作品具体一定的共通性，关于民间文学艺术的特别权利也与著作权有较多共性。同时，民间文学艺术又与现代文学艺术作品在创作背景等方面存在不同。因此，民间文学艺术保护条件的确定，既要吸收现代著作权法的规则精神，又要反映民族传统文化的个性。

就著作权制度而言，美国学者拉尔夫·欧曼认为，现代著作权法承认了共同作品、集体作品和复合作品中各个创作者的法律地位，著作权的专有性不再绝对，且正在朝着集体权利的方向发展，这些都为民间文学艺术作品保护提供了有益基础。[①] 卡迈尔·普里也认为，在著作权的名义下保护民间文学艺术作品，确定作者并非难事。[②]

值得注意的是，我国2020年修订的《著作权法》第3条列举一般作品类型之后，更改了之前"法律、行政法规规定的其他作品"的表述，转而规定为"符合作品特征的其他智力成果"。二者虽然同属于"兜底条款"，但前者将作品范围限于法律或行政法规规定的其他作品类型，意味着除法律和行政法规以外的其他规范性文件不能规定新的作品类型，[③] 或理解为其他规范性文件必须在《著作权法》等法律或相关行政法规的规定下对作品进行规定。这就使得人民法院不能在司法判决或相关私法解释中创设新的作品类型，而必须根据《著作权法》所规定的法定作品类型进行裁判或解释。后

---

① 参见[尼日利亚]富拉林·席隆：《非洲国家民间文学艺术的保存、维护的法律保护概况》，高凌瀚译，《版权公报(中文版)》1998年第4期。

② 参见[澳]卡迈尔·普里：《民间文学艺术表现形式的保存与维护》，高凌瀚译，《版权公报(中文版)》1998年第4期。

③ 但是到目前为止，我国还没有任何一部法律或行政法规规定新的作品类型。

者则开放了作品类型,① 只要人的智力成果具备了我国现行《著作权法》规定的法定要件——具有独创性并能以一定形式表现,即可受到《著作权法》的保护。可以说,我国新修订的《著作权法》在作品定义上体现了一定包容性和前瞻性:随着科学技术的发展,作品的表现形式可能越来越多样化,未来极有可能出现超出该条款所列举作品类型范围的表现形式,以"符合作品特征的其他智力成果"作为兜底,只要作品符合《著作权法》规定的作品特征,即可受到保护。

可以说,我国新修订的《著作权法》为民间文学艺术保护预留了一定的空间:其一,第3条的定义并没有指明创作者的主体身份,但可以肯定的是,自然人是作品的原始版权人,这也是得到普遍认可的,② 而动物或者机器(如计算机)则不能。民间文学艺术是由传统社群的集体创造和传承的,该集体自然具备创作者身份。其二,民间文学艺术包括民间文学、民间音乐、民间舞蹈、民间美术等表现形式,它们都构成了传统社群长期以来逐渐体系化的审美意识、审美意愿和审美期待,属于第3条规定的文学、艺术领域内的智力成果。其三,民间文学艺术均能"以一定形式表现",民间文学艺术可以通过语言、歌唱等口头形式表现,也可以通过器乐、戏曲等音乐形式表现,也可以通过舞蹈、仪式等动作形式表现。可以说,新修订的《著作权法》第3条为第6条关于民间文学艺术作品著作权保护的"另行规定"留下了空间,但民间文学艺术仍需满足"独创性"这一基本要求。

现代著作权法制度所要求的独创性,理论上可以分解为独立性与创造性两个要点。就民间文学艺术来说,独立性,客观上要求民间文学艺术系

---

① 有学者将《著作权法》第3条第9项修订前后的表述分别称为"作品类型法定模式"和"作品类型开放模式"。目前,实行"作品类型法定模式"的国家有英国、澳大利亚、新西兰、爱尔兰、南非、尼日利亚、肯尼亚、马来西亚、新加坡等;实行"作品类型开放模式"的国家有荷兰、法国、美国等。参见王迁:《〈著作权法〉修改:关键条款的解读与分析(上)》,载《知识产权》2021年第1期。

② 至于法人能否成为作者(或原始版权人),理论界尚存在分歧。参见郑成思:《版权法(上)》,社会科学文献出版社2015年版,第26~33页。

相关集体在长期的生产生活过程中创造、传承，而非来源于其他地方性社区或者其他传统文化社区或者民族，主观上要求该民间文学艺术体现了其来源族群有别于其他族群的文化特色或文化传统。创造性，本意要求民间文学艺术与前一版本具有最低程度的创新。但是，由于民间文学艺术本身具有传统性和继承性，其诞生时间较早，且创新周期漫长，不可能像一般文学艺术作品一样随时推陈出新，即使通过与上一版本民间文学艺术进行比较，恐怕也难以找到创新之处。故只要求最低限度的创造性即可，即从主观上判断该民间文学艺术是否反映该传统社群的集体审美意识或审美情趣即可。民间文学艺术的独创性标准可表述为：民间文学艺术系有关传统社区或群体集体创造和传承的，反映其文化特色或文化传统，以及该族群集体审美意识的文学或艺术表现形式。

第二节　民间文学艺术知识产权保护的程序条件

关于民间文学艺术受知识产权法保护的前提，是否以履行一定的手续或者法定程序为要件，目前主要存在肯定论和否定论两种观点。

肯定论认为，民间文学艺术的私权保护需要履行一定的手续。我国对非物质文化遗产的保护以注册登记为主要手段，故而对非物质文化遗产的产权保护来说，注册登记行为虽然不是权利取得的前提，但由于登记注册具有宣示性和创设性，对相关非物质文化遗产进行资料汇编和登记，进而可以确定其产权主体。[①] 也有学者认为，知识产权以法律确认为权利产生的依据，对民间文学艺术产权而言，同样需要建立审查登记制度，作为民间文学艺术专有权利产生的依据。[②]

---

① 参见李秀娜：《非物质文化遗产的知识产权保护》，法律出版社 2010 年版，第 84~85、168 页。

② 参见杨鸿：《民间文艺的特别知识产权保护》，法律出版社 2011 年版，第 372~373 页；邓社民：《民间文学艺术法律保护基本问题研究》，中国社会科学出版社 2015 年版，第 246 页。

　　否定论则认为，民间文学艺术获得私权保护不需要履行任何程序。也就是说，民间文学艺术专有权自创作完成后，自动取得，不需要履行任何手续或程序。① 主要理由有以下几点：第一，民间文学艺术专有权属于特别著作权，而著作权自动取得是国际惯例；② 第二，较著作权、商标权、专利权等通常意义上的知识产权保护来说，民间文学艺术的知识产权保护更强调保障人权和文化多样性保护，这两者的价值位阶高于一般知识产权；第三，民间文学艺术内容丰富、数量庞大，若进行注册登记，则前期成本和后期维护成本过高。

　　2019 年 WIPO-IGC 公布的《民间文学艺术法律保护条款草案》第 9 条也提供了肯定和否定两种方案。③ 在知识产权领域，由于《保护工业产权巴黎公约》(*Paris Convention for the Protection of Industrial Property*，以下简称《巴黎公约》)对工业产权的保护是"非自动的"，当事人必须按照成员国的相关法律办理各种法定手续，才能在成员国享受《巴黎公约》的保障。比如，专利权的取得须经申请审批程序，商标权的取得须经核准注册等。

　　为进一步确定和提高保护标准，《伯尔尼公约》率先确立了自动保护原

---

　　① 黄玉烨：《民间文学艺术的法律保护》，知识产权出版社 2008 年版，第 236 页；参见李墨丝：《非物质文化遗产保护国际法制研究》，法律出版社 2010 年版，第 308 页。

　　② "自动保护原则"最先由《伯尔尼公约》确认，并在著作权领域得到广泛实施。在国内法层面，自动保护原则是指作品一经完成，作者即享有著作权；在国际法层面，自动保护原则指作品的作者在享有和行使根据国民待遇原则(National Treatment Principle)在其他成员国所提供的权利时，不需要履行任何手续。根据《伯尔尼公约》第 5 条第 2 款的规定，作者享有和行使《伯尔尼公约》规定的权利不需要履行任何手续，也不论作品起源国是否给予保护。

　　③ 肯定方案规定，各缔约国在对民间文学艺术保护进行立法或采取其他保护措施时，可规定相应的前置程序作为民间文学艺术保护的前提，但可以不包括秘密性的民间文学艺术。否定方案则规定，可以不规定相应的前置程序。See WIPO/GRTKF/IC/40/19, Geneva, June 17 to 21, 2019, Annex. *The Protection of Traditional Cultural Expressions：Draft Articles. Facilitators' Rev.* Article 19.

则：不论作品来源国是否给予保护，创作作品的作者不需要履行任何手续，就可以享有和行使其他成员国根据国民待遇原则所提供的权利。① 经过长期的谈判，TRIPS 协定最终也采用了自动保护原则。从当下来看，自动保护原则得到了包括大陆法系国家和英美法系国家著作权法的普遍认可。

我国著作权制度也奉行自愿登记原则，著作权登记证书是著作权归属的证明，但取得著作权并非以登记为要件。我国版权局于 1994 年发布的《作品自愿登记试行办法》规定了著作权登记规则。② 我国于 2020 年新修订的《著作权法》增加了关于作品登记的规定，正式在法律层面回应了著作权的相关登记规则。③

一般来说，作品一经完成，其作者即享有相应的著作权。所谓"作品的完成"，并不是指作品最终完成，而是指作品已经达到了著作权法的保护标准，即独创性要求，就能够受到著作权法的保护。④ 也就是说，"作品的完成"既包括全部完成，也包括部分完成。例如，一幅连载的漫画或一篇连载小说，往往需要作者长时间的创作，对于已经完成的章节，只要已经具备基本人物和故事情节，并且符合著作权法的独创性要求，作者即享

---

① 也就是说，公约成员国的国民或者在成员国有经常居所的非成员国国民，只要作品创作完成，就在所有成员国内自动获得著作权；非成员国国民在成员国没有居所，但其作品是在成员国首次出版，或者在成员国与非成员国同时出版的，也可以在所有成员国内获得著作权。这里的"不需要履行任何手续"，是指即使一些国家的国内法要求本国国民必须履行一定的手续才能获得著作权，也不得要求根据《伯尔尼公约》规定受到保护的其他国家的作者履行这些手续才能获得著作权，否则就是违反公约。参见《伯尔尼公约》第 5 条第 2 款，关于"自动保护原则"，参见杨巧主编：《知识产权国际保护》，北京大学出版社 2015 年版，第 41 页。

② 《作品自愿登记试行办法》第 2 条规定："作品实行自愿登记。作品不论是否登记，作者或其他著作权人依法取得的著作权不受影响。"

③ 我国于 2020 年新修订的《著作权法》第 12 条第 2 款规定："作者等著作权人可以向国家著作权主管部门认定的登记机构办理作品登记。"

④ 参见王迁：《著作权法》，中国人民大学出版社 2015 年版，第 224~225 页。

有相应的著作权,并将已经完成的部分先行公开发表。① 正如郑成思教授所说,只要作者将其全部构思或全部思想中的一部分(甚至是非主要部分)以某种形式表达出来,就应视为"作品的完成"。②

对作品采取登记措施,一方面是方便国家进行行政管理,防止违法作品流入社会。一般来说,国家对其境内作品的出版和传播享有监督和管理职权。③ 我国早在宋朝时期就存在著作审查备案制度,随着当时印刷技术的发展和民众识字率的提高,印刷出版行业在宋朝时期空前繁荣。公元1009 年,宋真宗皇帝担心"不适宜印刷品"的大规模扩散,敕令私人印刷者在图书出版前交由地方官署进行登记审查。④ 我国民国时期的《著作权法》也规定,民国政府内政部掌管著作的注册事务,对于违反法定事宜的著作,不予注册。⑤ 另一方面是方便举证。由于知识产权客体具有无形性,其权利人无法通过实际占有产生一般有形物的"占有宣示"效果。通过官方

---

① 为此,德国《著作权法》第 67 条还专门规定了"连载作品"的保护期限:对于内容上没有完结、以多部分(连载)形式发表的著作,其著作权保护期,在著作发表起七十年内,以其最后一期连载的发表时间起算。法国《知识产权法典》也规定:"无须任何公开发表,仅仅基于作者构思的实现,即使非完全实现,作品创作即视为完成。"参见《十二国著作权法》,《十二国著作权法》翻译组译,清华大学出版社 2011 年版,第 63、169~170 页。另外,我国民国时期的《著作权法》也详细规定了"编号逐次发行"作品和"分次数发行"作品的保护期限计算方式。参见《中华民国著作权法释义》,世界书局 1929 年版,第 13 页。

② 参见郑成思:《版权法》(上),社会科学文献出版社 2016 年版,第 77~78 页。

③ 我国《著作权法》第 4 条规定:"著作权人和与著作权有关的权利人行使权利,不得违反宪法和法律,不得损害公共利益。国家对作品的出版、传播依法进行监督管理。"

④ 所谓"不适宜"的材料主要是指专属国家控制的材料和"异端"材料,如文官考试的标准答案,地图,与政府内部运作、政治、军事活动相关材料等,后来扩大到色情文学、皇族姓名等。参见林德辉:《书林静话》,1967 年版,第 145 页。转引自[美] 安守廉:《知识产权还是思想控制:对中国古代法的文化透视》,梁治平译,载梁治平编《法律的文化解释》,生活·读书·新知三联书店 1998 年版,第 333 页。

⑤ "凡经法律规定禁止发行之著作物,要不外乎淫辞邪说,足以贻害阅者之身心;或言论乖谬,足以倾陷社会于混乱。"参见《中华民国著作权法释义》,世界书局1929 年版,第 4、21 页。

登记，可以达到确认权利归属的法律效果。在发生相关著作权纠纷时，登记结果可用以对抗他人请求权。

在构建民间文学艺术知识产权保护制度时，不宜设置登记注册作为法律保护的法定构成要件。首先，民间文学艺术知识产权保护所涉及的权利类型是近似于著作权制度的特别著作权，秉承作为上位法的著作权法之自动保护的原则，故不设立程序要件。也就是说，不需要办理诸如向主管部门提交注册申请、提交复制品、发布相关公告、缴纳相关费用等手续。其次，如果以登记注册作为民间文学艺术知识产权保护的法定要件，一定程度上会影响民间文学艺术的传承和发展。由于民间文学艺术具有集体性和变异性，一项民间文学艺术经登记注册后，还会在今后的传承和发展过程中不断变化，产生新的文学艺术类型或表现形式，强制登记的结果是今后持续不断地反复登记，甚至重复登记，从而造成混乱，相关权利主体也会疲于整理登记材料，最终导致"重登记，轻保护"的局面，不利于民间文学艺术的传承和发展。另外，我国民间文学艺术形式多样、数量众多，想要一一造册登记，工作量庞大，社会成本巨大。

同时，为促进民间文学艺术的传播与利用，进一步实现文化价值和经济价值的相互转化，也方便日后确认权利和举证。可由国家著作权主管部门经与相关传统社群或传统社区协商，根据我国现有的非物质文化遗产数据库，建立民间文学艺术数据库，用以登录、记载和查询有关民间文学艺术。

第五章　民间文学艺术知识产权的权利归属和权利管理

第一节　民间文学艺术知识产权的权利归属

如果没有主体的构成，一个理论的核心要义就无法得到运作，理论工作就不能彻底完成。① 规则的约束是自我身份产生的一个重要依据，② 缺乏权利主体的法律规则，无法在社会土壤中培育其法治意识。知识产权是赋予发明创造者的专有权利，知识产权制度经过数百年的发展，已经孕育出其权利归属的一般取向——个人主义观和集体主义观。

一、个人主义观下的权利归属

权利一般被描述为一方主体经由法律规范所确认，进而享有要求他人作为或者不作为的法律资格。实际上，这只是权利在客观层面所反映出的内涵，权利由法律规范所确认，进而具备了正当性和有效性，同时

---

① 参见［英］斯图亚特·霍尔（Stuart Hall）：《导言：是谁需要"身份"？》，载［英］斯图亚特·霍尔、保罗·杜伊盖编：《文化身份问题研究》，庞璃译，河南大学出版社2010年版，第15页。

② 参见［英］斯图亚特·霍尔（Stuart Hall）：《导言：是谁需要"身份"？》，载［英］斯图亚特·霍尔、保罗·杜伊盖编：《文化身份问题研究》，庞璃译，河南大学出版社2010年版，第15页。

也使权利主体获得了一定的法律资格。但在主观层面，权利则指向了人的主观意愿，即被普遍接受的对他者的支配。权利是主观权利和客观权利相统一的结果。① 在这里，法律规范是权利获得正当性并受到有效保障的基础，而人的主观意愿则是使权利乃至法律规范本身获得真实性的"土壤"。也就是说，尽管法律规范以权利为核心，但并不意味着权利仅源于法律规范，更不意味着权利本身被法律规范所"禁锢"。权利是法律对人的尊严、价值和利益的集中表达。主观上，它必然继承并体现一定的人文主义理念。

知识产权作为一种私权，其权利归属以西方个人主义理念为基础。西方自由主义理念所衍生的"个人主义"认为，人人生而平等，社会是由"可辨识的""独立存在的"个人相互依赖和约束而形成的整体。② "个人"（individual）的概念被理解为"不可分的"（nondivdable）。③ 这样，社会中的个人被抽象出来，构成了一系列无个性的、彼此相同的、可以相互置换的、一般性的、赤裸裸的个体。④ 在个人主义观念中，个人行为在遵循法律、伦理、道德等社会制约的前提下，均不受他人干涉。⑤ 现代社会所谓的"人性化的个体"的基本逻辑是：第一，将主体定义为经验或知识的可能性资源；第二，将个人能动性至于其活动的位置之上；第三，将自我等同

---

① 按照德国通说，"客观的权利"（subjektives Recht）是指经法律规范确认的权利，"主观的权利"（objectives Recht）是指单纯以人的主观意愿的形式存在的权利。参见林来梵：《从宪法规范到规范宪法——规范宪法学的一种前言》，法律出版社2001年版，第76~78页。

② 参见[法]皮埃尔·莫内：《自由主义思想文化史》，曹海军译，吉林人民出版社2004年版，第2页。

③ See Petrilli and Augusto Ponzio, *Semiotics Unbounded: Interpretation Routes Through the Open Network of Sign*, Toronto: University of Toronto Press, 2005, p.45.

④ 参见[葡]叶世朋：《欧洲法学史导论》，吕平义等译，中国政法大学出版社1998年版，第53页。

⑤ 史海泉：《自由主义范式中的自治与共治》，载《石河子大学学报（哲学社会科学版）》2009年第5期。

于社会身份的指标。① 如此，现代社会通过激发了个人行为，特别是占有客观事物的意志冲动，从而使私人利益成为个人活动的前提和动力。私有价值成为一切价值追求的终极目标和基础，尊崇个人便成为现代社会的政治法律标志。

现代社会在个人本位的政治法律哲学影响下，整体上形成了以尊重和保护个人劳动成果的权利体系，包括直接确认与保护私权的私法体系和限制公权以间接保护私权的公法体系。个人本位的法律哲学也延伸到知识财产领域，并形成了知识产权法上的个人主义主体观——创造者本位。知识产权的权利主体，以创造者的身份资格为基础，并以国家认可或授予为条件，即"创造性活动是权利产生的'源泉'，而法律(国家机关授权活动)是权利产生的'根据'"②。

著作权制度也毫不例外地继承了以"个人主义"为核心的权利归属理念。著作权法产生之初，③ 正值西方人文主义思潮兴起。在 16 世纪的欧洲，市民资产阶级尚处于发展时期，为维护自身阶级利益，资产阶级的思想代表们通过大量收集、整理古典著作，并按照古典作品的范式进行文艺创作，由此来反对中世纪的神学观，进而建立资产阶级的新文化、新哲学。④ 彼时的欧洲文坛也涌现出了许多的文学家和艺术家，如彼特拉克、薄伽丘、达·芬奇、拉伯雷、爱拉斯谟等，这些人文主义者通过创作各种文艺作品，描述并借此宣扬了资产阶级的人生理想，包括肯定人生意义和

---

① 参见[美]劳伦斯·格罗斯伯格(Lawrence Grossberg)：《身份和文化研究：这是全部吗?》，载[英]斯图亚特·霍尔、保罗·杜伊盖编：《文化身份问题研究》，庞璃译，河南大学出版社 2010 年版，第 118 页。

② 吴汉东：《关于知识产权本体、主体与客体的重新认识》，载《法学评论》2000年第 5 期。

③ 一般认为，著作权法诞生的标志是 1790 年英国《安娜法》的颁布。

④ 参见李志逵主编：《欧洲哲学史(上卷)》，中国人民大学出版社 1981 年版，第 113~116 页。

现世享乐，提倡个人自由，赞颂人力和人性，推崇个人知识和思想的提升。① 人文领域逐渐形成了以"人"为中心，提倡"人道"，反对"神道"的基本观点。由此，欧洲社会形成了对个人经验和价值无比崇拜的氛围，这对人本主义的法律文化也产生了重要影响。在自我观念和所有权意识兴起的背景下，萌发了现代著作权法的个人主义作者观。"个体的主体性和自我意识的生成或走向自觉，是现代性的本质规定性之一，是全部现代文化精神的基础和载体。"②在法律层面，文学艺术创作者开始被看作是充满想象力的脑力劳动者而受到法律保护，而非一个单纯的加工者或复制者。美国于1790年通过了第一部版权法；法国于1791年颁布了《表演权法》，1793年颁布了《作者权法》；德国于1837年颁布了现代意义上的《著作权法》。TRIPS协定更是开宗明义地将知识产权称为私权，进一步强化了知识产权个人主义权利主体的性质。可以说，个人主义作者观成为近现代各国著作权法的基本理念。

民间文学艺术作为一种文学艺术创造成果，是由具体个人单独或者与其他个人合作创造的智力劳动成果，其与现代知识产品的创作与产生具有共性。文学艺术创作者在终极意义上均为特定的个人，民法上称之为自然人。因此，无论是在具有现代性的作家文学或舞台艺术视角下，还是在民间文学艺术体系中，把创作者确定为个人，建构个人主义主体制度，均具有自然法意义的正当性与合理性。

但由于现有民间文学艺术的原始创作者大多难以确定，故有学者提出，可将民间文学艺术的权利主体推定为最近传承人，如故事的讲述者、民间音乐的演唱者、民间舞蹈的表演者、民间美术的创作者等。③ 创造性传承人对其传承的"原生性"民间文学艺术享有"普通版权"或邻接权；再非

---

① 参见李志逵主编：《欧洲哲学史（上卷）》，中国人民大学出版社1981年版，第118~120页。

② 衣俊卿：《现代性维度及其当代命运》，载《中国社会科学》2004年第4期。

③ 参见崔国斌：《否弃集体作者观——民间文艺版权难题的终结》，载《法制与社会发展》2005年第5期。

创造性传承人对其通过模仿或其他再现手段创造的"衍生性"民间文学艺术享有"特别权或特别邻接权"。① 也有学者提出，一般情况下，民间文学艺术的权利主体具有集体性，但如果民间文学艺术为单个自然人产生或者继受，则其权利主体为个人或家族内部的传承人。② 现有民间文学艺术大多经历了长期的历史传承和发展演变，其原创作者一般难以考证。因此，在确定民间文学艺术的知识产权归属时存在现实困难。就我国的具体情况来看，现有民间文学艺术一般可以确定具体的一个或多个持有人或者传承人。这些持有人或者传承人大多生活在当地村寨或者社区。

在民间文学艺术衍生版本中，相关传承人或民间艺人通过注入自己的智力劳动，根据民间文学艺术的原始版本，创造出新的衍生性作品，只要符合著作权法所规定的作品保护要件，就享有原创作者身份和相关著作权利。但需要强调的是，只有衍生性民间文学艺术中的创造性部分，才可以受现代著作权法的保护。而其中的继承性部分，仍然属于原生性民间文学艺术，单独的个人是难以主张私权的。因此，民间文学艺术知识产权的个人归属，本质上仅涉及有关个人对原生性民间文学艺术是否享有产权的问题。

在某些情况下，某一传统文化社区中的个人，因其在传统文化资源的传承与发展方面的独特贡献，可能对特定民间文学艺术享有特别的权利。③ 一些民间表演艺术家在传承有关民间文学艺术的过程中，发挥了独特性的作用，作出了独特的贡献。如流行于我国湘西保靖县的"酉戏"，彭运敏等老一辈传承人至今都在为传承和弘扬当地酉戏发光发热。他们采集了大量民间故事和诗歌，编成了酉戏剧本，在幼儿园教小朋友们表演，在城里招

---

① 参见张耕：《民间文学艺术的知识产权保护研究》，法律出版社 2007 年版，第200~215 页；张耕：《论民间文学艺术版权主体制度之构建》，载《中国法学》2008 年第3 期。

② 参见张洋：《民间文学艺术权利主体问题研究》，中国政法大学出版社 2016 年版，第46~47 页；李秀娜：《非物质文化遗产的知识产权保护》，法律出版社 2010 年版，第 153 页。

③ See WIPO/GRTKF/IC/18/5, Commentary on Article 2.

募学徒，为当地传统戏剧的传承和发展贡献了自己的力量。① 有的民间文学艺术，过去是有关村寨或者社区集体创作与传承的，但随着岁月的流逝，传承人越来越少，从而使特定传承人成为该民间文学艺术的权利主体。个人主义主体观在民间文学艺术知识产权保护方面有一定适用空间。但是，一律把传承人作为民间文学艺术的知识产权主体又是不可取的。

如何区别作为民间文学艺术产权主体的个人与有关传统社群或者传统文化社区的关系？现在的共识是，只要有关社区或者村寨，根据其习惯法承认特定传承人为权利主体，国家法律就应当予以认可。就民间文学艺术的利益分配而言，传统社区的习惯法会有相应的处置惯例。因此，如果有关社区根据其习惯法承认有关个人为民间文学艺术的权利主体，法律就应当予以认可。在构建民间文学艺术知识产权保护制度时，应当承认、尊重有关社区习惯法。遗憾的是，我国《民间文学艺术作品著作权保护暂行条例草案(送审稿)》第5条"权利归属"条款对此没有作出回应。

二、集体主义观下的权利归属

"无论何种权利，必有其依附之主体。"②主体问题是一个认识论的问题，个人的观念会受到他人经验及其诠释的影响，主体身份的确定应考虑其实际创造能力。③ 在个人主义观念的影响下，现代财产权制度以保护个

---

① 笔者于2020年7月在湖南湘西保靖县调研时，采访到这位为当地文化工作作出杰出贡献的基层文化工作者：彭运敏，男，土家族，1956年生，高中文化，湖南省保靖县亨章村人，1988年被聘为普戎镇文化站辅导员。三十多年来，彭运敏老人长期从事酉戏表演和传承工作，曾组织成立亨章村彭氏酉戏业余剧团、普戎镇民间业余酉戏团等，搜集、整理民间酉戏剧目《武宣王抢亲》《山伯访友》《安安送米》《秦香莲》等传统剧目20余本。彭运敏老人曾连续三年被评为"县先进文化工作者""湘西州第三届道德模范"，2014年被评为"全国文化系统先进工作者"。

② 胡长清：《中国民法总论》，中国政法大学出版社1997年版，第55页。

③ 参见[美]劳伦斯·格罗斯伯格(Lawrence Grossberg)：《身份和文化研究：这是全部吗？》，载[英]斯图亚特·霍尔、保罗·杜伊盖编：《文化身份问题研究》，庞璃译，河南大学出版社2010年版，第118~119页。

人财产为核心。但是，个人主义观念在演进中逐渐"机械化"，这也是其弊端所在。机械化的个人主义开始过度强调个人利益，认为国家和社会只是个人实现其利益的一般机构，除个人目的外，国家和社会不存在其他任何目的。"个人自由"与"国家控制"的天平总是偏向前者。① 过度强调个人利益，往往会忽视社会作为一个有机整体的利益。② 诚然，个人权利的保护离不开成员集体的支持，"排他性地追求个人利益必然损害我们所赖以存在的社会环境"。③ 与个人主义观念不同的是，集体主义将集体利益置于个人利益之上，将"个人"视为实现集体利益的途径和手段。法律在确定权利的归属时，也开始将集体的能动性考虑在内。

信息技术的发展，使知识产品的生产方式正在从"闭门造车式"的个人创造转变为"集思广益式"的共同创造。在商品经济得到空前的发展后，团体的社会作用越发明显。正如史尚宽先生所说："法人正如自然人，因其能发挥社会的作用，有适于具有权利能力之社会价值，故应予以权利能力。"④

在现代社会，法人是最常见的集体组织形式，法人获得法律上的主体地位得益于"法律拟制"。法律考虑到团体所具有的社会价值，便赋予了团体以主体资格——法人（或法人人格）。由此，公司、团体等法人组织获得了版权主体资格，法国、美国、日本等国家也在立法上承认了法人的"作者"地位。但是，这并不能否认著作权法的个人主义作者观。从实质上看，只有生物意义上的自然人，才具有法律上的人格（或权利能力），法律为各

---

① 参见李强：《自由主义》，中国社会科学出版社 1998 年版，第 103~110 页。

② 这种"社会有机体理论"通常被认为是集体主义立场的代表，该理论认为：(1)社会是一个整体；(2)社会整体大于其组成部分之和；(3)社会整体决定了其组成部分的性质；(4)离开社会整体便不能理解整体的组成部分；(5)社会整体的组成部分之间是相互联系、相互自存的。参见李强：《自由主义》，中国社会科学出版社 1998 年版，第 155~156 页。

③ 俞可平：《当代西方政治学的流变：从新个人主义到新集体主义》，载《社会科学战线》1998 年第 5 期。

④ 史尚宽：《民法总论》，中国政法大学出版社 2000 年版，第 140 页。

类法人团体提供对外交往平台，使其集体形象具备了法律上的人格，但法人团体作为权利主体进行活动，"最终还要还原为个人……法人人格是法律拟制的"①。从最终受益者的角度看，"法人的权利和义务实际不属于法人，而是属于特定个人或特定目的，例如管理者、受益者，因为法人任何权利和义务的实现都离不开具体的人的行为，或实际上受一定目的限制"②。也正因为如此，法人（以及非法人团体）不能享有著作权法中的精神权利。③ 法人等集体组织形式的出现对著作权利益的分配格局产生了深远的影响。

在著作权领域，科学技术的进步和商品经济的发展，使得作品的创作方式和使用方式更加多样化和集体化，著作权法也不得不考虑法人的集体利益，将法人作为著作权主体，并对著作权利益进行重新分配。在作品商品化生产中投入大量资金，并承担巨大风险的法人财团，已经在商品经济活动中占据一定地位，法律不得不作出回应。德国在 1896 年制定《德国民法典》时就确定了法人制度，为之后在《著作权法》中规定"雇佣作品"的利益分配奠定了基础。④ 美国在 1900 年 Dielman v. White 一案⑤中确立了委托作品的"戴尔曼原则"，即如无相反证据证明，委托作品的著作权归委托

---

① 马俊驹：《法人制度的基本理论和立法问题之探讨（上）》，载《法学评论》2004年第 4 期。

② 江平、龙卫球：《法人本质及其基本构造研究——为拟制说辩护》，载《中国法学》1998 年第 3 期。

③ 参见郑成思：《有关作者精神权利的几个理论问题》，载《中国法学》1990 年第 3 期。

④ 《德国著作权法》并未明确规定委托或雇佣作品的权利归属，只是规定基于劳动或者雇佣关系创作的作品，其利用权遵从《德国著作权法》第 31~44 条的规定。但从具体内容来看，《德国著作权法》在分配著作权利益时十分照顾原作者。首先，最为关键的是，《德国著作权法》第 44 条规定，如果对作者让与作品原件有争议的，则推定该受让人并未被授予"利用权"；其次，在没有对转让作品"利用权"进行明确约定的情况下，要求以"合同目的"和"诚实信用原则"进行利益分配，明确授予作者的"获得报酬权"和"回收权"，并规定了"利用权"受让方一系列法定义务。参见《十二国著作权法》，《十二国著作权法》翻译组译，清华大学出版社 2011 年版，第 154~160 页。

⑤ Dielman v. White, 102 F. 892（C. C. D. Mass. 1900）.

人所有。① 在日本，从事法人所属业务的人在职务上创作并以法人名义发表的作品（包括电影作品），如无特别约定，则推定该法人为作品的作者。除职务作品外，在电影作品整体制作中负责制作、导演、演出、摄影、美术等具有独创性工作和贡献的人，都是电影作品的作者。② 著作权法已经对自然人作者作为原始著作权人的"一元主体"体系进行了调整，现代著作权法中的作者不再是通常意义上的自然人个体，而是包括了法人等集体在内的权利主体。

同样，个人主义作者观也需要适当调适，以兼容民间文学艺术的集体属性。文学界、艺术界一般认为集体性是民间文学艺术的基本特征。集体性创作行为的事实是民间文学艺术产权主体获得权利的"源泉"。基于民间文学艺术的集体性，以及传统社群成员对自身"文化身份"的集体认同，我们很难将这种创造性成果归于某一个体或以家庭为单位的整体。从劳动财产理论的视角看，民间文学艺术权利主体具有天然的"集体性"。

对民间文学艺术的权利主体，多数学者主张集体主义主体观，但具体到哪个集体，学界有不同看法。有的学者认为，将民间文学艺术的著作权直接分配给当地社区的立法是势不可挡的。③ 有的学者认为，可将民间文学艺术的著作权归属与权利行使分离，把创作该民间文学艺术的社会群体④或者产生该民间文学艺术的群体⑤视为民间文学艺术的权利主体，由相关文化行政部门代为行使相关著作权。多数学者认为，民间文学艺术的

---

① 参见王曦：《著作权权利配置研究：以权利人和利益相关者为视角》，中国民主法制出版社 2017 年版，第 92 页。

② 参见《日本著作权法》第 14~16 条。参见《十二国著作权法》，《十二国著作权法》翻译组译，清华大学出版社 2011 年版，第 370 页。

③ 参见 Daniel Wüger：《通过知识产权法防止对无形文化遗产的盗用》，载 J. Michael Finger, Philip Schuler 编：《穷人的知识：改善发展中国家的知识产权》，全先银等译，中国财政经济出版社 2004 年版，第 132 页。

④ 参见杨新书、刘忠：《关于民间文学艺术的版权保护》，载《云南社会科学》1990 年第 5 期。

⑤ 参见王瑞龙：《民间文学艺术作品著作权保护的制度设计》，载《中南民族大学学报（人文社会科学版）》2004 年第 5 期。

来源群体(一个或多个),是其知识产权主体。① 但也有学者提出,民间文学艺术虽然在事实上归属于产生它的某个群体或者民族,但随着民族之间的交流逐渐频繁和密切,民间文学艺术本身在不断发展的发展过程中,其流传范围已经不限于某个地区,而是属于某个区域。②

实践中,《突尼斯示范法》《1982 年示范法》《班吉协定》《太平洋地区示范法》等涉及民间文学艺术保护的国际软法或地区性条约,均确认了集体权利制度,它们或是集体著作权,或是集体特别权利。众多发展中国家,如泰国、巴西、哥斯达黎加等,承认了"社群"或"族群"在知识产权方面的主体地位。③ 发达国家在民族政治和习惯法上也承认了传统社群集体的法律主体资格。④ 例如,美国于 1990 年颁布的《印第安工艺法》(*the 1990 India Arts and Crafts Act*)进一步规范了对印第安人(Indian)、印第安工匠(Indian artisan)和印第安产品(Indian Product)的认证和保护措施,要求在民事和刑事上对假冒印第安工艺制品及其商标的行为进行惩罚,从而承认了印第安部族集体权利的法律主体资格。在澳大利亚,当地土著人的习惯法也间接承认了文化表现形式的集体所有性质。⑤ 但是,在民间文学艺术的知识产权保护实践中,"创设一种实质意义的民间文学艺术特别版权的

---

① 参见管育鹰:《知识产权视野中的民间文艺保护》,法律出版社 2006 年版,第 196 页;参见张耕:《民间文学艺术的知识产权保护研究》,法律出版社 2007 年版,第 200~215 页;张耕:《论民间文学艺术版权主体制度之构建》,载《中国法学》2008 年第 3 期。

② 参见张革新:《民间文学艺术作品权属问题探析》,载《知识产权》2003 年第 2 期。

③ 参见黄玉烨:《民间文学艺术的法律保护》,知识产权出版社 2008 年版,第 170~172 页。

④ 参见张今、严永和:《传统知识权利主体研究》,载吴汉东主编:《知识产权年刊》,北京大学出版社 2005 年版,第 248~251 页。

⑤ See Betsy J·Fowler, *Preventing Counterfeit Craft Designs*, Edited by J·Michael Finger & Philip Schuler, *Poor People's Knowledge*: *Promoting Intellectual Property Developing Countries*, the World Bank and Oxford University Press, 2004, p. 117.

做法，大多没有在有关国内法上得到良好的体现和运用"。① 一方面，这种特殊的著作权会与现有的著作权制度纠缠不清，我们需要的是一种特殊的权利保护制度，而非特殊的著作权；另一方面，民间文学艺术经过漫长的创造和传承，当我们回过头来在私法层面寻求保护时，却发现试图从外部划定这一"集体"的界限是如此的困难，以至于权利最终难以得到实现。

从当下现实来看，民间文学艺术在通常情况下均与特定传统社群或传统文化社区相联系，这种联系使得该传统社群或传统文化社区可以完全掌控该民间文学艺术，或者使得相关传统社群或传统文化社区的文化特征通过该民间文学艺术得以体现。② 国际社会对民间文学艺术知识产权保护问题进行探讨，本质上也是为了确认和保护传统社群或传统文化社区对其民间文学艺术的产权。根据 2019 年 WIPO-IGC《民间文学艺术法律保护条款草案》第 4 条所列举的三个备选条款的表述，民间文学艺术的受益人可以是土著民族（indigenous peoples）、当地社区（local communities）、国家（states）或是民族（nations）。③

因此，有必要从法律层面对上述概念进行界定。联合国"防止歧视和保护少数人分委员会"特别报告员马丁内斯·科博（J. Martínez Cobo）认为，土著社区（indigenous communities）、土著人民（indigenous peoples）和土著民族（indigenous nations）是指在外族入侵或殖民时期之前就一直存在的，具有历史连续性的群体（或群体中的一部分）。普遍情况下，该群体在现代社会中属于不占统治地位的部分，基于其民族历史和传统，该群体在身份观念上与现在占据社会统治地位的人有根本区别。他们通常具有保留和发展其祖先留下的领土并将其民族特征传于后代的强烈诉求。该群体认为，培养

---

① 严永和：《我国民间文学艺术法律保护模式的选择》，载《知识产权》2009 年第 3 期。

② See WIPO/GRTKF/IC/18/5, Annex, Commentary on Article 2.

③ 该条款的第二个备选条款对土著民族和当地社区作了限定，指持有、表达、创造、维护、使用和发展（hold, express, create, maintain, use, and develop［protected］）受保护的民间文学艺术的土著民族和当地社区。See WIPO, *The Protection of Traditional Cultural Expressions：Draft Articles*. Facilitators' Rev. June 19, 2019. Article 4.

他们自己的文化模式、社会制度和法律体系，系他们继续存在的基础。①

《生物多样性公约》（*Convention on Biological Diversity*，以下简称"CBD"）将"当地社区"的含义界定为：生活在特定生态区域（a distinct ecological area）、直接依赖其生物多样性和生态系统所蕴含的产品和服务（depend directly on its biodiversity and ecosystem goods and services），作为其全部或部分生计来源，并且由此发展出有关传统知识的人们。② 作为民间文学艺术产权主体的传统文化社区，可以参照这一定义确定其内涵与判断标准：一方面，有关民间文学艺术在过去起源于该传统文化社区，或者在当下由该传统文化社区掌控和发展；另一方面，与民间文学艺术有关的产品或服务构成该传统文化社区全部或者部分生计来源。传统文化社区或土著民族文化社区的概念主要由美洲、澳洲、非洲和一些太平洋岛国提出，在法律上也得到一定的认可。③

实际上，主体身份的确定主要涉及一定地区和地区中的人，他们就自身身份的归属方式已经产生了一定经验。④ 例如，一个村寨中总会有一个或多个家族内的特定成员从事特定文学艺术表演和传承活动，这是由当地的习惯所默认的。传统社群或传统文化社区作为民间文学艺术的发源地，其成员在与自然界的抗争中，为解决生产生活中遇到的各种问题不断积累经验，创造了民间文学艺术的艺术体系。为了激励后辈，他们编创了许多励志神话；为了提高劳动效率，他们创作了劳动歌。他们是民间文学艺术

---

① See WIPO/GRTKF/IC/34/INF/7, Annex, *item of indigenous peoples.*

② 包括农民、渔民、牧民、林区居民和其他人（farmers, fisher folk, pastoralists, forest dwellers and others）。See CBD, *Development of Elements of Sui Generis Systems for the Protection of Traditional Knowledge Innovations and Practices*, UNEP/CBD/WG8J/4/INF/18, p. 5.

③ 参见黄玉烨：《民间文学艺术的法律保护》，知识产权出版社 2008 年版，第 165～173 页。

④ 参见［美］劳伦斯·格罗斯伯格（Lawrence Grossberg）：《身份和文化研究：这是全部吗?》，载［英］斯图亚特·霍尔、保罗·杜伊盖编：《文化身份问题研究》，庞璃译，河南大学出版社 2010 年版，第 120 页。

的创造者、传承者和贡献者。他们所创造的民间文学艺术经历了漫长的演进过程，存在的时间已远远超过著作权的保护期限。但是，这种文学艺术体系从来没有得到过知识产权的保护。①

同时，应当注意的是，有的民间文学艺术难免从其起源社区向其他社区传播和流传。首先，有的民间文学艺术可能在一个国家内从一个社区流传至其他社区，从而为多个社区所持有，如我国藏族一些民间文学艺术也流传到内蒙古等蒙古族地区；其次，有的民间文学艺术也有可能从其起源国的一个或者多个社区流往国外，从而使两个或者两个以上的国家的有关族群社区都传承、发展从而持有有关民间文学艺术，如在非洲西部的加纳，其有关族群分别生活在加纳及有关邻国，有些民间文学艺术就在加纳及其邻国流传。② 也有学者针对这种情况提出了自己的观点：一般情况下，发展或保有民间文学艺术的群体为民间文学艺术产权主体；如果民间文学艺术同时由数个群体共同传承和保有，难以确认其真正起源的，可以将这些群体或群体所处地区共同作为权利主体；那些流传极广的，可视为国家文化遗产，认定为国家所有。③

总体来看，社区、族群、民族等概念比较模糊，其边界不容易划定。在我国，行政村是最基本的村民自治单位，既是相关民间文学艺术的实际

---

① 参见严永和：《传统文化资源知识产权特别权利保护制度的构建》，中国社会科学出版社 2020 年版，第 135~136 页。

② ［加纳］A. O. 阿梅加切尔：《著作权保护民间文学艺术——措辞的矛盾》，张林初译，载《版权公报》2002 年第 2 期。

③ 参见管育鹰：《民间文学艺术作品的保护机制探讨》，载《法律科学》2016 年第 4 期；黄玉烨：《民间文学艺术的法律保护》，知识产权出版社 2008 年版，第 164~178 页；黄玉烨：《我国民间文学艺术的特别权利保护模式》，载《法学》2009 年第 8 期；李秀娜：《非物质文化遗产的知识产权保护》，法律出版社 2010 年版，第 153 页。国际层面上，也有类似的观点，印度代表在 WIPO-IGC 第 17 届会议上提出："即使传统知识失去了社区身份，被许多人使用，利益也必须流向社区，……流向可以识别的社区或者当时保存、维持和传播传统知识的社区。……权利属于可被识别的与传统知识有关的社区；如果传统知识不与一个社区有直接联系，国家机构成为受益人，并把产生的利益与最初发展、现在保存和推广的社区进行分享。"这是应当恪守的基本原则。See WIPO/GRTKF/IC/18/5, Annex, Commentary on Article 2.

来源地，也实际掌握着第一手的民间文学艺术资料，一些传承人也生活在特定行政村。可以将创造、发展或保有民间文学艺术的特定行政村，确定为民间文学艺术知识产权主体。共同创造、发展或保有民间文学艺术某些行政村，则为共同权利主体。①

三、国家作为民间文学艺术的特别权利主体

我们生活在一个相互掠夺的时代，一个地方由于一个原因创作的音乐会在另一个地方由于另外一个原因而立即被剽窃；更像是音乐的首次创作和使用的人发展起来的时候，它有了它自己的生命。② 当民间文学艺术涉及跨国保护时，以个人或某一群体主张权利显得微不足道。

首先，有的民间文学艺术，虽然可以确定起源于某传统社群或传统文化社区，并由他们持有、发展和使用，但传统社群或传统文化社区可能没有主张权利，从而使相关产权没有产生实际法律效果；其次，对于已经广泛公开的民间文学艺术，其来源群体或社区也无法维护其产权利益。出现上述情况时，只有国家才能实现民间文学艺术的产权利益，由政府有关部门作为托管人替代相关部族或社区享有和行使相关权利，从而升格为民间文学艺术的产权主体。WIPO-IGC 的《民间文学艺术法律保护条款草案》第4条"保护的受益人"第二、三选择项均称为"其他受益人"，但没有规定"其他受益人"的具体组成。此处的"其他受益人"应界定为创造、传承或者持有有关民间文学艺术的土著民族、当地社区或者个人所在的国家。

国家能否作为民间文学艺术的权利主体，在理论研究与立法实践中，存在肯定论和否定论两种不同的主张。否定论认为，不能把国家规定为民

---

① 如作为土家族传统舞蹈的"撒叶儿嗬"，流行于我国湖南省桑植县、湖北省巴东县、长阳土家族自治县、五峰土家族自治县等地区，在确定其权利主体时，应由上述地区的相关行政村共同享有相关权利。

② 参见［英］西蒙·弗里兹（Simon Frith）：《音乐与身份》，载［英］斯图亚特·霍尔、保罗·杜伊盖编：《文化身份问题研究》，庞璃译，河南大学出版社2010年版，第128页。

间文学艺术的权利主体，如果将国家视为权利主体，不利于这种私权的行使，不利于发挥来源部族或社区的积极性和主动性，故国家不能作为民间文学艺术的权利主体。① 实践中，《斯瓦科普蒙德议定书》在规定传统知识和民间文学艺术的受益人时，没有把国家规定为受益人。② 我国版权局于2016年推出的《民间文学艺术作品著作权保护暂行条例草案（送审稿）》，在规定民间文学艺术作品的权利主体时，也没有明确是否把国家确定为民间文学艺术权利主体。③

　　肯定论认为，国家可以作为民间文学艺术的权利主体。基于国家主权，国家对其境内的民间文学艺术享有无可争议的权利。④ 对于那些在国内广泛流传的民间文学艺术，特别是在难以确定其原创作者或出现国际纠纷等特殊情况下，可以将国家视为有关民间文学艺术的权利主体。⑤ 甚至包括传统知识、民间文学艺术在内的所有传统文化资源，如果在权利主体方面缺乏适格的自然人或者集体，则可以由国家文化部门代表国家行使和主张相关权利。⑥ 立法实践中，一些国家的国内法就明确规定，国家是民间文学艺术的权利主体。例如，加纳《著作权法》第5条规定，民间文学艺术

---

　　① 参见李墨丝：《非物质文化保护国际法制研究》，法律出版社2010年版，第306页；邓社民：《民间文学艺术法律保护基本问题研究》，中国社会科学出版社2015年版，第231页。

　　② See ARIPO, *Swakopmund Protocol on the Protection of Traditional Knowledge and Expressions of Folklore*, Swakopmund, Namibia, 2010. *Article* 6 and article 18.

　　③ 参见国家版权局政策法制司：《民间文艺作品著作权立法工作座谈会：会议材料》，云南腾冲，2016年8月，第2页。

　　④ 李秀娜：《非物质文化遗产的知识产权保护》，法律出版社2010年版，第153页。

　　⑤ 参见管育鹰：《知识产权视野中的民间文艺保护》，法律出版社2006年版，第196页；黄玉烨：《民间文学艺术的法律保护》，知识产权出版社2008年版，第173、237页；杨鸿：《民间文艺的特别知识产权保护：国际立法例及其启示》，法律出版社2011年版，第373页；孙彩虹：《民间文学艺术知识产权保护策略研究》，中国政法大学出版社2011年版，第117页。

　　⑥ 参见杨建斌：《知识产权体系下非物质传统资源权利保护研究》，法律出版社2011年版，第119页；张洋：《民间文学艺术权利主体问题研究》，中国政法大学出版社2016年版，第96页。

属于"加纳国家文化遗产的艺术和科学作品，这些作品是由加纳部族社会或者由不明确的作者创作、保留和发展的作品"，作者将其上述权利授予加纳共和国，国家设立民间文学艺术委员会，主管民间文学艺术相关工作。① 突尼斯、摩洛哥、安哥拉等非洲国家也把国家规定为民间文学艺术的权利主体。实际上，我国《著作权法》也允许国家可以作为作品的著作权人。②

综上所述，就民间文学艺术产权的权利归属问题而言，虽然传统社群或传统文化社区对其民间文学艺术所享有的特别权利处于民间文学艺术特别权利体系的核心地位，享有若干根本性、基础性权利，但不意味着其内部成员对民间文学艺术享有与该传统社群或传统文化社区同等的权利和地位。在民间文学艺术传承、使用的实践中，当地传承人对民间文学艺术掌握较多的"权力"与"权利"，得到更多利益。但其行使"权力"和"权利"必须符合其所在传统社群或传统文化社区的集体利益，传承人的权力和权利受到传统社群或传统文化社区成员集体"权力"和"权利"的制约和限制，相关传承人基于其传统社群或传统文化社区成员的身份，对相关民间文学艺术享有相关权利，其个人享有极为有限的权力和权利。③

就我国而言，可把民间文学艺术知识产权主体确定为创造、保有或发展该民间文学艺术的有关行政村；共同创造、保有或发展有关民间文学艺术的行政村，则为民间文学艺术的共同权利主体。而在权利主体难以确定

---

① 参见[加纳]A. O. 阿梅加切尔：《著作权保护民间文学艺术——措辞的矛盾》，张林初译，载《版权公报》2002年第2期。

② 我国《著作权法》第21条规定："著作权属于法人或者非法人组织的，法人或者非法人组织变更、终止后，其本法第十条第一款第(五)项至第(十七)项规定的权利在本法规定的保护期内，由承受其权利义务的法人或者非法人组织享有；没有承受其权利义务的法人或者非法人组织的，由国家享有。"《著作权法实施条例》第15条和第16条分别规定："作者死亡后，其著作权中的署名权、修改权和保护作品完整权由作者的继承人或者受遗赠人保护。著作权无人继承又无人受遗赠的，其署名权、修改权和保护作品完整权由著作权行政管理部门保护。""国家享有著作权的作品的使用，由国务院著作权行政管理部门管理。"

③ See Meghana Rao Rane, *AIMING STRAIGHT：THE USE OF INDIGENOUS CUSTOMARY LAW TO PROTECT TRADITIONAL CULTURAL EXPRESSIONS*, 15 Pac. Rim L. & Pol'y 827, 828, 843, 845, September, 2006.

时，可将权利主体确定为国家，由国家有关主管部门代替国家享有和行使相关权利。对权利主体的界定加以"创造、保有或发展……"的限定，一方面可以将"创造、保有或发展民间文学艺术"作为界定其权利主体的主观因素；另一方面，规定民间文学艺术权利主体创造、保有和发展民间文学艺术的法定义务，实现了权利和义务的平衡。

第二节　民间文学艺术知识产权的管理

保障民间文学艺术知识产权，一方面，需要政府公共权力的介入，以行政管理统筹相关保护工作；另一方面，在市场经济环境下，还需要对民间文学艺术的知识产权进行集体管理，让相关权利得到充分的行使。

一、行政管理

产权制度是关于产权界定、产权交易、产权保护等一系列体制安排和法律规范的总称。在市场经济环境下，产权是用以界定人们在交易过程中谁受益、谁受损以及如何补偿的权利。产权制度在优化社会资源配置、促进社会总福利增加方面，担任了重要角色。波斯纳认为："如果任何有价值的(意味着既稀缺又有需要的)资源为人们所有(普遍性)，所有权意味着排除他人使用资源(排他性)和使用所有权本身的绝对权，并且所有权是可以自由转让的，或像法学学者说的是可以让渡的(可转让性)，那么，资源价值就能最大化。"①波斯纳的财产观念可以这样总结：因稀缺而有价值；

---

① 这是波斯纳通过案例分析得出的结论：他一方面通过静态分析当全部所有权都被废除时，社会里农民种庄稼的情形，以此说明财产法律制度的必要性，"对财产权的法律保护创造了有效率地使用资源的激励"。另一方面，通过动态考察在同一块牧地上牧牛和由不同耕作能力的人拥有土地所有权的事例，得出可转让的排他性财产权的创设是资源有效使用的充要条件。饶有趣味的是，波斯纳还特别提出，应注意有形财产和无形财产的差别。参见[美]理查德·A. 波斯纳：《法律的经济分析》，蒋兆康译，中国大百科全书出版社 1997 年版，第 40~47 页。

能够为特定主体占有，并排除他人干涉；具有可转让性。可以认为，产权的存在需要两个基本条件：一是排除其他非权利所有者；二是权威机构能够有效保护这些产权。著名经济学家科斯也证明了市场运行在存在"交易费用"的情况下产权得以有效界定和保护的制度，可降低市场运行中的交易成本并减少其不确定性，从而带来经济增长。

知识产权是对人的智慧成果的产权，知识产权制度是对智慧成果进行产权安排的结果。知识产权制度得以有效运行，既需要知识产权人充分行使其权利，还需要知识产权法律被充分地执行。多数国家的做法是由政府专门设立知识产权管理部门，如美国专利商标局主管专利和商标事务等，我国国家知识产权局主管专利和商标事务，国家版权局主管著作权事务。在国际上，知识产权的行政管理也成为相关知识产权国际条约的惯例。如《巴黎公约》要求成员国承诺设立工业产权专门机构和中央机关，向公众发布专利、实用新型、外观设计和商标相关事项。

民间文学艺术的知识产权事务也可以按照国家法律对政府行政部门的职权进行分工，确定其政府管理部门。就我国而言，可以确定国家版权局主管民间文学艺术的知识产权事务。但是，民间文学艺术的知识产权保护具有特殊性，民间文学艺术的产权所有者通常处于弱势地位。这就要求，民间文学艺术知识产权的行政管理要充分保障其权利主体对知识产权事务的参与权和决策权。这两种权利的法律表达便是"事先知情同意"。在国际层面上，"事先知情同意"已经为诸多公约所接受。《生物多样性公约》在遗传资源和相关传统知识的获取和利用方面，率先确立了"事先知情同意"（prior informed consent）机制。该公约首先确认了各国对其自然资源拥有的主权权利，并在第 15 条第 5 款规定，遗传资源的获得须经过提供这种资源的缔约国事先知情同意。① 另外，根据《生物多样性公约》第 15 条第 7 款的规定，遗传资源的获取者应当与遗传资源的提供者按照共同商定的条件进

---

① See *Convention on Biological Diversity*. Article 15, Access to Genetic Resources, para 5. https://www.cbd.int/convention/text/, last visit at 8 October 2018.

行惠益分享，公平地分享研究和开发此种资源获得的利益。① 也就是说，传统社群以外的集团、公司或者个人，在获取和利用遗传资源之前，必须事先通知有关国家和传统社群，告知获取和利用遗传资源的相关计划，并与之商定惠益分享事项，由此才能获得该国政府相关部门或传统社群的同意(一般根据当地习惯法来作出这种表示)。

WIPO-IGC 在研究制定民间文学艺术知识产权保护规则时，也试图体现这一精神。但其 2019 年第 40 届会议文件《民间文学艺术法律保护条款草案》中的"权利或者利益的行政管理"条款,② 明显弱化了土著民族、当地社区在权利管理方面的参与权与决策权。其备选方案也删除了土著民族、当地社区参与决定设置管理机构的权利，但在第二个备选方案中增加了"经受益人同意"的表述，即经受益人同意，共同建立或指定主管机构，管理民间文学艺术的相关权利。

由于民间文学艺术知识产权主体，即相关传统社群或其他传统文化社区，在国内一般属于边缘化的群体，处于弱势地位。在有些国家，不排除受到某种不公正待遇。对民间文学艺术的知识产权采取行政管理，可以发挥公权力机关的管理职能和支持作用，对当地民间文学艺术的传承和利用予以一定的经济支持和帮助。但对民间文学艺术产权的管理，至少不能损害传统社群根据其习惯法等所享有的管理其民间文学艺术的权利。具体来说，可以由政府建立或者指定一个或者多个主管机构，对民间文学艺术的专有权利进行管理，但不得损害专有权利人按照其习惯法、惯例、规约、习惯性做法等管理其民间文学艺术的权利。就我国而言，可确定国家著作权主管机构统筹全国民间文学艺术的管理工作，各县级以上地方主管著作权的部门负责本行政区域内的民间文学艺术管理工作，以帮助相关权利主

---

① See *Convention on Biological Diversity*. Article 15, Access to Genetic Resources, para 7. https://www.cbd.int/convention/articles/default.shtml? a = cbd-15, last visit at 8 October 2018.

② See WIPO/GRTKF/IC/40/19, *The Protection of Traditional Cultural Expressions*: *Draft Articles*. Article 6.

体实现其关于民间文学艺术的产权利益。

二、集体管理

在著作权领域，著作权的集体管理已经成为常态。由于作者享有的著作权依靠个人通常难以实现，多个著作权人便组成管理团体，通过权利代理或信托的方式，由管理团体统一代表著作权人许可他人使用作品并收取费用，再将收取的费用按照一定的标准分配给著作权人。① 这种集体管理保护模式出现最早，现在最为广泛地适用于音乐作品。音乐作品的著作权人依法享有表演权，除特定情况的合理使用外，如果他人要对该音乐作品进行现场表演，须事先得到该音乐作品著作权人的许可，并支付相应报酬。但实际情况是，音乐作品通常会被多人、多次表演，这就会导致音乐作品的著作权人忙于签订各种许可协议，忙于调查自己音乐作品的使用情况，无暇顾及音乐创作。此外，著作权人作为单独的个人，在其著作权受侵犯的情况下，通常难以维权，因为侵权行为可能在不同地区同时发生，个人难以取证。而且著作权人还需要花费大量时间和精力同侵权行为人就侵权损害赔偿进行协商，如果协商未果，还要走漫长繁琐的司法程序。这些都给著作权人带来了极高的交易成本和维权成本。为降低著作权人的"权利成本"，更好地保障著作权人的经济利益，促进文学艺术作品的传播和利用，著作权的集体管理应运而生。"唯个人精力、时间有限，何妨以自己所信任之人为代理人，而依其行为以坐享法律效果！"②

目前，多数国家的著作权法都已设置了相应的非营利性的集体管理组织。如意大利《著作权法》第180条规定，"意大利作者和出版者协会"享有直接或间接接入、居间、代理，或者转让受保护作品的排他性权利，可以代表权利人许可他人使用受保护作品并收取费用，将所得利益分配给相关

① 参见刘洁：《我国著作权集体管理制度研究》，中国政法大学出版社2014年版，第95~96页。

② 梁慧星：《民法总论》，法律出版社2017年版，第221~222页。

权利人。① 德国《著作权法》虽没有规定统一的集体管理组织，但根据其《集体管理组织法》的规定，任何法人或自然人对著作权进行任何形式的管理，均须取得集体管理组织监督机关(专利局)的认证和许可。② 集体管理组织一般都承担着管理著作权、保障著作权人利益，以及促进优秀作品传播等任务。③ 根据我国《著作权法》和《著作权集体管理条例》的相关规定，著作权集体管理组织经权利人授权，可以自己名义进行许可、收费、惠益分享和相关的诉讼活动，并且是非营利性的。④

近年来，学界对我国著作权集体管理的垄断性提出了质疑。有学者认为，在管理形式上，垄断性的著作权集体管理制度排除了市场价格机制，概括性的许可形式不能实现单个作品的利益最大化，因为这种"非市场化"的定价权力和过于自由的裁量权，会损害作者和作品使用者的利益；就性质而言，集体管理组织是法定垄断的非营利性组织，但是在现实中，由于公权力的干预，集体管理组织内部的会员监督和外部的政府监督变得不切实际，集体管理组织的整体运行逐渐变得不够效率，著作权集体管理制度的改革势在必行。⑤ 也有学者指出，著作权人与集体管理组织矛盾的"症结"在于著作权人、集体管理者和作品使用者在现有"行政许可主义"的管理制度下，不能充分实现"自治"。由于《著作权集体管理条例》规定不同集体管理组织之间的业务范围不得交叉、重合，导致著作权集体管理组织具有唯一性，著作权集体管理制度应放弃集体管理组织的唯一性限制，允许

---

① 参见《十二国著作权法》，《十二国著作权法》翻译组译，清华大学出版社 2011 年版，第 338 页。

② 参见《十二国著作权法》，《十二国著作权法》翻译组译，清华大学出版社 2011 年版，第 205 页。

③ 参见王迁：《著作权法学》，北京大学出版社 2007 年版，第 234 页。

④ 参见《中华人民共和国著作权法》第 8 条，《著作权集体管理条例》第 2、3 条。目前，我国著作权集体管理组织主要有中国音乐著作权协会、中国音像集体管理协会、中国摄影著作权协会、中国电影著作权协会和中国文字著作权协会。

⑤ 参见吴伟光：《信息、制度与产权——信息社会与制度规治》，法律出版社 2014 年版，第 131~149 页。

权利人在集体管理组织之外独立进行许可。① 也有学者认为，政府应维护其他潜在主体的市场准入自由，不能设置障碍，过多地干预市场，以致制约了集体管理组织的发展。② 笔者认为，我国的著作权集体管理制度应充分尊重著作权的私权属性，回归市场本质，保持和维护"权利市场"的公平竞争，平衡作者、集体管理组织和使用者之间的利益关系。

就民间文学艺术而言，也可以建立集体管理组织来进行集体性的授权和市场运作。对民间文学艺术的知识产权进行集体管理，其特点和优势体现如下。

第一，民间文学艺术特别权利体系是建立在知识产权制度下的一种专门保护制度，秉承自然法哲学的基本思想——"谁劳动，谁获益"，切切实实地维护了相关权利主体的知识产权利益。民间文学艺术在漫长的创造和传承过程中，已经难以分辨其持有人究竟是一个人，还是以家庭(家族)为单位的多人，抑或部分传统社群成员，试图从外界为"实际持有人"这一抽象概念划定界限这一做法在理论和实践中都是非常困难的。如果没有确切的"权利实体"，即使设立了专门的知识产权保护制度，传统社群以外的公司或个人想要获得授权，也会诉求无门。没有"权利实体"的产权便成为"无源之水，无本之木"。通过设立相应的集体管理机构，传统社群以外的潜在使用者按照规定程序，履行一定义务，便可合理、合法地使用相关民间文学艺术。这对解决"权利主体缺位"的难题来说也是较为理性的选择。

第二，公权力的介入并不意味着民间文学艺术的专有权利会异化出带有公权力色彩的权能。相反，在我国非物质文化遗产公权保护体系较为完善的基础上，公权力的介入能更好地实现传统文化资源的统筹和配置优化。例如，现流布于安徽省安庆市、湖北省黄梅县等地的黄梅戏，其发源

---

① 参见熊琦：《著作权集体管理中的集中许可强制规则》，载《比较法研究》2006年第4期；熊琦：《论著作权集体管理中的私人自治——兼评我国集体管理制度立法的谬误》，载《法律科学》2013年第1期。

② 参见崔国斌：《著作权集体管理组织的反垄断控制》，载《清华法学》2005年第1期。

地问题引起了许多专家、学者和戏剧爱好者的考证和辩论，我国建立首批非物质文化遗产名录时认为，"黄梅戏起源于湖北黄梅，后发展成为安徽主要的戏曲曲种"。诸如这种难以辨别到底属于哪一特殊群体的民间文学艺术，公权力的介入可以有效地减少争论，避免出现民间文学艺术的权利主体过于宽泛和缺乏操作性问题。另外，当出现外国主体对我国民间文学艺术的不当利用时，以国家作为权利人的代理人来保护民间文学艺术更具有便捷性。

第三，避免传统社群"公司化"。为了实现民间文学艺术知识产权的经济权利，必然需要向市场让渡出部分使用权利以换得经济回报——许可，而国家公权力机关直接参与市场经济活动肯定是不合适的，那么，通过集体管理组织进行"一篮子权利许可"，以实现相关权利的市场化运作，最终能实实在在地惠及相关传统社群，一定程度上还能避免传统社群直接参与市场经济活动而逐渐演变为"公司化"的社群，进而防止传统社群在市场经济环境下"变味"。

就我国而言，可由管理民间文学艺术的行政部门——国家著作权主管部门，指定或设立相应的非营利性集体管理组织，根据相关权利主体的授权，对其民间文学艺术进行集体管理。该集体管理组织的主要义务和职责包括：（1）经相关传统社群事先知情同意后，授权他人使用，并接受相关权利人的监督；（2）将授权使用民间文学艺术所获收益直接提供给相关权利人和受益人；（3）对民间文学艺术进行宣传、指导和鼓励教育。

第六章 民间文学艺术知识产权的
内容和限制

在对民间文学艺术知识产权的权利归属和管理进行分析后，随之而来的是更为实质性的问题，即民间文学艺术知识产权的内容。由于民间文学艺术特别权利与著作权相比既有共性也有个性，因此有必要从精神权利和经济权利两个方面分而述之。

第一节 民间文学艺术知识产权的内容

一、精神权利

著作权法是民法的一部分，二者因此具有共性，但也有区别。从民法来看，民事权利通常可分为人身权和财产权，其中，人身权亦可称为精神权利，它由人格权和身份权组成。人格是人存在的标志，所谓"权利是人格精神上的生存条件"，① 主张人格权利也是人在精神上的自我保护。一般来说，人格权从人的出生直至死亡终身享有，如生命健康权、名誉权、隐私权等。而身份权则并非"固有"，身份权是基于某种特定"身份"而产生的精神权利，如名誉权反映的是社会工作对

---

① ［德］鲁道夫·冯·耶林：《为权利而斗争》，载梁慧星主编：《为权利而斗争》，中国法制出版社2000年版，第24页。

公民身份的评价，抚养权反映的是基于夫妻、父子、母子关系的家庭身份。

从著作权法来看，著作权并非单纯的人格权，也不能单纯地理解为身份权，而是兼有人格权和身份权的人身权。① 著作权法授予作者以精神权利，就是要求他人尊重作者的人格和身份。这是著作权与一般民事权利的共性，但不同的是，著作权所涉及的人身权增加了"作品"这一"中介物质"。作品是作者人格和身份的反映，正如有学者认为，"作品不是一件普通的商品，从某种程度上讲，是一个人即作者的延伸，作品是作者人格的反映"。② 具体来说，著作人格权的载体是作者所创作的作品，故尊重作者人格的前提和基础便是尊重作品本身。"作品"在著作权法中的"中介"性质也造就了著作权法不同于传统民法的"法律表达"，即要求他人不得不当利用该作品。此外，著作身份权也与作品相关，著作权中的身份权是作者表明创作者身份的权利，系以创作作品为前提。故在著作权法中设置精神权利，目的并不是保护作者的感情或物质利益，而是要保护作者对作品的支配，让作品始终遵循作者的意志，③ 进而让他人知晓创作者的身份，并保护该作品完整性。④

就精神权利的内容而言，著作权制度经过两百余年的发展，已经形成了较为稳定的体系。1971 年《伯尔尼公约》第 6 条之二规定了作者享有的精神权利，根据该条款的规定，在作者转让其经济权利后，仍保有其作品作者身份的权利，并有权反对任何对其作品的曲解、割裂等有损其声誉的行为。表明作者身份的方式便是署名。保护作者的人身权主要有两个方面的含义：第一是要求作者有权在其作品及其复制件上署自己的姓名、化名或

---

① 参见江建名：《著作权法导论》，中国科学技术出版社 1994 年版，第 150 页。

② 刘春田、刘波林：《著作权法的若干理论问题》，载《法律学习与研究》1987 年第 2 期。

③ 参见韦之、谯荣德：《试论版权中的精神权利》，载《法律科学》1989 年第 4 期。

④ 参见[美]莱曼·雷·帕特森、斯坦利·W. 林德伯格：《版权的本质：保护使用者权利的法律》，郑重译，法律出版社 2015 年版，第 141 页。

者隐名，而他人不得变更前述姓名、化名和隐名；第二是反对对作品的曲解、割裂等行为，因为这种行为损害了作品，降低了作者在作品之上的评价，故作者有权禁止任何对自己作品的曲解、割裂等有害其声誉的行为，这种权利也被称为"保护作品完整权"。① 1996 年《WIPO 版权条约》(World Intellectual Property Organization Copyright Treaty，以下简称《WIPO 版权条约》)基本沿用了以上规定。② 但 TRIPS 协定就明确排除了 1971 年《伯尔尼公约》第 6 条之二规定的作者享有精神权利的内容。③ 我国现行《著作权法》为作者设定了四项精神权利，包括发表权、署名权、修改权、保护作品完整权。④ 从本质来看，修改权是从正面确认作者有权授予他人修改作品的权利，保护作品完整权则是从反面禁止他人对作品的歪曲或篡改。从权利的内容和目的来看，保护作品完整权可以覆盖修改权，二者在本质上属于"同宗同源"或"一体两面"的权利。从立法技术来看，作者当然有权委托他人代为修改，而法律也只需要确认作者的修改自由即可，不需要重复表述。⑤ 故在现代著作权制度框架下，作者享有的精神权利主要有发表权、署名权和保护作品完整权。

民间文学艺术作为人类文学和艺术领域的智力成果，与现代著作权法上的一般作品具有共性。精神权利是作者权利的重要内容，也是民间文学艺术产权的核心权利之一。精神权利是民间文学艺术知识产权保护的核心问题。⑥ 在相关学者的理论分析中，民间文学艺术的精神权利可以概括为

---

① 吴汉东主编：《知识产权法》，中国政法大学出版社 2002 年版，第 63 页；刘春田主编：《知识产权法》，中国人民大学出版社 2000 年版，第 56 页。

② 参见《WIPO 版权条约》第 3 条。

③ TRIPS 协定第 9 条第 1 款规定，对于 1971 年《伯尔尼公约》第 6 条之二授予(conferred)或派生(derived)的权利，各成员在 TRIPS 协定下不享有相应的权利或义务。

④ 参见《中华人民共和国著作权法》第 10 条。

⑤ 参见李琛：《文本与诠释的互动：回顾〈著作权法〉三十年的新视角》，载《知识产权》2020 年第 8 期。

⑥ 参见杨鸿：《民间文艺的特别知识产权保护——国际立法例及其启示》，法律出版社 2011 年版，第 338 页。

四项：(1)发表权，也有学者称之为"公开权"①；(2)表明来源权②，也有
学者称之为"标明出处权"③或"标明(或指明)来源权"④；(3)署名权，也
有学者称之为"表明身份权"⑤；(4)保护完整权，也有学者称之为"反丑化
权"⑥、"反对歪曲、篡改、减损权"⑦或"反对歪曲丑化权"⑧。也有学者
注意到民间文学艺术的署名权和保护完整权仅限于神圣的、不愿为外人所
知的民间文学艺术，⑨ 即笔者所称"秘密性的民间文学艺术"。

　　可见，民间文学艺术的精神权利主要涉及发表权、署名权、保护完整
权和标明来源权，与现代著作权法相比较，增加了一项标明来源权。实际
上，标明来源权和署名权在功能上均具有指向民间文学艺术来源的作用，
或来源于相关民族，或来源于相关民族中的特定传承人。一般来说，民间
文学艺术来源于特定民族，其产权主体即为该民族群体。他人使用民间文
学艺术时，不论从道德还是法理上，都应准确地标明其具体来源(或来源

---

① 参见张耕：《民间文学艺术的知识产权保护研究》，法律出版社 2007 年版，第
216～217 页。

② 参见张耕：《民间文学艺术的知识产权保护研究》，法律出版社 2007 年版，第
216～217 页。

③ 参见管育鹰：《知识产权视野中的民间文艺保护》，法律出版社 2006 年版，第
236 页；管育鹰：《民间文学艺术作品的保护机制探讨》，载《法律科学》2016 年第 4 期。

④ 参见严永和：《民间文学艺术的知识产权保护论》，法律出版社 2009 年版，第
243 页；张玉敏：《民间文学艺术法律保护模式的选择》，载《法商研究》2007 年第 4 期；
杨鸿：《民间文艺的特别知识产权保护——国际立法例及其启示》，法律出版社 2011 年
版，第 340、372 页。

⑤ 参见黄玉烨：《民间文学艺术的法律保护》，知识产权出版社 2008 年版，第
191～194、237 页。

⑥ 参见张耕：《民间文学艺术的知识产权保护研究》，法律出版社 2007 年版，第
216～217 页。

⑦ 参见管育鹰：《知识产权视野中的民间文艺保护》，法律出版社 2006 年版，第
236 页；管育鹰：《民间文学艺术作品的保护机制探讨》，载《法律科学》2016 年第 4 期。

⑧ 参见张玉敏：《民间文学艺术法律保护模式的选择》，载《法商研究》2007 年第
4 期。

⑨ 参见冀红梅：《民间文学艺术的著作权保护》，载《科技与法律》1998 年第 1
期。

地名称或族群名称）。有的民间文学艺术仍然为特定传承人所掌握，他们对其传承的民间文学艺术作出了巨大贡献，此时，标明来源权就转换为署名权。故民间文学艺术精神权利主要包括发表权、标明来源权和保护完整权三项。

（一）发表权

所谓发表权，一般是指作者有权决定作品是否公之于众。"公之于众"是指通过各种方式，让公众能够看到或听到之前未曾"见面"的作品。也就是说，发表权所涉及的作品应当是首次与公众见面的。故对于发表过的作品，作者不再享有发表权。这是一种"一次性"的权利，意味着作品一旦经作者同意发表，作者对该作品的发表权就行使完竭了。这种发表权，通常是指首次发表权；对艺术作品而言，还存在与文字作品类似的首次表演权。① 正因为如此，发表权是作者十分宝贵的权利，发表权只属于作者，且对同一作品只能行使一次发表权。另外，发表权也是作者行使其著作权的前提和基础。只有将作品向公众公开，作者才能行使其经济权利，享受经济利益，最终体现其作品的价值。② 如果作者在完成作品后，不行使其发表权，那么，作者其他的人身权和财产权就都无从行使了。故有学者认为，在著作权众多的精神权利中，发表权居于首位。③

从形式上看，发表权指向的是将作品公之于众的权利，但如何界定发表权中"公之于众"的"众"，法律没有直接给出定义，根据我国最高人民法院有关司法解释的规定，所谓"公之于众"，是指将作品向"不特定的人"公

---

① 参见［德］M. 雷炳德：《著作权法》，张恩民译，法律出版社 2005 年版，第 270~271 页。

② 参见李杨：《论发表权的"行使"》，载《法律科学》2015 年第 6 期。

③ 参见郑成思：《版权法》（修订本），中国人民大学出版社 1997 年版，第 138 页。

开，但不以公众知晓为要件。① 这里将公众界定为"不特定的人"。同时，将作品公之于众的途径也有很多，可以通过无线电进行传输，通过出版社出版，通过网络进行传播，等等，但最关键的还是看作品的载体本身。作品的存在方式既可以有有形载体，也可以没有有形载体。大致来说，英美法系国家的著作权法要求发表应有物质载体，而以德国、法国为代表的大陆法系国家则不要求发表对象有物质载体。《伯尔尼公约》也将是否规定作品的发表需要以某种物质形式固定下来交由各国立法机关自行确定。通常情况下，文学艺术作品的发表是有物质载体的。但在某些特定情况下，如即兴演说、授课、法庭辩论等以口头形式表现的作品，就不存在以有形物质为载体进行发表的情况。此时，参加演说、上课和开庭的听众即所谓的公众，这些人虽然"不特定"，但都是正式场合下的公众。在非正式场合下，如茶余饭后的闲谈，不能算作公之于众。故作者私下向第三人或者潜在用户提供未发表的作品，不能视为发表作品。前述司法解释规定，"公之于众"不以公众知晓为要件，这很好地维护了作者的发表权。

从性质上看，发表权属于人身权，是作者人格与身份的体现和延伸，因为一部作品是否发表、以何种形式发表，均与作者的人格名誉相关。②同时，发表权与财产权也密切相关，一般情况下，发表权与使用权和获得报酬权是联系在一起的。如一部著作的发表，可以由作者自己主动公开发表，也可以由作者许可他人出版，同时行使其发表权、复制权、发行权等诸多权利。从这个角度来看，发表权的行使也与使用权的行使密切相关，没有使用权，也就不可能有发表权。作者对其作品有多少种使用权，就有相应形式的发表权，反之亦然。

至于发表权的内容，学术界一般把发表权解释为是否发表或者公开的

---

① 参见最高人民法院《关于审理著作权民事纠纷案件适用法律若干问题的解释》（法释〔2002〕31 号）第 9 条。

② 参见吴汉东主编：《知识产权法学》，北京大学出版社 2001 年版，第 63 页。

决定权以及在何时、如何发表或者公开作品的决定权和排他性权利。① 从发表的形式来看，可以采用纸质媒介通过比较正规的出版社或者杂志社进行出版，或者借助互联网平台以数字形式进行发表或者出版等。《伯尔尼公约》第 3 条第 3 款指出，"已出版作品"（published works）应理解为在作者同意下出版的作品，不论其复制件的制作方式如何，但考虑到这部作品的性质，复制件的发行方式能满足公众的合理需要。戏剧、音乐戏剧或电影作品的表演、演奏或公开朗诵（performance），文学或艺术作品的有线传播或广播，美术作品的展出和建筑作品的建造均不构成出版。在英文中，"出版"与"发表"虽同为"publish"，但严格地说，"出版"只是"发表"的一种形式。《伯尔尼公约》所说的表演、演奏、公开朗诵、广播、展览、建造等行为，不构成出版，但它们都是作品发表的形式。就发表行为而言，包括两个基本要件：一是作者同意将作品公开；二是"公众及一些身份不为人知的人在场，使人们认为作品已脱离作者的私生活范围"。② 就被发表的作品内容来看，作者有权决定将作品全部发表，也有权决定部分发表。例如，一些长篇漫画或小说的作者在出版之前可同出版社约定是否全部出版，如果约定连载，即分期出版，则是部分发表；如果是一次性地全部出版，则是全部发表。

与发表权相对的是"回收权"（right of withdrawal，亦称"撤回权"）。回收权是指作者有权要求回收自己已经发表的作品。③ 民法上，发表与回收

① 参见郑成思：《版权法》（修订本），中国人民大学出版社 1997 年版，第 138 页；吴汉东主编：《知识产权法》，北京大学出版社 2004 年版，第 62 页；李明德：《美国知识产权法》，法律出版社 2014 年版，第 344 页；See also Henry Hansmann & Marina Santilli, *Authors' and Artists' Moral Rights：A Comparative Legal and Economic Analysis*, 26 J. LEGAL STUD. 95, 1997, p. 136.

② ［西班牙］德利娅·利普希克：《著作权和邻接权》，联合国译，中国对外翻译出版公司 2000 年版，第 120 页。

③ See Cyrill P. Rigamonti, *Deconstructing Moral Rights*, 47 HARV. INT'L L. J. 353, 2006, p. 356; Henry Hansmann & Marina Santilli, *Authors' and Artists' Moral Rights：A Comparative Legal and Economic Analysis*, 26 J. LEGAL STUD. 95, 1997, pp. 95-96.

是民事权利的行使与放弃这两种状态的反映。理论上，作者既然有权发表其作品，就应该有权回收。《伯尔尼公约》附件第 2 条第 8 款规定，当作者撤回（withdrawn）其作品的全部复制品时，不得根据本条约发放任何许可证。《世界版权公约》（Universal Copyright Convention）第 5 条之四第 2 款也规定，如果作者已将正在发行的作品版本全部收回，则不得再颁发许可证。也就是说，只要作者回收了他已经发行的全部作品复制件，则任何国家都不得按照公约的优惠条款，为该作品的翻译行为设置强制许可。① 可以认为，《伯尔尼公约》和《世界版权公约》间接认可了作者对其作品的回收权。但世界上多数国家的著作权法并不认可回收权。我国《著作权法》也没有对作者的回收权进行规定。

对民间文学艺术来说，发表权是非常重要的精神权利。公开发表或披露民间文学艺术，是相关族群或特定传承人取得财产利益的前提和基础。民间文学艺术是创作者及其所在族群的智力劳动成果。民间文学艺术在形成之初是特定创作者精神人格的反映；在传承过程中，又汇聚了若干传承人的精神方面的人格和特质，从而使最近版本的民间文学艺术成为传统社群或传统文化社区族群性格、理想追求与精神情感的重要载体。例如，笔者于 2020 年 7 月在湖南省保靖县调研时了解到，当地的酉戏传承人彭运敏在长期的基层文化工作中，收集整理了大量的民间故事，如当地菱角山修庙传说、红军故事、土司王故事等，并由此编排了许多酉戏剧目，在当地乡镇组织表演。对酉戏剧目的创作和编排既是传承人人格精神的体现，同时也是对"生于斯，长于斯"的当地传统文化的体现。简言之，民间文学艺术是传统文化社区"族格"的反映。"族格"包括民族政治权利的平等与文化上的多元。② 这就表明民间文学艺术在学理上也应当配置以发表权。

1967 年《伯尔尼公约》第 15 条第 4 款的立法原意是，民间文学艺术属于"未出版作品"，可受著作权法保护。那么，作为"未出版作品"的民间文

① 参见江建名：《著作权法导论》，中国科学技术出版社 1994 年版，第 161 页。
② 参见马俊毅、席隆乾：《论"族格"》，载《民族研究》2007 年第 1 期。

学艺术，其著作权的内容自然包括发表权，但前提条件是未出版。与"未出版作品"相对应的民间文学艺术只有尚未公开的民间文学艺术，即笔者所称的"秘密性的民间文学艺术"。因此，按照《伯尔尼公约》第 15 条第 4 款的规定，只有秘密性民间文学艺术才会涉及发表权。

1976 年《突尼斯示范法》第 4 条和第 5 条分别规定了经济权利和精神权利。其规定的精神权利只包括表明作者身份的权利以及反对歪曲、割裂、篡改等贬损其声誉的权利，没有明确授予作者发表权。但该示范法第 4 条规定了复制权、翻译权、改编权、编辑权、表演权、广播权等经济权利，在逻辑上暗含了发表权。根据 1976 年《突尼斯示范法》的定义，民间文学艺术①是指在某国领土内，由可推定为该国国民或少数族群(nationals or ethnic communities)创作的、世代相传并构成该传统文化遗产基本元素之一的一切文学、艺术和科学作品(literary, artistic and scientific works)。② 显然，这里的民间文学艺术没有区分秘密性与公开性。对于已经公开的民间文学艺术，显然不宜再授予创作者发表权。

同样，《1982 年示范法》也没有直接规定发表权，其第 3 条规定的出版、复制、发行等经济权利间接包括发表权。《1982 年示范法》第 5 条也明确指出：对于任何可辨认的民间文学艺术，在其所有印刷品中，以及任何涉及将其向公众传播的情形时，须以合适的方式指明其来源，即指出该民间文学艺术来源于某社会群体或地理位置。③ 出版是行使发表权的形式之一，以印刷出版的形式，使民间文学艺术在公共社会流传，就是行使发表权的具体行为。多数学者和国家立法也认为，出版权即发表权。④ 从这个

---

① 《突尼斯示范法》称民间文学艺术为"民间文学艺术作品"(works of national folklore)。

② 参见《突尼斯示范法》第 18 条。

③ See *Model Provisions for National Laws on the Protection of Expressions of Folklore Against Illicit and Other Prejudicial Actions*, WIPO and UNESCO, Geneva, 1982. Section 5, par 1.

④ 参见郑成思：《版权法》(修订本)，中国人民大学出版社 1997 年版，第 152~153 页。

角度看，《1982 年示范法》为民间文学艺术间接设置了发表权。根据《1982年示范法》第 2 条的定义，民间文学艺术①是由某一国家或地区的传统社区（community or individuals）继承并世代相传的，构成该社群传统艺术遗产（traditional artistic heritage）典型要素②的，能体现其传统文化诉求（traditional artistic expectations）的成果（productions）。该示范法将民间文学艺术分为言语表达、音乐表达、动作表达和有形表达四种形式，同样也没有根据民间文学艺术的保密与公开程度进行区分，故发表权也及于已经公开的民间文学艺术。对于已经公开的民间文学艺术，不宜赋予其权利主体发表权。

2010 年非洲地区工业产权组织《斯瓦科普蒙德议定书》赋予民间文学艺术持有者的精神权利主要包括发表权、标明真实来源权、保护民间文学艺术完整权。根据《斯瓦科普蒙德议定书》第 19 条第 2 款列举的五种禁止行为，其中涉及发表权的使用行为包括出版、广播、公开表演、与公众交流、发行、出租以及向公众提供等。

2019 年 WIPO-IGC 公布的《民间文学艺术法律保护条款草案》第 5 条"保护范围"提供了三个方案：第一个方案模糊地、笼统地规定成员国应当对民间文学艺术的经济利益提供保护，并排除公开民间文学艺术的保护。第二和第三个方案均是间接地设置了发表权。不同的是，第二个方案通过对受益人授予专有权来间接地授予其发表权。而第三个方案根据公开程度和神圣性对民间文学艺术进行了划分，对于神圣的、秘密的或仅限土著人民或当地社区所知（密切持有）的民间文学艺术，受益人有权阻止未经授权的披露的使用行为，这就间接设置了发表权。我国国家版权局于 2016 年 8

---

①　该示范法将民间文学艺术称为"民间文学艺术表达"（expressions of folklore），本书在介绍相关立法和学术观点时，均使用"民间文学艺术"一词，其余统一使用"民间文学艺术"。

②　所谓"传统艺术遗产的典型要素"，是指在特定背景下，被普遍认可为代表一个社区独特的传统遗产的要素（a distinct traditional heritage of a community）。参见《1982年示范法》评注第 36 条。

月提出的《民间文学艺术作品著作权保护暂行条例草案（送审稿）》第 6 条的"权利内容"也没有对民间文学艺术直接授予发表权，而是通过对复制权、发行权等权利作间接解释，从而涵盖了发表权。①

对于民间文学艺术的发表权，多数学者通过结合著作权法对发表权的界定来对民间文学艺术的发表权进行学理阐释。民间文学艺术的发表权，即民间文学艺术权利主体有权自主决定是否公开，以及以何种方式公开。②也有学者注意到，对于已经公开的民间文学艺术不存在发表一说。③

授予民间文学艺术相关权利主体以发表权，在道德和法理上是应然的。民间文学艺术的发表权，是各民族的族格在民间文学艺术这一对象上所涵涉的一项精神权利，是与创作者身份及其人格紧密关联的一项权利，也是实现民间文学艺术经济价值的基本途径。但是，对于已经公开的民间文学艺术，由于其已经通过出版发行、广播等方式进入公众视野，可以不再授予相关权利主体以发表权。但是，不享有发表权不代表不享有其他权利。而处于秘密状态的民间文学艺术，法律应当认可其权利主体享有发表权，即民间文学艺术的持有人有决定是否向不特定人公开其民间文学艺术的权利，以及何时公开、如何公开的权利。他人未经专有权利人授权，不得对秘密民间文学艺术进行披露或者公开。

（二）署名权或者标明来源权

在现代著作权法上，署名权，即作者在其作品上署名的权利。标明来

---

① 国家版权局政策法制司：《民间文学艺术作品著作权立法工作座谈会会议材料》，云南腾冲，2016 年 8 月，第 2 页。

② 参见张耕：《民间文学艺术的知识产权保护研究》，法律出版社 2007 年版，第 216 页；黄玉烨：《民间文学艺术的法律保护》，知识产权出版社 2008 年版，第 191、237 页；杨鸿：《民间文艺的特别知识产权保护——国际立法例及其启示》，法律出版社 2011 年版，第 372 页。

③ 参见黄玉烨：《民间文学艺术的法律保护》，知识产权出版社 2008 年版，第 191、237 页。

源权，源于著作权法中的"作者身份权"（the right to claim his authorship）。①作者身份权是表明作者对其作品创作者身份的权利，其实质是作者对其作品反映的作者思想和精神的"所有权"。② 从本质上看，署名行为的目的不是单纯地在作品上标注创作者的名字，而是要表明作品由谁创作，显示作品的来源。同样，在作品上标明来源也只是一种手段，其目的是标明作品来源。标明来源权（或作者身份权）是署名权的源泉和基础。③

从具体内容来看，设置署名权与标明来源权的法律目的是一致的。署名权的主要内容包括：第一，在作品上署"名"的内容由作者自行决定，作者可署真名或者假名，如笔名、别名、艺名等。例如周树人既可以在其小说上署名"鲁迅"，也可以署名"周树人"。第二，不署名，这是作者署名的一种极端情况。不署名，可视为作者有意隐藏自己的创作者身份，或者是作者放弃其署名权。第三，作者有权禁止他人署名，即禁止非原创作者在自己的作品上署名，以及禁止他人在其他作品上冒用自己的姓名（冒作者之名的冒名行为）。由于一些著名文学家或艺术家的署名可以带来更多的经济利益，因此他人假冒"名家"之名用以发表自己低劣的作品，从而获得不合理的经济收入，这种行为极大地损害了"名家"的声誉和经济利益，为著作权法所不容。英国、澳大利亚、新西兰、葡萄牙等国的著作权法均有反冒名权的规定。我国著作权法也有反对假冒行为的规定。1910 年《大清著作权律》第 36 条规定，不得假托他人姓名发行自己的著作；我国《著作权法》第 53 条规定，不得制作、出售假冒他人署名的作品。

标明来源权是学界在相关理论研究中，针对民间文学艺术权利主体的特殊性增设的一项精神权利。标明来源权，首先要求在使用民间文学艺术时，标注该民间文学艺术的具体出处；其次，对于标注的内容，要求具有真实性和准确性，即反映该民间文学艺术真实的具体出处。民间文学艺术

---

① 参见《法国知识产权法典》，黄辉译，商务印书馆 1999 年版，中文部分第 9 ~ 10 页。

② 参见李莉：《论作者精神权利的双重性质》，载《中国法学》2006 年第 3 期。

③ 参见李莉：《论作者精神权利的双重性质》，载《中国法学》2006 年第 3 期。

作为一种独特的文学体系和艺术体系，是传统社群集体创作和传承的文学艺术成果，他人在使用这种文学艺术成果时同样需要正确地标明其来源。

在民间文学艺术知识产权保护立法的探索过程中，1967年《伯尔尼公约》第15条第4款把民间文学艺术视为"作者身份不明的未出版作品"，这意味着民间文学艺术虽然存在创作者，但在事实上已经难以确定其创作者身份，也就不存在署名权一说。实际上也并不绝对，客观上，仍可辨别该民间文学艺术的创作者属于某个国家或者该国的某个具体的地方或者民族，这时，署名权就转化为标明来源权。不论如何，在《伯尔尼公约》"未出版作品"的规则下，标明来源权可以获得保护。

1976年《突尼斯示范法》第5条明确规定，民间文学艺术持有者的精神权利包括表明作者身份的权利（to claim authorship of his work）。按照1976年《突尼斯示范法》第6条的规定，只要构成民间文学艺术，无论秘密民间文学艺术还是公开民间文学艺术，其持有者均享有第5条所规定的表明作者身份的权利。值得注意的是，1976年《突尼斯示范法》第5条规定的表明作者身份的权利排除了在以广播方式报道新闻时事的情形下附带性或偶然性地囊括了民间文学艺术的情况。因为在附带性使用的情况下，民间文学艺术并不是该新闻报道的主要内容，民间文学艺术出现在该新闻报道中具有偶然性和不可避免性，故报道者不需要承担标注该民间文学艺术来源或者出处的义务。

《1982年示范法》从使用者的角度将标明来源权归纳为一种法定义务：对于任何可辨认的民间文学艺术，在其所有印刷物中以及任何涉及将其向公众传播的情形时，须以合适的方式指明其来源，即指出该民间文学艺术来源于某社会群体或地理位置。① 与1976年《突尼斯示范法》不同的是，《1982年示范法》规定，为创作新的作品而借鉴民间文学艺术（borrowing of expressions of folklore）以及附带性使用，这两种使用行为均不需要标明有关

---

① See *Model Provisions for National Laws on the Protection of Expressions of Folklore Against Illicit and Other Prejudicial Actions*, WIPO and UNESCO, Geneva, 1982. Section 5, par 1.

民间文学艺术的来源或者地点。笔者认为，这种立法处置不合理。附带性使用具有偶然性与不可避免性，如报道时事新闻时不可避免地涉及某些民间文学艺术，由于该民间文学艺术不是使用行为的主要对象和内容，法律可以不要求使用者履行标明来源的义务。但借鉴民间文学艺术或受民间文学艺术启发而创作新的作品，是对民间文学艺术的"二次创作"或"再创作"，新作品属于"衍生性民间文学艺术"的范畴，其作者应当在新作品中标明其真实来源或者出处，这既是对民间文学艺术的尊重，也是新作品具有创造性的体现。

2019年WIPO-IGC公布的《民间文学艺术法律保护条款草案》第5条"保护范围"提供了三个建议案：第一个建议案整体上比较笼统，措辞也十分模糊，最重要的是忽略了已公开民间文学艺术的保护。根据该条款的规定，成员国可以在国内法上为秘密和半公开民间文学艺术设置署名权或者标明来源权，但已公开的民间文学艺术除外。尊重民间文学艺术的真实来源，是文化交流、文明互鉴的基本伦理和准则，不论民间文学艺术是否公开，都应设置署名权或者标明来源权。第二个建议案直接确认了民间文学艺术受益人的署名权或标明来源权，不论是秘密的还是已经公开的民间文学艺术。第三个建议案虽然将民间文学艺术分为秘密的民间文学艺术、半公开的民间文学艺术和公开的民间文学艺术，① 但都要求使用者在使用时应注明所使用的民间文学艺术属于受益人。

我国国家版权局于2016年8月提出了《民间文学艺术作品著作权保护暂行条例草案(送审稿)》，在第6条规定的"权利内容"中，就对民间文学艺术的权利主体授予了"表明身份权"，即本书所称标明来源权。②

---

① 根据WIPO-IGC在2019年《民间文学艺术法律保护条款草案》第5条"保护范围"第三个备选方案中的规定，秘密性民间文学艺术是指仅限土著人民或当地社区所知(密切持有)的民间文学艺术；"半公开的民间文学艺术"是笔者总结的称谓，是指由土著人民或当地社区持有、维持、使用或发展，且可公开获得，但不是广为人知(不是秘密的)的民间文学艺术；公开的民间文学艺术是指可公开获得、广为人知(属于公共领域)的民间文学艺术。

② 国家版权局政策法制司：《民间文学艺术作品著作权立法工作座谈会会议材料》，云南腾冲，2016年8月，第2页。

　　综合现有相关学术研究的成果，多数学者对授予民间文学艺术创造者标明来源权或署名权表示赞同。如黄玉烨教授、管育鹰教授、王瑞龙教授等学者均认为，应当设立标明民间文学艺术创作身份的权利，要求他人在使用民间文学艺术时，以适当方式，准确地标明其出处，以表明署名人或来源地与民间文学艺术的渊源关系。① 有的学者称之为"指明来源权"②，也有学者将其概括为"来源地披露权"，意为在使用包括民间文学艺术在内的非物质文化遗产时，持有有关非物质文化遗产的民族或者社群，有权要求相关使用人披露该项非物质文化遗产的来源地名称。③ 还有的学者以积极权利与消极权利的划分为视角，认为标明出处或来源的权利包括要求他人在使用相关民间文学艺术时，标明其直接来源和原始来源的积极性权利，还包括禁止他人通过虚假标识而盗用民间文学艺术的消极性权利。④ 就标明的内容来说，可以标明民间文学艺术的来源群体，也可以标明民间文学艺术来源群体的地理位置信息或来源地名。⑤ 当然，如果在客观上不

　　① 　参见黄玉烨：《民间文学艺术的法律保护》，知识产权出版社 2008 年版，第192 页；管育鹰：《知识产权视野中的民间文艺保护》，法律出版社 2006 年版，第 236页；张辰：《论民间文学艺术的法律保护》，载郑成思主编：《知识产权文丛》（第 8卷），中国方正出版社 2002 年版，第 123 页；王瑞龙：《民间文学艺术作品著作权保护的制度设计》，载《中南民族大学学报（人文社会科学版）》2004 年第 5 期；梁志文：《民间文学艺术立法的集体权利模式：一种新的探讨》，载《华侨大学学报（哲学社会科学版）》2003 年第 4 期；张耕：《民间文学艺术的知识产权保护研究》，法律出版社 2007年版，第 216 页。

　　② 　参见杨鸿：《民间文艺的特别知识产权保护——国际立法例及其启示》，法律出版社 2011 年版，第 340、372 页。

　　③ 　参见李秀娜：《非物质文化遗产的知识产权保护》，法律出版社 2010 年版，第158 页。

　　④ 　参见丁丽瑛：《传统知识保护的权利设计与制度构建》，法律出版社 2009 年版，第 330~331 页。

　　⑤ 　参见邓社民：《民间文学艺术法律保护基本问题研究》，中国社会科学出版社2015 年版，第 233 页；李墨丝：《非物质文化遗产保护国际法制研究》，法律出版社2010 年版，第 256 页。

能准确查证其真实来源，可以作为例外来处理。①

对署名权或者标明来源权所涉民间文学艺术的范围，是否延及衍生性民间文学艺术，即使用或者利用原生性民间文学艺术所产生或者形成的成果是否应当标明其来源的问题。对此，我国学术界主要有三种观点：第一种观点认为，衍生性民间文学艺术应当标明其来源或出处。表明创作者身份，不仅意味着在他人使用原始民间文学艺术时应标明创作者的身份，还意味着当他人对原始民间文学艺术进行演绎，产生新的作品时，如一些传承人基于原始民间文学艺术创作的新作品，也应当标注其借鉴或受启发的原始民间文学艺术。② 第二种观点认为，标明来源权不及于衍生性民间文学艺术，因为"产生于现当代的具有民间传统特征的作品并非民间文艺"。③ 第三种观点较为模糊，虽然认可标明来源权，但并未论及其是否涵盖民间文学艺术的演绎成果。④

在现代著作权制度中，与衍生性民间文学艺术近似的是演绎作品，世界上多数国家的著作权法认可原作品作者的署名权适用于演绎作品。如意大利《著作权法》第 21 条规定，即使事先已有相反约定，作者在披露其身份后，著作权受让人仍应当在发表、复制、演出、演奏、传播等任何形式的公示行为中指出作者姓名。日本《著作权法》第 19 条也规定，以原创作品为基础的二次创作作品提供给公众时，原创作品的作者亦享有"姓名表示权"。⑤

---

① 参见吕睿：《新疆民间文学艺术知识产权保护研究》，法律出版社 2014 年版，第 262 页。

② 参见黄玉烨：《民间文学艺术的法律保护》，知识产权出版社 2008 年版，第 192 页；管育鹰：《知识产权视野中的民间文艺保护》，法律出版社 2006 年版，第 236 页。

③ 参见杨鸿：《民间文艺的特别知识产权保护——国际立法例及其启示》，法律出版社 2011 年版，第 33 页。

④ 参见张耕：《民间文学艺术的知识产权保护研究》，法律出版社 2007 年版，第 40、217 页；丁丽瑛：《传统知识保护的权利设计与制度构建》，法律出版社 2009 年版，第 31 页。

⑤ 参见《十二国著作权法》，《十二国著作权法》翻译组译，清华大学出版社 2011 年版，第 285、372 页。

通过使用或利用原生性民间文学艺术而产生的衍生性民间文学艺术，使用者或者利用者应当标明该原生性民间文学艺术的真实来源，这是对原创者和传统社群集体最起码的尊重。在"赫哲族民歌"一案中，郭颂将流行于黑龙江省饶河县地区的赫哲族民歌《狩猎的哥哥回来了》《想情郎》改编为《乌苏里船歌》。诚然，《乌苏里船歌》是一首优秀的具有艺术价值的音乐作品，我们也不能否认郭颂等音乐家所付出的创造性劳动。但是，郭颂、汪云才等人对外宣称《乌苏里船歌》为自己作曲，这才引发了赫哲族人的强烈不满。事实上，在《乌苏里船歌》所增加的"序唱"和"尾声"部分，其"阿郎赫尼拉"等衬词和基本旋律都与赫哲族的"伊玛堪"[1]极为相似。[2] 在排除"序唱"和"尾声"后，其主体部分与赫哲族民歌《狩猎的哥哥回来了》《想情郎》《我的家乡多美好》在基本曲式结构和基本旋律方面也存在雷同。故在《乌苏里船歌》的署名中标明为"原创"既不符合法律事实，也不符合著作权法所倡导的鼓励创作的精神。"标明来源"既是对民间文学艺术的尊重，也是文学艺术创作最基本的自我规范。故郭颂、汪云才等创作者应当在《乌苏里船歌》中标明"根据赫哲族民歌改编"字样。

因此，笔者认为，法律在对待原生性民间文学艺术和衍生性民间文学艺术的署名或标明来源问题上，应当一视同仁，衍生性民间文学艺术的创作者付出创造性劳动，使其作品具有文学艺术价值，应当享有署名权；而原生性民间文学艺术作为衍生性民间文学艺术的创作材料，为创作者提供了创作灵感和参考，故也应标明原生性民间文学艺术的署名或者来源，以

---

[1] "伊玛堪"是流行于我国黑龙江省赫哲族聚居区的赫哲族曲种，伊玛堪表演者在没有乐器伴奏的情况下即兴创作故事，用赫哲语进行交替说唱，并利用不同的旋律来表现不同的人物和情节。伊玛堪由许多独立曲目组成，主要表现为诗歌和散文的形式，多描述部落联盟与战争，包括赫哲族英雄战胜恶魔和入侵者的故事，以及有关萨满仪式、捕鱼和狩猎等传统知识。参见中国非物质文化遗产网站，http://www.ihchina.cn/directory_details/11896，最后访问日期：2021年4月2日。

[2] 参见田联韬：《评〈乌苏里船歌〉与赫哲族民歌的著作权诉讼》，载《人民音乐》2003年第3期。

示尊重。① 从这个意义上讲，从法律层面规定署名权或标明来源权，要求衍生性民间文学艺术对所利用的原生性民间文学艺术进行署名或者标明来源，一定程度上澄清了民间文学艺术在原生性传承和衍生性创作之间"源"与"流"的关系，同时也彰显了传统社群或传统文化社区作为民间文学艺术原创者的法律地位。

就具体情况来看，有的民间文学艺术存在明确的作者(个人)，该作者享有署名权是毋庸置疑的；在极端情况下，有的民间文学艺术濒临失传，只存在唯一的传承人，该传承人可享有署名权；在一般情况下，有的民间文学艺术存在多个传承人，这时就存在署名权与标明来源权并存的情况，如果同时要求相关使用者标明相关民间文学艺术的传承人身份以及具体来源于某个传统社群或传统文化社区，可能会出现署名不清楚或不完全的情况。这种情况，可将署名权转化为单一的标明来源权，因为标明来源在本质上也是一种表明身份的权利。

(三) 保护民间文学艺术完整权

著作权法对作品完整性的保护主要体现为赋予作者"保护作品完整权"，它是指作者有权保护自己创作的作品不被他人歪曲或篡改。在法律上设置保护作品完整权的目的和原理在于，通过法律形式严格保护作品的原真性和完整性，进而保护作品所体现的作者人格。1928 年修订的《伯尔尼公约》在原有版本上增加了保护作品完整权条款。② 这一条款在 1996 年的《WIPO 版权条约》中也得到了继承。从国内立法层面来看，世界上大多数国家承认保护作品完整权是作者应当享有的一项重要精神权利。有关立法规定大致可分为两类：一类是从客观角度出发，禁止他人歪曲、割裂或

---

① 参见严永和：《传统文化资源知识产权特别权利保护制度的构建》，中国社会科学出版社 2020 年版，第 210 页。

② 参见世界知识产权组织：《保护文学和艺术作品伯尔尼公约指南》，刘波林译，中国人民大学出版社 2002 年版，第 34 页。

作出其他有损作者尊严或声誉的损毁作品的行为，如德国《著作权法》第14条规定，著作人有权禁止他人对著作的歪曲或其他伤害行为；另一类是从主观角度出发，禁止他人对作品的任何更改行为，① 如法国《知识产权法典》规定，作者对自己创作的作品享有受尊重的权利。我国《著作权法》也明确规定了对保护作品完整权的保护。②

就权利内容而言，只要是对作品的修改改变了作者的原有思想或损害了作者的形象，就属于歪曲、篡改。客观上只要形成了歪曲或篡改的结果，不论他人对作品的改动行为在主观层面是故意还是过失，是出于善意还是恶意，都应视为对作者保护作品完整权的侵犯。《伯尔尼公约》第6条之二规定，反对任何曲解、割裂等篡改行为，以及其他可能损害作者荣誉或名誉的与作品相关的毁损行为。联合国教科文组织将修改权和禁止贬低权统称为"保护作品完整权"。③ 这又涉及修改权与保护作品完整权的关系。严格来说，修改权并不是完全禁止对作品的所有改动。作者当然有权反对他人对其作品进行歪曲、篡改、修改，或有损作者声誉的其他贬抑作品的行为，但作者并不能绝对禁止他人对其作品进行一般意义上的修改。④例如，出版单位对作者稿件进行校对，纠正错字、别字等笔误，这显然是合情合理的。如果遵从作者享有绝对的修改权，那么编辑人员是无法对稿件进行任何修改。绝对的修改权是不合理的，应当从作品修改行为的效果来判断修改权的范围，如果对作品的修改改变了作品表达的原意，以至于产生了毁损原作者名誉或声誉的后果，应予以禁止。从这个角度看，修改权与保护作品完整权具有相同的法律功能和效果，故修改权与保护作品完整权属于"同一性"的权利。这也是世界上多数国家的著作权法只规定了保

---

① 参见[西班牙]德利娅·利普希克：《著作权和邻接权》，联合国译，中国对外翻译出版公司2000年版，第126~127页。

② 参见《中华人民共和国著作权法》第10条第1款第4项。

③ 参见联合国教科文组织：《版权法导论》，张雨泽译，知识产权出版社200○版，第59页。

④ 参见郑成思：《版权法》（修订本），中国人民大学出版社1997
页。

护作品完整权，而未规定修改权的原因。①

　　保护作品完整权是作者精神权利的核心。② 就民间文学艺术而言，这也是一种重要的精神权利。民间文学艺术的完整性体现为相关族群的原真性，对民间文学艺术进行曲解、篡改、肢解、贬损等会破坏其真实性，不仅有悖于相关族群的传统习惯，还会损害其思想情感。③ 故应当"防止传统文化在游离于传统环境之后的丧失和扭曲"。④ 正如习近平总书记在"中国文联十一大、中国作协十大开幕式上的讲话"中指出，社会主义文艺源于人民、为了人民、属于人民，"人民是真实的、现实的、朴实的，不能用虚构的形象虚构人民，不能用调侃的态度调侃人民，更不能用丑化的笔触丑化人民"，"文艺要创新，但决不能搞光怪陆离、荒腔走板的东西。文艺要效益，但决不能沾染铜臭气、当市场的奴隶"。⑤ 这既为我国文学艺术事业的发展指明了发展方向，同时也阐释了我国文学艺术保护的基本原理。著作权法保护作者的精神权利是为了保护作品中所体现的作者的人格。而民间文学艺术是传统社群"族格"的反映，保护其完整权就是在保护民间文学艺术所体现的"族格"。

　　在民间文学艺术知识产权保护的立法探索过程中，1976 年《突尼斯示范法》第 5 条精神权利条款对所有作品均直接授予保护作品完整权，即民间文学艺术权利人有权反对歪曲、窜改、修改或者任何有损于其荣誉或者声誉的贬损性行为。《1982 年示范法》第 6 条规定，任何人在使用民间文学艺术时直接或者间接地故意歪曲民间文学艺术从而损害有关社区的文化利益的，应当追究相关法律责任。2010 年非洲地区工业产权组织发布的《斯

---

① 参见李莉：《论作者精神权利的双重性质》，载《中国法学》2006 年第 3 期。

② 参见李明德：《美国知识产权法》，法律出版社 2003 年版，第 200 页。

　参见张辰：《论民间文学艺术的法律保护》，载郑成思主编：《知识产权文丛》httr 中国方正出版社 2002 年版，第 123 页。

年 12 尸：《版权客体论》，知识产权出版社 2011 年版，第 476 页。

　"在中国文联十一大、中国作协十大开幕式上的讲话》，参见新华网

tics/leaders/2021-12/14/c_1128163690.htm，最后访问日期：2021

瓦科普蒙德议定书》第 19 条第 2 款列举的五种禁止行为中就包括歪曲（distortion）、篡改（mutilation）或其他修改、贬损民间文学艺术的行为。2016 年肯尼亚《传统知识与文化表达保护法》第 14 条第（f）项以及 2016 年赞比亚《传统知识、遗传资源和民间文学艺术表达形式保护法》第 46 条的具体内容与《斯瓦科普蒙德议定书》第 16 条大致相同。我国国家版权局在 2016 年 8 月发布的《民间文学艺术作品著作权保护暂行条例草案（送审稿）》第 6 条"权利内容"部分，对民间文学艺术直接授予了不受歪曲或者篡改的权利，即保护民间文学艺术完整权。[1] 可以认为，保护民间文学艺术完整权作为传统社群的一项基本精神权利，已经形成共识。

对保护民间文学艺术完整权的内容，多数学者将其概括为禁止他人对民间文学艺术进行曲解、篡改、贬损（或减损）的权利。[2] 有的学者称为"反丑化权"，即防止对民间文学艺术内容与使用环境的歪曲，维护传统文化内容的完整性与真实性的权利。[3] 有的学者称这种人身权为"文化尊严权"，包括禁止歪曲、贬损、冒犯或者其他不敬行为的权利。[4] 有的学者称之为"保持真实性权"，即"防止对民间文学艺术进行歪曲、篡改等冒犯或者减损族群文化意义的使用，防止在商品和服务上对民间文学艺术进行虚假或者误导、表示族群予以认可或者与族群有联系的使用"。[5]

---

[1]　国家版权局政策法制司：《民间文学艺术作品著作权立法工作座谈会会议材料》，云南腾冲，2016 年 8 月，第 2 页。

[2]　参见唐广良：《遗传资源、传统知识及民间文学艺术表达国际保护概述》，载郑成思主编：《知识产权文丛》（第 8 卷），中国方正出版社 2002 年版，第 52 页；黄玉烨：《民间文学艺术的法律保护》，知识产权出版社 2008 年版，第 237 页；管育鹰：《知识产权视野中的民间文艺保护》，法律出版社 2006 年版，第 236 页；杨鸿：《民间文艺的特别知识产权保护——国际立法例及其启示》，法律出版社 2011 年版，第 372 页，等等。

[3]　参见张耕：《民间文学艺术的知识产权保护研究》，法律出版社 2007 年版，第 218 页。

[4]　参见李秀娜：《非物质文化遗产的知识产权保护》，法律出版社 2010 年版，第 157 页。

[5]　参见吕睿：《新疆民间文学艺术知识产权保护研究》，法律出版社 2014 年版，第 262~263 页。

实际上，在著作权领域，保护作品完整权不仅体现在作品的内容中，还体现在作品的使用场合中。例如，将他人创作的音乐作品随意在色情场合进行播放或演奏，这就严重损害了音乐作品创作者的名誉，可认定为侵犯了作者的保护作品完整权。作品的使用，不但涉及其内容，还有使用场景的限制。同样，使用场景对民间文学艺术尤为重要，民间文学艺术通常具备特定的背景，这种背景与传统社群的思想情感和传统观念相联系。例如，在乌干达地区的巴赫马族中，只有妇女才有权拥有并演奏竖琴；在尼日利亚，某些乐器仅用于举行特别仪式。① 我国一些少数民族的仪式音乐与仪式舞蹈，限于在特定的仪式中使用。笔者调研得知，我国土家族的毛古斯舞一般在祭祀活动中表演，其"扫堂""祭祖""祭五谷神""示雄""祈求万事如意"等环节都体现了神圣性。土家族盛行的"打溜子"活动只在逢年过节或喜事中进行，"白事"一般不会"打溜子"。另外，湖南湘西保靖县一带盛行的"阳戏"，最初常与酬神还愿的傩堂戏（俗称"傩戏"或"阴戏"）一起演出，演傩堂戏娱神为"阴戏"，庭前搭台唱戏娱人叫"阳戏"，一般只在逢还愿、敬神、喜庆、年节等组班演出。

传统社群以外的公司、集团或个人在使用民间文学艺术时，通常不会考虑其传统背景，甚至有的还会迎合市场需要，对有关民间文学艺术的内容或者形式进行更改。例如，某博主在网络平台上公开发布了其演唱黄梅戏《女驸马》选段内容，演唱过程中采用了迥异于传统唱腔的腔调，包括呓语、哆语，并配以妩媚的肢体语言，这严重歪曲了黄梅戏《女驸马》选段所表达的故事和情感，贬损了黄梅戏所蕴含的传统文化内涵。当然，该视频内容及其作者也随之遭到了广大网友和官方媒体的强烈批评。

保护民间文学艺术完整权是一项重要的精神权利，它仅次于署名权（或标明来源权）。在民间文学艺术的传承、使用和传播过程中，可以结合

---

① 参见保尔·库鲁克：《非洲习惯法和民间文学艺术的保护》，许超译，载《版权公报》2002 年第 2 期。

不同民族的文学艺术风格或现代流行文化元素，对民间文学艺术进行创造性运用和发展，形成新的民间文学艺术作品，但须以尊重完整性为前提。整体上看，保护民间文学艺术完整权的具体内容主要包括反对歪曲、篡改、贬损等行为。其中，歪曲和篡改，是指擅自改变民间文学艺术的原有主题思想、表现形式或构成要素，以致公众产生误解或曲解，使民族群体尊严或名誉遭受损害的行为；贬损，是指对民间文学艺术的使用有悖于相关部族的传统或习惯，以致损害了民族感情或尊严。

二、经济权利

在著作权法上，经济权利又被称为著作财产权。财产权，是指能够为人带来社会利益和生活利益的财产的权利。① 著作财产权，整体上包括使用权和获得报酬权。前者是指作者有权自己使用或许可他人使用自己创作的作品的权利；后者是指他人使用了作者的作品，作者有收取报酬的权利。使用权是获得报酬权的前提和基础。毫不夸张地说，他人有多少种使用作品的方式，作者就享有多少种获得报酬的权利。伴随科学技术的发展，作品的使用手段也在不断增加，著作权的经济权利也随之扩大。民间文学艺术产权的经济权利，是传统社群对其"传统文化表现形式"享有的一种作为"集体产权"的知识产权。② 民间文学艺术作为传统社群在文学和艺术领域的智力劳动成果，相关使用行为也会受到当下科学技术的影响。在学理上，民间文学艺术产权中的经济权利，应当与现代著作权中的经济权利近似。对此，2019 年 WIPO-IGC《民间文学艺术法律保护条款草案》第 5条进行了尝试。

---

① 参见［日］我妻荣：《民法大意》，日本岩波书店 1971 年版，第 42 页。

② 参见吴汉东：《论传统文化的法律保护》，载《中国法学》2010 年第 1 期，第 58页。

（一）WIPO-IGC《民间文学艺术法律保护条款草案》第 5 条之分析

2019 年 WIPO-IGC《民间文学艺术法律保护条款草案》①第 5 条的"保护范围"共提出了三个建议案。

第一个建议案规定，成员国应制定各种法律或措施，保护与民间文学艺术有关的经济利益和精神权利，但不包括已经公开的民间文学艺术。按照这项规定，成员国可以通过国内立法对相关受益人进行授权，但该条款十分简略，显得过于笼统，措辞也十分模糊，同时又完全排除了已经公开的民间文学艺术的一切经济利益，这种做法对受益人非常不利。

第二个建议案提出赋予受益人一定的专有权：无论该民间文学艺术是否为秘密性或神圣性，受益人都享有包括保持、控制、使用、发展、授权或禁止取得和使用/利用民间文学艺术的权利，以及收取费用的权利。在精神权利方面，该条款规定，受益人享有的精神权利有署名、尊重民间文学艺术完整性使用权等。与此同时，该条款还规定，即使在民间文学艺术进入公共领域之后，不受受益人控制，但只要与受益人的文化认同相关的民间文学艺术，受益人仍然享有收取使用费的权利以及上述提到的精神权利。显然，该条款的第二个方案吸收了"公共领域付费"的精神，并特别在第 2 款强调，使用行为须经传统社群"事先知情同意"，且符合传统社群的传统习惯。

第三个建议案根据民间文学艺术的公开程度和神圣性进行了区分：（1）对于神圣的、秘密的或仅限传统社群所知（密切持有）的民间文学艺术，

---

① See WIPO/GRTKF/IC/40/19. *The Protection of Traditional Cultural Expressions*：*Draft Articles*. 该草案称民间文学艺术为"传统文化表现形式"，即"Traditional Cultural Expressions"，本书统称为"民间文学艺术"。具体文本参见世界知识产权组织网站 https://www.wipo.int/meetings/en/doc_details.jsp? doc_id=439176，最后访问日期：2020 年 9 月 16 日。

受益人享有创造、维持、控制和发展受保护民间文学艺术的权利，并有权阻止未经授权的披露、录制、非法使用、歪曲、篡改或其他降低其受益人的文化意义(diminishes its cultural significance to the beneficiary)的使用行为，有权阻止在商品和服务上对民间文学艺术进行虚假或误导性使用，表示受益人予以认可或与受益人有联系的使用行为，并且根据事先知情同意和共同协商的条件，受益人有权授权或拒绝对受保护的民间文学艺术的获取和使用。(2)对于由传统社群或当地社区持有、维持、使用或发展，可公开获得，但不是广为人知(不是秘密的)，也不具有神圣性的民间文学艺术，该条款对此持鼓励使用的态度。对这类民间文学艺术，使用者不需要事先获得授权，但应与相关受益人达成协议，确定受保护的民间文学艺术的使用条件，并在使用时注明其真实来源，避免在商品和服务上进行任何虚假的或误导性的、表示受益人予以认可或与受益人有联系的使用。(3)对于可公开获得、广为人知(属于公共领域)且不具有神圣性的民间文学艺术，使用者不需要事先获得授权，也不需要与相关受益人达成协议，只需在使用时注明其真实来源，避免在商品和服务上进行任何虚假的或误导性的、表示受益人予以认可或与受益人有联系的使用。

整体看来，按照民间文学艺术的公开程度，WIPO-IGC将其分为"秘密民间文学艺术""半公开的民间文学艺术"以及"已公开的民间文学艺术"，分别设置相应的权利和义务，是比较科学的。笔者对其分析如下。

第一，"秘密民间文学艺术"的经济权利。第三个建议案从受益人权利角度和使用者义务角度两个方面进行了重复规定。就受益人而言，享有创造、维持、控制和发展受保护民间文学艺术的权利，这项权利被称为"传承发展权"。传统社群对自己民间文学艺术的控制、传承、发展，是受益人天然享有的、不言自明的权利。该款内容实际上是对《土著人民权利宣言》第13条的重申，以确保传统社群对包括其民间文学艺术在内的所有传统，享有振兴(revitalize)、使用(use)、发展(develop)和传承(transmit to future generations)的权利。由于传统社群在所属国家一般属于弱势群体，在政治、经济和文化等领域不占主导地位，长此以往，可能会丧失继续传承本民族文化的机会。与秘密民间文学艺术相关的"传承发展权"，在性质上属于基本人权中维持本族系文化权的基本文化权利，不属于知识产权法范畴。除此项文化权利外，该款其余各项权利大致可分为精神权利和经济权利。

在精神权利方面，该条款第 2 项规定了发表权和录制权，第 5 项规定了保护民间文学艺术完整权，即受益人有权禁止他人对民间文学艺术进行歪曲（distorts）、篡改（mutilates）等降低受益人（diminishes its cultural significance to the beneficiary）的使用或者修改（use or modification）。①

在经济权利方面，根据第 5 条的规定，秘密民间文学艺术的受益人享有以下经济权利：（1）使用权，使用行为是指所有的非法使用行为，但"使用行为"的措辞中过于笼统，缺乏严谨性。可以根据现代著作权法所设置的一般经济权利加以细化："使用行为"包括复制、公开表演、翻译、改编、向公众提供或者传播、发行、取得或者行使知识产权，以及任何非传统用途的商业性使用以获取财产利益的权利。（2）事先知情同意权，亦可称之为"批准权""参与权"或"共同商定权"，是指他人使用秘密民间文学艺术，应在受益人事先知情同意的基础上，与受益人密切沟通并共同商定使用条件，经受益人批准、授权。事先知情同意权实际上来源于《生物多样性公约》的规定，在国际上，事先知情同意规则和共同商定条件机制目前也主要适用于遗传资源的获取与利用。就权利的内容而言，事先知情同意权与前项规定的使用权存在重叠。（3）反对不正当竞争权，这项权利主要涉及传统名号，其含义是他人不得在与民间文学艺术有关的产品或者服务上进行任何虚假性（false）或者误导性（misleading）使用，且不得暗示（suggest）其取得了受益人认可（endorsement）或者与受益人具有某种联系

---

① See WIPO-IGC, *The Protection of Traditional Cultural Expressions：Draft Articles.* Article 5.

（linkage with）。①

第三个建议案第 1 款第（b）项为"秘密民间文学艺术"使用者规定了三项"鼓励性"义务：（一）标明来源，即要求使用者确保在使用民间文学艺术时注明其使用的民间文学艺术属于受益人。从受益人角度来看就是标明来源权，其功能和效果与现代著作权法中的署名权相似，属于精神权利的一种。（二）尽最大努力与受益人达成使用相关民间文学艺术的条件，即要求使用者必须事先与受益人共同商定使用条件，经受益人同意或批准，方能使用。② 这一义务也来源于《生物多样性公约》中的事先知情同意机制、共同商定机制和惠益分享机制。同样，此项义务与前述受益人之事先知情同意权也存在重复。（三）尊重文化传统和习惯，即要求使用者在使用民间文学艺术时，应充分尊重受益人的文化传统和习惯（cultural norms and practices），并且该条款在此处强调，民间文学艺术的精神权利具有不可剥夺、不可分割、没有时效（inalienable, indivisible and imprescriptible）的性质。实际上，要求使用者尊重受益人的文化传统和习惯，与前述反对歪曲、篡改、减损民间文学艺术等权利，在内容上也存在重复，它们均属于

---

① 与传统名号相关的反不正当竞争保护，在国外一些国家已经得到法律认可。如美国 1990 年颁布的《印第安工艺法》，要求以印第安工艺品名义进行销售的产品必须真实来源于经印第安工艺委员会认可的土著部落和团体。澳大利亚的土著社区也不满足通过注册证明商标、集体商标、地理标志等措施来保护自身土著文化。2003 年，位于澳大利亚布里斯班的一家产品制造公司（Australian Icon Products Pty Ltd）在其客户订单中，将其制造并出售的具有土著风格的纪念品描述为"土著艺术"（aboriginal art）或"真实的"（authentic）土著产品，其网站中也宣称制作该公司土著纪念品的艺术家群体均为澳大利亚人，且是"世代相传的土著人"。但澳大利亚竞争与消费者委员会（Australian Competition and Consumer Commission, ACCC）认为，该公司制作纪念品的大多数艺术家不是土著人或不具有土著血统，其宣传行为存在误导，便由此提出指控，并发出临时指令要求该公司更正"地道的"（authentic）、"经认证的地道"（certified authentic）、"澳大利亚的原住民艺术品"（Australian Aboriginal art）等相关虚假表述。See WIPO/GRTKF/IC/5/3, Annex, par162. And see also WIPO/GRTKF/IC/40/8, April 9, 2019, Geneva, Annex 1, pp. 25-26.

② See WIPO-IGC, *The Protection of Traditional Cultural Expressions：Draft Articles*. Article 5.

民间文学艺术精神权利的范畴。

从立法技术来看，该条款草案第 5 条的第三个备选方案，从受益人和使用人两个方面同时进行规定，导致对相关权利内容的规定存在重复。比较科学和合理的做法是，将该条款规定的权利和义务进行整合，直接从正面规定民间文学艺术受益人享有的各项权利，包括发表权、标明来源权、保护民间文学艺术完整权、复制权、演绎权、传播权以及收取使用费的权利。

第二，"半公开民间文学艺术"的经济权利。对于由传统社群或当地社区持有、维持、使用或发展，可公开获得，但不是广为人知（不是秘密的），也不具有神圣性的民间文学艺术，第三个备选方案第 2 款为使用者规定了以下义务：（1）标明来源的义务，即使用者在使用民间文学艺术时注明所使用的民间文学艺术属于受益人；（2）尽最大努力与受益人达成与民间文学艺术使用条件相关的协议，性质上也属于前述条款规定的事先知情同意权；（3）尊重受益人的文化准则和习惯（cultural norms and practices），同样也强调民间文学艺术的精神权利具有不可剥夺、不可分割、没有时效（inalienable, indivisible and imprescriptible）的性质；（4）防止在商品或服务上对受保护民间文学艺术进行任何虚假或误导性的，以及暗示受益人予以认可或与受益人有联系的使用。

该款没有像前款一样从受益人角度设置权利，而是从使用者的角度设置了相应的使用义务、间接承认的某些经济权利。其实，按照 WIPO-IGC 的说法，"半公开民间文学艺术"仍由传统社群持有和控制，但若已经公开，他人可以公开获取，实际上并不广为人知，其实就是该种民间文学艺术仅在传统社群内部公开，其经济权利应近似于"秘密民间文学艺术"。

第三，"公开民间文学艺术"的经济权利。第三个建议案将"公开民间文学艺术"界定为除秘密性民间文学艺术与半公开民间文学艺术外，公众可公开获得且广为人知的民间文学艺术。该建议案第 3 款从使用者角度设置了相应义务：（1）使用受保护民间文学艺术时，注明其属于受益人；（2）尊重受益人的文化传统和习惯（cultural norms and practices），并强调民

间文学艺术受益人的精神权利是不可剥夺、不可分割且没有时效的
（inalienable, indivisible and imprescriptible）；（3）禁止他人在商品或者服务
上进行任何虚假表达或误导性陈述，或者表明得到受益人认可或表明存在
特定联系；（4）使用者应在成员国成立的基金中缴存使用费。对于已经公
开的民间文学艺术，属于一种文化遗产，其财产价值一直没有得到确认和
保护，故要求使用者在使用该民间文学艺术前，在相关基金中缴纳一定的
使用费用于民间文学艺术的传承与发展，这是合理且正当的。

（二）民间文学艺术产权的经济权利

著作财产权的内容，在不同国家和不同历史时期有所不同。《伯尔尼
公约》对作者授予了八项经济权利，包括翻译权、复制权、公开表演权（限
于戏剧、音乐剧和音乐作品）、播放权、公开朗诵权（限于文学作品）、改
编权、摄制电影权、追续权（限于艺术作品的原作与作家、艺术家的手
稿）。TRIPS 协定在上述基础上，增加了与计算机程序和电影作品相关的
出租权。1996 年《WIPO 版权条约》在《伯尔尼公约》的基础上增加了发行
权、出租权（限于计算机程序、电影作品与录音制品）、向公众提供权三项
经济权利。德国《著作权法》对著作权人授予了复制权、发行权、展览权、
以非实体形式公开再现作品的权利，以及追续权、出租权等。① 日本《著作
权法》规定了复制权、上演权和演奏权、上映权、公众传播权、口述权、
展览权、发行权、出租权、翻译权、改变权等。② 我国《著作权法》对作品
所授予的经济权利主要有复制权、发行权、出租权、展览权、表演权、放
映权、广播权、信息网络传播权、摄制权、改编权、翻译权、汇编权等。
总体上看，著作财产权可分为复制权、传播权和演绎权三大类。复制权仅

① 参见《十二国著作权法》，《十二国著作权法》翻译组译，清华大学出版社 2011
年版，第 149~153 页。
② 参见《十二国著作权法》，《十二国著作权法》翻译组译，清华大学出版社 2011
年版，第 373~375 页

针对复制行为，传播权的对象包括表演、播放、展览、发行等行为，演绎权的对象包括改编、翻译、汇编等行为。

1. 复制权

在现代著作权法上，复制权的范围决定了著作权人垄断其作品的范围。复制权是作者经济权利中的重要类型。复制权是指著作权人有权许可他人通过各种复制方式，使用其作品，并收取费用的权利。科学技术的发展使复制作品的方式不限于传统的印刷。《伯尔尼公约》规定，复制权中的复制方法和形式包括"打样、雕版印刷、石印、胶印及其他印刷方法、打字、照相复制、静电复制、机械录制或者磁性录制，以及其他已知或者未知的复制方法"。也就是说，复制可以是人的手工复制，也可以是机械的复制。著作权法上的复制行为一般是指有形复制，不包括公开表演、演奏、广播等无形形式。① 对权利人而言，复制权的功能主要在于通过印刷、重印或出版来制作复制品，从而享用市场独占权。② 复制权在经济权利中有着独一无二的地位。

1967 年《伯尔尼公约》将民间文学艺术视为"作者身份不明的未出版作品"，在这一规则下，只要满足该条款的实质要件，民间文学艺术的权利主体就享有与现代著作权法中的作品同样的权利，包括复制权。1976 年《突尼斯示范法》第 4 条规定的经济权利中明确包含复制权。《1982 年示范法》第 3 条规定，出于营利目的且在当地传统（traditional context）或习惯（customary context）之外对民间文学艺术进行第 3 条列举的使用行为，需要得到第 9 条第 1 款所指的主管机构或者相关社会群体的许可。③ 第 3 条列举的使用行为就包括复制。在《斯瓦科普蒙德议定书》第 19 条第 2 款列举的五种禁止行为中，

① 参见世界知识产权组织：《保护文学和艺术作品伯尔尼公约指南》，刘波林译，中国人民大学出版社 2002 年版，第 44 页。

② ［美］莱曼·雷·帕特森、斯坦利·W. 林德伯格：《版权的本质：保护使用者权利的法律》，郑重译，法律出版社 2015 年版，第 117~118 页。

③ See *Model Provisions for National Laws on the Protection of Expressions of Folklore Against Illicit and Other Prejudicial Actions*, WIPO and UNESCO, Geneva, 1982, Section 3.

第一种便包括复制民间文学艺术或其衍生表现形式(derivatives thereof)的行为。但这五种禁止行为仅针对那些具有特殊文化意义、精神价值或象征意义(particular cultural or spiritual value or significance)的民间文学艺术。我国国家版权局2016年8月提出的《民间文学艺术作品著作权保护暂行条例草案(送审稿)》第6条"权利内容"中明确规定了复制权。①

民间文学艺术的产权保护，并不是为了保存而保护，而是要通过赋予相关主体以产权，将民间文学艺术推向市场，鼓励相关潜在使用者进行使用，以实现民间文学艺术经济价值。为此，需要采用技术手段对民间文学艺术进行固定，使其在物理上形成可复制的独立个体。固定手段和具体的复制方式包括印刷、复印、拓印、录音、录像、翻录、翻拍等。如将若干民间故事汇成一个故事集，由出版社印刷成纸质书籍，或者利用计算机手段形成数字化作品；对民族艺术家所演唱的民歌或表演的民族舞蹈，可以进行录音、录像或者同时进行录音录像，形成视听作品。② 当然，随着科学技术的不断发展，未来会出现更多的作品类型和复制手段。

2. 传播权

传播，是指将已经发表或公开的作品，推向市场、推向公众的行为。传播权是著作权人对其作品所享有的重要经济权利。将创作的作品向公众传播，是著作权人实现其作品经济价值和社会价值的基本途径。根据向公众传播的方式和途径，现代著作权法规定的传播权，主要包括发行权、信息网络传播权(向公众提供权)、展览权、表演权、摄制权等。③

---

① 国家版权局政策法制司：《民间文学艺术作品著作权立法工作座谈会会议材料》，云南腾冲，2016年8月，第2页。

② 视听作品在我国现行著作权制度框架下，主要涉及邻接权。根据我国现行《著作权法》的规定，摄制视听作品使用他人作品的，应当事先获得他人许可。

③ 德国《著作权法》统称传播权为"公开再现权"，是指著作人享有的以非实体形式公开再现其著作的独占权，包括朗诵、表演和放映权、公开提供权、播放权、通过录音或者录像制品再现的权利以及再现广播电视的播放和公开提供著作的权利。这里的"公众"是指与使用著作者，或者同其他以无形式使人感知或者提供著作者无个人关系的任何人。参见《十二国著作权法》，《十二国著作权法》翻译组译，清华大学出版社2011年版，第149页。

发行是复制行为的派生行为，因为将作品进行复制的目的和结果必然是向公众(有偿或无偿)提供其复制件。绝大多数的发行行为是有偿的，但发行权的行使不以"是否营利"为要件，如电子产品的说明书、展览会上的样本，均属于非卖品。广义地讲，出租、展览作品原件或复制件都属于发行行为。理论上，发行权还可以包括信息网络传播权。在互联网时代，作品通过网络传播已经是一种常态，通过网络发布有关作品已成为作品发行的重要方式，信息网络传播权是发行权的重要类型。

所谓展览，是指将作品原件或者复制件进行公开陈列，供公众欣赏。许多民间文学艺术类型都有展览价值。例如，笔者在湖南省会同县调研了解到，当地肖氏家族是手工竹编世家，自1808年肖乾昌以此技艺为生后，迄今艺传七世，达两百余年。肖乾昌作为肖氏手工竹编技艺的第五代传人，能运用细竹丝的色彩差异，在凉席上编织万字格、回文格、业字格、四梅花、万字包梅、大团合、小团合、云勾、玉簪阶等几十种传统图案。肖乾昌之子肖玉作为第六代竹编传人，在继承各种传统图案的基础上，创造性地向山水、人物、飞禽走兽、各种字体的书法等方面发展，编有文字编《文天祥正气歌》《横眉冷对千夫指，俯首甘为孺子牛》《伟大的中国共产党万岁》，人物画编《梁山伯与祝英台》《八仙过海》，花鸟画编《凤栖牡丹》。在肖玉师傅的带领下，当地县竹器厂在20世纪70年代达到一定规模，编织了上百种工艺产品，如花瓶、花篮、盘碟、果品盒、礼盒、桌椅、茶几等，销往湖南、湖北、上海、北京等地，甚至远销欧美、东南亚。1972年4月，竹器厂送产品参加广交会，成交200余套，足见广大消费者的喜爱。肖体华、肖体富、肖体贵和李盛国作为第七代传人，编有《毛主席画像》《水淹金山寺》《张衡与地球仪》《丝网花篮》《团花礼盒》等作品。上述竹编作品也被送往国内外展会参展并获奖。

表演，是指人的表演，表演者通过声音(语言或器乐)、表情、动作等形式来表现作品的内容。对作品的表演，主体可以是作者自己，也可以是经作者授权的其他人。表演权是作者的一项基本权利，例如作者创作了一首由曲谱和歌词组成的音乐作品，只有通过演唱，才能将其展示给观众，从而实现其经济价值和社会价值。有的民间文学艺术适合通过现场表演的方式，让公众切身感受到民族文化的魅力。例如，笔者在湖南省会同县调研了解到，"杠菩萨"①作为一种民间戏曲，颇受当地少数民族喜爱。"杠菩萨"是一种由巫师演唱的古老傩戏，②内容多是关于傩神的故事，每一出戏搬演一位傩神，常演的剧目有《傩娘探病》《送下洞》《郎君杀猪》《发功曹》《杠华山》《划干龙船》《土地送子》《杠梅香》《杠勾愿土地》《杠五岳》《杠五通》《杠梅山》《杠泗山》《杠阴工》《杠家先》《石三太打铁》《二郎学法》等。表演"杠菩萨"一般不托管弦，仅以锣鼓伴奏、帮和，分生、旦、净、丑四角，依据剧情需要选用。"杠菩萨"曲牌包括傩歌腔、菩萨腔、送神腔、划船腔、和神腔、劝酒歌、化财腔、催兵腔、了愿腔、冲傩腔拕，统称为"巫师腔"。在内容方面，"杠菩萨"密切地配合了驱瘟逐疫、纳吉迎祥、求福、求财、求嗣等巫傩法事，一些剧目形成以后逐渐替代了相应的傩仪，即巫师通过演唱"杠菩萨"便不再进行相关的傩仪，③使枯燥的傩仪变成了生动的戏曲演唱。在行傩作法过程中，除演唱"杠菩萨"，还有一些傩歌、傩舞和传统技艺④的表演。"杠菩萨"可以说对沅水上游地区古代信仰民俗、经济民俗、社会民俗作了充分的展示，⑤堪称一部民俗的小百科全书。近年来，随着高椅古村的发现，"杠菩萨"作为旅游资源再一次受到重视，得到了重放光彩的机会。当地政府依托高椅的古民居，将"杠菩萨"与古村落结合，打造成一个旅游品牌，使游客在欣赏当地民族风采和自然景观的

---

① "杠菩萨"即搬演菩萨，亦称"降菩萨"，取菩萨降临傩坛之意。

② 据高椅杨姓侗族村民说：高椅傩戏"杠菩萨"是在乾隆时期，由他们的先人杨光召从现今洞口县那溪瑶族乡铁山村巫师蓝法隆那里学来并引入高椅的。据当地《杨氏族谱》记载，杨光召生于乾隆乙亥（1755）年，卒于1827年，为"太学生"，他到今洞口县（当时为武冈县）那溪瑶族自治乡的铁山，向巫师蓝法隆学艺，回高椅发扬光大。至今，高椅傩坛的巫师行傩，都要请"对山公"到坛场，对山公便是杨光召的师父蓝法隆。

③ 如《朗君杀猪》取代傩仪"上熟"，《划干龙船》取代傩仪"捞瘟"，《土地送子》取代傩仪"求子"等。

④ 在技艺方面，高椅巫师班仍保留部分古老傩技，如爬刀梯、踩火犁、捞油锅、滚刺丛等。

⑤ 如"杠菩萨"中的《送下洞》体现了当地民族迁徙历史。

同时，享受非物质文化遗产带给他们的惊喜和愉悦。虽然按照"表达原则"，"行傩作法"本身是宗教信仰类的民俗活动，属于思想观念的范畴，不能受到产权保护，但其中的"杠菩萨"是民间戏曲，属于神圣性的民间文学艺术，应受产权保护。故巫师作为表演者对"杠菩萨"的表演应享有表演权。

所谓摄制，是指通过采用摄制视听作品的方法，如摄制电影、电视、录像等，将作品固定在载体上的行为。一般来说，将小说、剧本等作品摄制成视听作品，须取得原作品著作权人的同意。就视听作品而言，如制作一部电影，需要导演、编剧、演员、场务、化妆师、特效师、剪辑师等人员的通力协作，才能完成。摄制权实际上是一种概括性的、综合性的权利。就民间文学艺术而言，将其摄制成视听作品，通过图像、视频、声音的组合，向观众再现民间文学艺术，让公众切实感受到民族文化的美感。但摄制者应事先取得相关许可，并支付相应报酬。

3. 演绎权

演绎，是对已经产生的作品，在表达形式方面进行一定程度的创造性改变，以创造出新作品的行为，如改编、汇编、翻译等，均属于演绎。演绎行为属于创造行为，演绎作品是演绎者创造的新的作品。对他人作品进行改变、汇编或翻译，需要经过原创作者的许可，原作品的作者进而享有演绎权。从性质来看，演绎行为是对原作品的二次创作，演绎权实际上就是原作品作者对其作品享有二次创作的权利。演绎权主要表现为改编权、汇编权、翻译权等。

改编，是指对原作品进行再创作而产生新作品的行为。我国《著作权法》第10条将其解释为"改变作品"。改变，即"改换、更动"。《现代汉语词典》将"改编"解释为"根据原著重写，但体裁与原著一般不同"。实际上，改编是对原作品的二次创作，要求最终形成新的创造性作品；经过简单的改动或改变原作品形式而形成的"作品"，不具有创造性，不属于著作权法上的改编行为。《大清著作权律》也曾规定："改编须有新意。"这种新意体现在两个方面：一是内容的新意，例如将《三国演义》《西游记》等改写为儿童读本；二是体裁上的新意，如将《三国演义》《西游记》等改编成连环画或电视剧本。

汇编，是指将他人作品进行整理、汇总、编排，最终形成新的创造性作品的行为。汇编作品的创造性主要体现在汇编者对汇编内容的收集、筛选和编排。一般来说，汇编者付出的创造性劳动总体上比改编和翻译少，通常是"兼收并蓄"地汇编。将他人作品纳入汇编内容，应当事先获得许可。

翻译，是指将原作品转换成与原作品不同语言文字的行为。翻译作品也是对原作品二次创作的结果，故翻译者对翻译后的作品享有著作权。翻译所涉及的语言文字，不局限于不同国家的文字，还包括一国内不同民族的文字，如蒙文、维吾尔文等。随着信息技术的发展，将一种计算机语言翻译成另一种计算机语言，也应在法律上认定为翻译行为。翻译权是著作权人经济权利中继复制权之后的"第一种"权利，因为一般来说，作品完成后，被翻译成多少种文字出版，直接关系到作者的经济收入。理论上讲，人类有多少种文字，著作权人就有多少种翻译权。

民间文学艺术的产权主体应享有上述演绎权利。传统社群对其民间文学艺术享有专属的改编权、汇编权、翻译权。未经许可，他人不得就有关民间文学艺术进行改编、汇编与翻译。如湖南省保靖县亨章村的土家族群体，对其山歌歌词，即享有改编权、汇编权、翻译权。这些山歌歌词，未经有关权利主体许可，其他文学家、艺术家、音乐家等文艺界人士不能擅自对其进行改编、汇编或者翻译。

关于民间文学艺术的上述广播权和演绎权，在相关国际条约或软法中均有体现。1976年《突尼斯示范法》第4条规定的经济权利包括翻译权、改编权、汇编权、公开表演权或者公开广播权。《1982年示范法》第3条列举的需要获得许可使用行为包括向公众朗诵或表演，以及通过有线或无线方式在内的任何向公众传播民间文学艺术的行为。1999年《班吉协定》附件七第二编"文化遗产保护"第73条特别规定，只要使用行为以营利为目的，就须取得主管机构的事先许可。具体来说，不仅是列举的文化财产，除复制行为以外的出版、发行等行为，都需要获得许可，甚至只要"文化资产"

构成国家文化遗产的元素，对其进行公开朗诵、公开表演、有线或无线方式的传输，以及任何其他方式向公众传播的行为，都需要事先得到有关机构的许可。①《斯瓦科普蒙德议定书》的相关规定则更为详细，其第 19 条第 2 款列举了五种禁止行为：针对那些具有特殊文化意义、精神价值或象征意义（particular cultural or spiritual value or significance）的民间文学艺术，缔约国应当采取适当和有效的法律和措施，以确保相关社区能够防止以下行为：（1）复制、出版、改编、广播、公开表演、与公众交流、发行、出租、向公众提供以及固定（包括通过静态摄影）民间文学艺术或其衍生表现形式（derivatives thereof）；（2）使用民间文学艺术或其改编版本（adaptation thereof）时，未以适当方式标明其真实来源的；（3）歪曲（distortion）、篡改（mutilation）或其他修改、贬损民间文学艺术的行为；（4）获取并行使民间文学艺术及其改变版本（adaptations thereof）的知识产权；（5）在使用民间文学艺术及其衍生表现形式（derivatives thereof）或在获取、行使相关知识产权时，贬低（disparages）、冒犯（offends）、不实地暗示与有关社区的联系，或使社区受到轻视（contempt）或贬低（disrepute）的行为。

综上所述，根据 WIPO-IGC《民间文学艺术法律保护条款草案》第 5 条对民间文学艺术进行分类保护的思路，民间文学艺术产权中的经济权利可进行如下配置：

第一，"秘密民间文艺"的经济权利。秘密性的民间文学艺术（以下简称"秘密民族民间文艺"）通常处于保密状态。只要符合前文所述的独创性、集体性、传统性三个条件，秘密民间文艺应配置以现代著作权法对作品所授予的全部经济权利，包括复制权、广播权和演绎权。

第二，"半公开民间文艺"的经济权利。根据前述，WIPO-IGC《民间文学艺术法律保护条款草案》第 5 条"保护范围"第三个建议案仅从使用者义务的角度，间接地对"半公开民间文学艺术"的受益人授予经济权利，且这

---

① See *Agreement Revising the Bangui Agreement of March* 2, 1977, *on the Creation of an African Intellectual Property Organization*, February 24, 1999, Annex VII, Article 73(2).

些经济权利又与秘密民间文学艺术相关的经济权利部分重合，一定程度上弱化了民间文学艺术的法律地位，不利于对民间文学艺术进行保护。

实际上，与"秘密民间文艺"相比较，"半公开民族民间文艺"只是在当地传统社群或者相关传统社区公开，而这种社区是一种相对封闭的、受社区内部习惯调节的社会组织。"半公开民间文艺"应当配置以与"秘密民间文艺"近似的经济权利。理论上，我们可将前述"半公开民间文艺"与"秘密民间文艺"合并形成广义的"秘密民族民间文艺"，既包括"绝对秘密"的民间文学艺术，又包括"相对秘密"的民间文学艺术。所谓"绝对秘密"的民间文学艺术，是指尚未公开的，仅在相关家族或成员间流传的民间文学艺术；而"相对秘密"的民间文学艺术是指不可公开获得的，仅在传统社群内部流传的民间文学艺术。对公众来说，仅在传统社群内部流传的民间文学艺术并没有被广泛传播，公众尚未知晓，相关权利主体还能对其相关复制、传播和演绎行为加以控制。

第三，"公开民间文艺"的经济权利。《民间文学艺术法律保护条款草案》第 5 条的第三个建议案第 3 款，对已公开的民间文学艺术要求"公开民间文学艺术"的使用者，需要向有关国家设立的相关基金缴纳一定的费用。这一做法值得借鉴。但需要明确相关基金的用途。由于已经公开的民间文学艺术已经在其所在国家甚至世界上部分国家公开，处于公共领域，这意味着任何人都无权排除其他人以特定方式使用的权利。① 因而要对其授予专有权，这在客观上不可能实现。此时可按照"公共领域付费使用"制度，要求使用"公开民间文艺"的使用者向有关国家设立的民间文学艺术保护基金缴纳一定的使用费，从而使这种民间文学艺术享有一定的权益。该基金用于民间文学艺术的传承与发展，相关传统社区在开展民间文学艺术的传承、发展活动时，包括为传承人发放适当的生活补贴，可以申请使用上述基金，基金管理者对此应予以批准。

---

① See Yochai Benkler, *FREE AS THE AIR TO COMMON USE: FIRST AMENDMENT CONSTRAINTS ON ENCLOSURE OF THE PUBLIC DOMAIN*, New York University Law Review, Vol. 74, No. 2, May 1999.

第二节　民间文学艺术产权的限制

民间文学艺术产权是一种特别的知识产权类型，故同样适用知识产权法对知识产权的一般限制规则。在知识产权法中，对知识产权进行限制的正当性在于：其一，出于公平和正义，将知识产品的利益在知识产权人与社会一般公众之间进行分配和调整。知识产品既是创造者个人的劳动成果，同时也包含了社会公众长期积累的知识，具有"社会产品"属性，① 基于知识产品所蕴含的个人价值和社会价值，将其知识产权利益进行合理分配，是分配正义和公平理念的体现。其二，促进知识的增加，增进公共利益。知识产权法的最终目的和社会功能是增加社会总财富和总知识。经济学上早已证实，绝对垄断性的排他性权利不利于经济的长期增长，允许不受限制的免费使用又会减损创造者的创新动机，不利于公共利益和知识的增加。② 故对知识产权进行合理限制，降低其交易成本，可实现其公共利益目标。民间文学艺术的产权保护亦是如此，需要对其进行合理限制，以实现其"确认与保护产权""保护公共领域"的目的。国际社会相关立法文件对此进行了尝试。

一、国际社会对民间文学艺术权利限制的探索

国际社会对民间文学艺术权利限制制度的探讨，可以分为三个阶段：第一阶段以《1982 年示范法》为标志；第二阶段以 2010 年非洲地区工业产权组织《斯瓦科普蒙德议定书》、2016 年肯尼亚《传统知识与文化表达保护法》等立法为标志；第三阶段以 WIPO-IGC 最新会议文件——2019 年《民间

---

① 参见冯晓青、胡梦云：《动态平衡中的著作权法——"私人复制"及其著作权问题研究》，中国政法大学出版社 2011 年版，第 56 页。

② 参见蔡惠如：《著作权之未来发展——论合理使用之价值创新》，台湾元照出版社 2007 年版，第 297 页。

文学艺术法律保护条款草案》为代表。

(一)《1982年示范法》关于权利限制的规定

《1982年示范法》第4条专门列举了四种不需要获得许可的情形：（1）出于教育目的的使用。① （2）在原创作品中的举例或说明性使用。② （3）附带性（incidental）使用，如报道性使用以及对已永久公开的民间文学艺术的使用，前者是指通过摄影、摄像、广播或其他录音、录像设备等方式，出于报道现场事件的目的，使用现场事件中的民间文学艺术，且这种使用从提供信息的目的来看是合理的。后一种情况是指在照片、影片或电视广播中包含了当地已经永久公开了的民间文学艺术，从而"不可避免"地使用了相关民间文学艺术。③ （4）通过借鉴民间文学艺术而创作的新的原创作品。④

可以看出，前三种例外情形与传统著作权法中的"权利限制"的内容极为相似，但第四种情形并没有在现代著作权法中得到体现。这一定程度上体现了该示范法在民间文学艺术的保护和发展方面作出的平衡，即允许受民间文学艺术启发的个人创造，但禁止对民间文学艺术的直接复制和未经授权的发布。⑤《1982年示范法》第4条所列举的上述使用行为不受第3条所授予的权利的限制，可以称为"合理使用"。在上述合理使用行为中，教

---

① 出于教育目的的使用，事先支付费用便可自由使用民间文学艺术，不需要事先授权，例如出售课本或提供学费的教学等，这与现代著作权法所要求的在教学过程中的解释性使用有一定区别。

② 前提是这种使用是在合理范围内（compatible with fair practice）。

③ 另外，《1982年示范法》第5条所说的表明来源的使用行为也不需要得到许可。

④ 这意味着《1982年示范法》允许受民间文学艺术启发的个人创造，以民间文学艺术为基础的原创作品不需要事先授权许可。

⑤ See Stephen Palethorpe and Stefaan Verhulst, *REPORT ON THE INTERNATIONAL PROTECTION OF EXPRESSIONS OF FOLKLORE UNDER INTELLECTUAL PROPERTY LAW*, ETD/2000/B5-3001/E/04, October 2000, p. 45.

育性使用源于《伯尔尼公约》第 10 条第 2 款规定的"教学示例性使用"。说明性使用则与该条第 1 款规定的"引用"具有一定的关联性。引用的目的包括为了说明或者评论有关问题。实际上，上述新闻报道性使用源于《伯尔尼公约》第 10 条之二第 2 款。附带性使用与借鉴性使用为《1982 年示范法》所独创。

(二)《斯瓦科普蒙德议定书》关于权利限制的规定

2010 年，非洲地区工业产权组织推出了《斯瓦科普蒙德议定书》，其第 20 条构建了民间文学艺术权利限制制度。

第一，民间文学艺术的保护不得限制或者妨碍有关社区成员根据社区习惯法或者惯例在传统或者习惯背景下正常使用、发展、交流、传播或者传递(the normal use, development, exchange, dissemination and transmission of expressions of folklore)民间文学艺术。第二，民间文学艺术的保护仅限于在传统或者习惯背景下对民间文学艺术的使用；这种使用无论是否以营利为目的(whether or not for commercial gain)。第三，仅仅为了非商业性目的而对民间文学艺术进行使用，如教学与研究、个人使用与私人使用、批评或者评论、时事新闻报道、在法律诉讼过程中的使用、仅仅为了保护文化遗产而在档案或者民间文学艺术文献清单中录制或者复制有关民间文学艺术(the making of recordings and reproductions of expressions of folklore for inclusion in an archive or inventory)，以及附带性使用(incidental uses)民间文学艺术。上述民间文学艺术权利限制情形还应当符合以下要求：第一，对民间文学艺术的使用应当符合公平的惯例(compatible with fair practice)；第二，在可行和可能的情况下，承认并标明有关社区为民间文学艺术的来源地；第三，对民间文学艺术的使用不得冒犯有关社区(be offensive to the relevant community)。

2016 年的肯尼亚《传统知识与文化表达保护法》把民间文学艺术与传统知识的权利限制进行了合并。该法第 19 条涉及民间文学艺术的权利限制制度，其合理适用的主要内容概括为：传统性使用或者习惯性使用、教育性使用、研究性使用、个人使用、评论性使用、新闻报道性使用、诉讼过程使用、保护性使用、附带性使用。具体内容与《斯瓦科普蒙德议定书》极为相似。2016 年赞比亚《传统知识、遗传资源和民间文学艺术表达形式保护法》第 50 条也构建了与肯尼亚类似的权利限制规则，其规定的合理使用情形主要有：传统社群内部成员基于传统的使用（且不论是否具有商业性）、非商业性使用（如出于教育、研究、批评、评论、时事新闻报道、法律诉讼的使用）以及附带性使用（incidental uses）。整体上，还要求上述使用行为符合公平竞争原则与惯例（be compatible with fair competition and practice），表明民间文学艺术来源地身份，且不得冒犯传统社区。

（三）WIPO-IGC 条款草案中权利限制条款的分析

2019 年 6 月，WIPO-IGC 第 40 届会议讨论了《民间文学艺术法律保护条款草案》第 7 条规定的民间文学艺术保护的例外情况，并且提供了三个备选方案。

第一个方案规定，在特殊情况下，保护公共利益可以作为民间文学艺术保护的例外与限制，但（a）该例外与限制是保护公共利益所必需且合理的；（b）该例外与限制不得与相关收益人的利益相抵触。

第二个方案列举了六种关于民间文学艺术保护的例外与限制：（a）基于习惯法的使用；（b）与该民间文学艺术相关的作品、符号、标记等，受国内现行知识产权法的保护；（c）出于教学、学习和研究目的的使用；（d）在档案馆、图书馆、博物馆或其他文化机构保存、展示、研究和介绍；（e）受民间文学艺术启发、依据或借鉴民间文学艺术而创作的文学、艺术和创意作品；（f）附带性（incidental）使用，即在另一个作品或另一个客体中附带地使用了受保护的民间文学艺术的情况，或者使用者完全不知晓或没有合理理由知晓该民间文学艺术受保护。

第三个方案将民间文学艺术保护的例外情况分为一般例外（General

Exceptions)与具体例外(Specific Exceptions)。一般例外是指除神圣的和秘密的民间文学艺术以外,① 如果使用受保护民间文学艺术的行为同时符合下列要件, 则可以作为民间文学艺术保护的例外：(a)可能时注明受益人；(b)对受益人不具有冒犯性或减损性(offensive or derogatory)；(c)符合公平；(d)不无理地损害受益人的合法利益, 同时兼顾第三方的合法利益。但有合理理由担心(reasonable apprehension)会对神圣的和秘密的民间文学艺术造成不可弥补的损害(irreparable harm)的除外。

而具体例外包括：(a)出于教学、学习和研究目的的使用；(b)在档案馆、图书馆、博物馆或国内法承认的其他文化研究机构中保存、展示、研究和介绍, 以及非商业化利用文化遗产和其他公共利益目的的使用；(c)受民间文学艺术启发、依据或借鉴民间文学艺术而创作的文学、艺术和创意作品；使用(或利用)源于除受益人之外的其他来源的民间文学艺术；(d)使用(或利用)在受益人的社区以外(通过合法手段)为人所知的民间文学艺术；(e)除秘密性民间文学艺术外, 与民间文学艺术相关的受国内现行知识产权法保护的作品、标志、符号、实用新型、外观设计等受国内现行知识产权法保护的, 不在民间文学艺术保护范围之内。

第三个方案相对于前面两个方案较完善。但是, 其也存在以下不足：在一般例外方面, 该方案还没有形成较成熟的表达, 其对非神圣、非秘密民间文学艺术权利限制与例外的内容设计, 第 1 款(d)项只是复述了《伯尔尼公约》第 9 条第 2 款提出的复制权例外两个理由, 缺乏民间文学艺术特征的体现。② 应当认为,《伯尔尼公约》第 9 条提出的复制权例外两个约束条件, 经历了各国立法的长期考验与实践, 是比较成熟的法律规则。民间文学艺术权利限制与例外的约束条件应吸取这些内容, 同时, 再添加反映

---

① 更准确的表述为："除有合理的担心会对神圣的和秘密的民间文学艺术造成不可弥补的损害的。"(When there is reasonable apprehension of irreparable harm related to sacred and secret traditional cultural expressions.) See WIPO/GRTKF/IC/40/19, *The Protection of Traditional Cultural Expressions: Draft Articles.* Article 7. Alt 3.

② 即"不与作品的正常利用相冲突"和"不致不合理损害作者的合法利益"。

民间文学艺术自身特色的相应规则。就反映民间文学艺术自身特色的约束条件而言，在此处对民间文学艺术相关精神权利保护予以特别强调是有必要的，故把"在可能时注明受益人""不冒犯受益人"等作为约束条件是比较合适的。

二、民间文学艺术产权权利限制制度的构建

作为一项自然权利的知识产权，其权利的行使应当服从"人类的一般权利以及财产的一般规则"。① 知识产权的自然权利属性及其正当性主要依靠劳动理论得来。在洛克看来，劳动使个人的东西添加到了自然物上，并产生了增益效果，所以在道德上，个人的劳动所得应属于劳动者个人所有。有学者进一步指出，使某物摆脱自然状态的有且只有劳动。② 个人凭借劳动获得相应的财产，是人之自然权利使然，是建立在自然状态、自然权利、社会契约等理念基础上的自然法体现。③ 创造性的智力劳动同样是人的劳动，知识产品也是人的创造性劳动成果，④ 智力劳动者对其智力成果享有权利也是正当的。但是，洛克最后提出，一个人取得财产所有权应以不造成浪费为限，⑤ 这个限度便是对知识产权内容和权利行使的限制。

---

① ［澳］彼得·德霍斯：《知识财产法哲学》，周林译，商务印书馆2008年版，第38~43页。

② 参见易继明：《评财产权劳动学说》，载《法学研究》2000年第3期。

③ 洛克的劳动财产权理论的基本内涵在于：（1）地上的一切是人类共有的；（2）每个人对于自己的人身享有所有权；（3）每个人的劳动属于他个人；（4）当一个人将自己的劳动与处于共有状态的物"混合"时，他就取得该物的所有权；（5）一个人在取得财产所有权时应该留下足够好、同样多的东西给他人；（6）一个人取得财产所有权应以不造成浪费为限。参见冯晓青：《财产权产生的哲学基础——洛克劳动理论微探》，《株洲工学院学报》2004年第6期。

④ 参见冯晓青：《知识产权法哲学》，中国人民公安大学出版社2003年版，第314页。

⑤ 参见冯晓青：《财产权产生的哲学基础——洛克劳动理论微探》，载《株洲工学院学报》2004年第6期。

民间文学艺术与著作权法意义上的一般作品，二者在知识本质上具有共性。而对民间文学艺术的知识产权保护路径，已有的相关立法探索和理论共识是，在著作权法框架下或者吸收著作权法的精神与原则，构建特别权利制度，① 以保护民间文学艺术。故在设置民间文学艺术权利限制制度时可借鉴现有著作权法的权利限制制度，包括合理使用和权利期限两个方面。

(一) 合理使用制度

知识产权制度的终极目的在于推动科学技术进步，促进社会经济发展和文化繁荣，这一目标的实现，既依赖于权利人专有权利的实现，也依赖于社会公众对智力成果的使用。一般来说，知识产权的使用包括两个方面的含义：一是对知识产权智力成果的使用，二是对知识产权专有权利的使用。而知识产权法意义下的合理使用仅涉及智力成果本身。② 从立法角度来看，前述两种"使用"具有不同的价值取向，权利的专有使用在于保障权利人的知识财产利益，但在法律规定的特殊情况下，社会公众可以法定方式，自由使用该项智力成果，而不必征得权利人许可，甚至不必支付报酬，这便是知识产权保护中的合理使用规则。

合理使用是维护公共利益的体现。知识产权的存在，首先应有利于公共利益，其次才是使权利人本人受益。③ 公共利益通常与公共健康、社会发展、公共教育等领域相关，这些公共利益得以实现需要对相关私人权利进行一定限制，合理使用便是维护公共利益的一个途径。一方面，法律可以通过平衡权利主体与义务主体、个人与社会之间的利益，从而贯彻公平

---

① 民间文学艺术的知识产权特别权利，从实质上看，也可以称为"民间文学艺术特别著作权"。

② 参见何敏主编：《知识产权法总论》，上海人民出版社 2011 年版，第 198 页。

③ 参见[美]奥德丽·R. 查普曼：《将知识产权视为人权：与第 15 条第 1 款第 (3)项有关的义务》，《版权公报》2001 年第 3 期。

理念，实现公共利益目标；另一方面，法律可以直接对权利人的专有权利进行必要限制，从而保证社会公众对知识产品的合理利用，实现公共利益目标。以公共健康为例，国家有义务为国民提供基础药物、健康设施等商品和服务，以及防止、治疗和控制流行病。理论上，知识产权的确可以激励技术创新，但实际上，纯粹建立在商业经济上的制度并不会考虑到贫困人口和贫困国家对药物的需求，知识产权制度一定程度上为药品垄断提供了安全的环境，导致药品价格高昂，限制了贫困人口对药品的获取。① 从这个角度看，知识产权的经济逐利性使得知识产权阻碍了生物医学研究的进一步发展和持续创新。② 事实上，知识产权制度还对传统医药的发展造成了一定负面影响：传统医药知识一方面难以被知识产权保护；另一方面，传统医药知识被许多医药研发机构大肆占用、开发和销售，而传统医药知识的原始持有者却得不到任何补偿。③ 在知识产权制度中增加合理使用规则，是平衡知识产权在激励创新和保护公共利益方面的有效途径。从这个角度看，合理使用是知识产权保护的原则，而非例外。

从知识产权的"时间性"来看，知识产权仅在法定期限内受到保护，超过法定有效期，这一权利将自行消灭，相关的知识和产品也会成为社会共

---

① 世界卫生组织指出影响药品可获得性的四个主要因素：合理的选择和使用药品、可支付的价格、财政支持以及可靠的保健和供应体系。目前对药品的知识产权保护足以影响药品价格的可支付性。然而，药品价格的可支付性还受其他因素的影响，例如进口关税、国内税收和市场成本等。联合国人权事务高级官员的报告指出，是否拥有专利对药品的价格影响很大，例如通用药品的价格就比受专利保护的药品价格低得多。See UN, E/CN. 4/Sub. 2/2001/13, *The Impact of the Agreement on Trade-Related Aspects of Intellectual Property Rights on Human Rights*, Report of the High Commissioner, Sub-Commission on the Promotion Protection of Human Rights, Fifty-second session, Item 4 of the prorvisional agenda, 27 June 2001, para. 43.

② 参见冯洁菡：《公共健康危机与 WTO 知识产权制度的改革》，武汉大学出版社2005 年版，第 93 页。

③ See UN, E/CN. 4/Sub. 2/2001/13, *The Impact of the Agreement on Trade-Related Aspects of Intellectual Property Rights on Human Rights*, Report of the High Commissioner, Sub-Commission on the Promotion Protection of Human Rights, Fifty-second session, Item 4 of the provisional agenda, 27 June 2001, pp. 39-41.

同财富，为全人类所共有。就人类的智力活动成果而言，"公共领域是原则，而知识产权是例外"。① 按照自由竞争的观点，人类的所有智力成果从一开始就处于共有领域中，只要公之于众，人人都可以自由使用。法律为了达到鼓励创新的目的，特意在公共领域中划出一部分受保护的特殊领域，以知识产权的名义进行保护，客观地说，这是一种促进技术进步的积极措施。通过设立知识产权制度，立法者一方面通过保护发明创造来鼓励投资，另一方面又要防止过度垄断来维持竞争的开放性。② 最终让市场上的竞争者拥有了更多的可以自由利用的智力成果，共有领域的范围也得以扩大。③ 为缓和私人权利与公共利益的紧张关系，促进人类知识的积累，合理使用始终贯穿于知识产权的制度安排中。

在著作权领域，合理使用是指"在法律规定的条件下，不必征得著作权人的同意，也不必向其支付报酬，基于正当目的而使用他人著作权作品的合法行为"。④ 合理使用是一种事实行为，因为当事人使用作品的目的并不在于追求某种法律后果，而是出于学习、研究、教育的意图，并且这种法律后果直接按照法律的规定发生，不存在当事人预期的意思效力问题。⑤

著作权本身并不像人们所说的那样的神圣和天然。在马克斯·韦伯那里，法律观念的最初形态是纯粹事实的习惯，当习惯形成共识并得到强制保障，便形成了法规范理念。而当外在条件发生改变，人们总是会选择一

---

① 李明德：《美国知识产权法》，法律出版社 2014 年版，第 14 页。

② See Paul Edward Geller, *INTELLECTUAL PROPERTY IN THE GLOBAL MARKETPLACE：IMPACT OF TRIPS DISPUTE SETTLEMENTS？*, 29 International Lawyer 99, Spring, 1995, p. 100.

③ 参见李明德：《美国知识产权法》，法律出版社 2014 年版，第 13 页。

④ 吴汉东：《著作权合理使用制度研究》，中国政法大学出版社 1996 年版，第 144 页。

⑤ 吴汉东：《著作权合理使用制度研究》，中国政法大学出版社 1996 年版，第 146 页。

条对自己有利的共同理念和行为，从而牺牲并淘汰掉其他同样适合的条件。① 在近代经济理性的干扰下，个人总是不断"发明创造"出所谓新的集体"共同"行为和意识，然后经由模仿和淘汰来加以扩散，在生活中逐渐"理性化"。② 如果存在法律没有考虑到的特殊现实情况，法律不得不进行自我反思，为自己所谓的"理性化"作辩护。

著作权是财产权，人们对财产权扩张的评价取决于关于判断信息是否应受控制的概念基线（conceptual baseline）。③ 当我们想要保护某项事物时，便已经提前注入了最基本的态度，我们越来越希望排他性地占有某项事物，并认为保护这种占有的法律和政策都是好的。④ 著作权已经由"向读者征税致作者以奖赏"⑤，向推定的作者权利演变。⑥ 相反，著作权中的合理使用似乎成了"对用户的补贴"。⑦ 合理使用（fair use）不应被视为著作权规则中"无序的期待"（a disorderly basket of exceptions）或是法律规则的背离

---

① ［德］马克斯·韦伯：《法律社会学：非正当性的支配》，康乐、简惠美译，广西师范大学出版社 2010 年版，第 146~149 页。

② ［德］马克斯·韦伯：《法律社会学：非正当性的支配》，康乐、简惠美译，广西师范大学出版社 2010 年版，第 149 页。

③ Jeremy Waldron, *From Authors to Copiers*：*Individual Rights and Social Values in Intellectual Property*, 68 Chi. -Kent L. Rev. 841, pp. 859-862 , 1993.

④ Jeremy Waldron, *From Authors to Copiers*：*Individual Rights and Social Values in Intellectual Property*, 68 Chi. -Kent L. Rev. 841, pp. 844-845, 1993.

⑤ L. Ray Patterson, *Free Speech, Copyright, and Fair Use*, 40 Vand. L. Rev. 1, 52, 1987.

⑥ See YochaiI Benkler, *FREE AS THE AIR TO COMMON USE*：*FIRST AMENDMENT CONSTRAINTS ON ENCLOSURE OF THE PUBLIC DOMAIN*, New York University Law Review, Vol. 74, No. 2, May 1999.

⑦ Robert P. Merges, *The End of Friction? Property Rights and Contract in the "Newtonian" World of On-Line Commerce*, 12 Berkeley Tech. L. J. 115, pp. 134-135, 1997; accord Jane C. Ginsburg, *Authors and Users in Copyright*, 45 J. Copyright Soc'y U. S. A. 1, p. 15, 1997; Jane C. Ginsburg, *Copyright, Common Law, and Sui Generis Protection of Databases in the United Statesand Abroad*, 66 U. Cin. L. Rev. 151, p. 169, 1997; Jane C. Ginsburg, *Libraries Without Walls? Speculation on Literary Property in the Library of the Future*, 42 Representations 53, pp. 63-64, 1993.

(departure)，它是实现著作权法目标所必需的整体。① 著作权制度的目标始终是激励创造以丰富公共社会的智力成果。美国法官勒瓦尔(Pierre N Leval)认为，著作权中的合理使用(fair use)规则应考虑以下几点：(1)使用的目的和特点，即对使用行为进行审慎评估，判断是否具有创造性或"搭便车"行为；(2)作品的价值，即对使用行为所产生的作品进行价值判断，看其是否具有正当性；(3)使用的质和量，即使用原作品的实质和数量(Substantiality and Amount)；(4)对市场的影响，即对原作品的使用损害了相关市场，并损害了原权利人的潜在市场利益。② 而著作权合理使用范围的判定是以著作权市场效益最大化为核心的，把控市场的失与灵，是著作权合理使用的理论基础。③ 构建民间文学艺术合理使用制度，适当限制权利主体的权利，扩大利用者的权利，以促进民间文学艺术的使用，充分实现其市场价值。

我国学术界也结合著作权法中的合理使用规则，针对民间文学艺术产权保护的例外情况，作了一些总结。有的学者认为，民间文学艺术知识产权保护的例外与限制情形主要有以下几种：第一，族群内部成员基于传统风俗或惯例的使用；第二，出于教学、研究或个人欣赏目的的使用；第三，在个人创作的新的作品中，出于介绍、评论目的的使用；第四，报道时事新闻时不可避免的使用；第五，出于陈列、保留目的，图书馆、博物馆、档案馆等机构的使用；第六，出于执行国家公务的使用；第七，对已经公开的民间文学艺术及其演绎作品的使用；第八，出于其他公益目的的使用。④ 有的学者认为，可以采用合理使用和法定许可两种方式，限制民

---

① See Pierre N Leval, *Toward a Fair Use Standard*, 103 Harvard Law Review 1105, March 1990, p. 1107.

② See Pierre N Leval, *Toward a Fair Use Standard*, 103 Harvard Law Review 1105, March 1990, pp. 1110-1125.

③ 参见熊琦：《论著作权合理使用制度的适用范围》，载《法学家》2011年第1期。

④ 参见管育鹰：《知识产权视野中的民间文艺保护》，法律出版社2006年版，第238页。

间文学艺术的专有权利。前者主要包括：（1）族群内部成员以传统和习惯方式的使用；（2）出于教学、科研、个人欣赏、介绍或者评论、报道时事新闻、执行公务等非营利目的的使用。后者则可以按照现行著作权法规定的法定许可情形适用。① 有的学者认为，民间文学艺术专有权利的限制可概括为三种情形：第一，族群内部成员基于传统习惯的使用；第二，在原创作品中的合理引用；第三，出于公共利益目的的使用。② 有的学者认为，除上述三种情况外，在使用民间文学艺术时，已经注明了来源主体和来源地名称的，也属于合理使用的范畴。③ 这些观点多吸收了著作权法中的合理使用规则，主要原因是民间文学艺术近似于著作权法意义上的作品，对民间文学艺术授予特别产权，近似于著作权，亦可称为特别著作权。

综合以上立法探索和相关分析，笔者认为，对于民间文学艺术的合理使用规则，在立法技术上，可采用"一般条款+具体列举"的模式。对于合理使用的一般情况，使用者的权利与权利人的专有权利呈对立状态，但后者是可对抗任意第三人的支配性权利，④ 这种支配权属于"最强意义上的权利"，⑤ 而前者只是通过法律的规定，让使用者可以否认该支配权所对应的义务。故在合理使用情形中，专有权人的权利仍优先于使用者的权利。据

---

① 参见张耕：《民间文学艺术的知识产权保护研究》，法律出版社2007年版，第224~228页。

② 参见黄玉烨：《民间文学艺术的法律保护》，知识产权出版社2008年版，第216~217页。

③ 参见邓社民：《民间文学艺术法律保护基本问题研究》，中国社会科学出版社2015年版，第234页。

④ 著作权可分为著作财产权和著作人身权。著作财产权具有所有权的一切特征，因而可理解为"对作品的完全性支配权"；而著作人身权同样具有可对抗任何第三人的支配性。参见张俊浩主编：《民法学原理》，中国政法大学出版社1997年版，第483页；费安玲：《著作权权利体系之研究——以原始利益人为主线的理论探讨》，华中科技大学出版社2011年版，第98页。

⑤ 专有权的持有者可要求对应方为或不为一定行为，并请求国家强制机构迫使义务人履行或者赔偿其所受损失，这是霍菲尔德所说的"最强意义上的权利"。参见王曦：《著作权权利配置研究：以权利人和利益相关者为视角》，中国民主法制出版社2017年版，第175页。

此，可将民间文学艺术合理使用的一般条款规定为：对民间文学艺术的使用，应当不与受益人的正常利用相冲突，并不致不合理地损害受益人的合法利益，同时兼顾第三方的合法利益。

而民间文学艺术的合理使用情形具体包括：(1)传统性使用，即相关传统社群成员按照其传统习惯或惯例使用相关民间文学艺术；(2)个人使用，即出于个人学习、研究、评论或欣赏的目的，适当且合理使用民间文学艺术；(3)出于公益目的的使用。结合相关立法和理论观点，第(3)项出于公共利益的目的而使用有关民间文学艺术的情况包括：在教学中为说明相关问题的使用；在诉讼程序中使用有关民间文学艺术；图书馆、博物馆、档案馆等公共机构，为保存、记录或编制民间文学艺术的使用；为评论或批评而使用有关民间文学艺术；为报道新闻或时事，不可避免地使用了相关民间文学艺术，等。

(二) 保护期限制度

对民间文学艺术特别权利的保护期限，理论界与相关立法实践均存在两种理解：一种观点认为，对民间文学艺术应给予无期限保护；一种观点主张有期限的保护。2019 年的 WIPO-IGC《民间文学艺术法律保护条款草案》第 8 条，便同时体现了"无期限"和"有期限"两种观点。该条款草案第 8 条的第一个备选方案规定，民间文学艺术的权利保护期限由缔约国自行确定，且以与受益人协商为限，但民间文学艺术的精神权利，即防止对受益人或所属地区的声誉和形象造成任何伤害的歪曲、篡改或其他形式的修改或侵犯的权利不受时间限制。第二个备选方案对民间文学艺术给予了无期限保护，只要民间文学艺术符合保护标准或者保护条件。第三个备选方案则规定民间文学艺术经济权利的保护，应当有时间限制，但具体的保护期为多长，则交由缔约国自行确定。我国国家版权局政策法制司 2016 年《民间文学艺术作品著作权保护暂行条例草案(送审稿)》第 7 条也对民间文学艺术作品著作权给予了无期限保护。

在国外，一些学者主张对民间文学艺术给予无期限保护。① 在我国，很多学者主张对民间文学艺术给予无期限保护。② 笔者认为，针对民间文学艺术的特别权利，应当给予其无期限保护。一方面，民间文学艺术特别权利作为一种与知识产权具有实质共性的权利，或者说作为一种准知识产权，应当体现民间文学艺术的独创性、集体性和传统性等本质特征，为民间文学艺术提供永久保护是比较合理的做法。另一方面，民间文学艺术作为一种文化类型和文化遗产，在现代社会中，整体上仍处于极其不占优势的地位，随时面临着衰亡的危险。民间文学艺术的传承与可持续发展，还需要国家力量的长期支持和投入。因此，对民间文学艺术施加的特别产权，应给予无期限的保护。

---

① See Lucy M. Moran, *Intellectual Property Law Protection for Traditional and Sacred "Folklife Expressions" —Will Remedies Become Available to Cultural Authors and Communities?* 6 U. Balt. Intell. Prop. L. J. 99, 103 (Spring, 1998); Paul Kuruk, *The Role of Customary Law Under Sui Generis Frameworks of Intellectual Property Rights in Traditional and Indigenous Knowledge*, 17 Ind. Int'l & Comp. L. Rev. 67, 85(2007).

② 参见张玉敏：《民间文学艺术法律保护模式的选择》，载《法商研究》2007年第4期；黄玉烨：《民间文学艺术的知识产权保护研究》，知识产权出版社2008年版，第205页；邓社民：《民间文学艺术法律保护基本问题研究》，中国社会科学出版社2015年版，第250页；等等。

第七章　民间文学艺术产权的侵权责任与法律救济

第一节　侵犯民间文学艺术产权的法律责任

侵犯民间文学艺术的法律责任，理论上来说包括民事责任、行政责任与刑事责任。

一、民事责任

民事责任，本质上是一种特殊的债权债务关系，可以抽象地表述为民事主体违反第一性义务所产生的第二性义务。① 民事责任是保护民事权利与民事权益的法律手段，② 民事权利或者民事权益借由民事责任，从而"具有法律上之力"，③ 得到了法律保障。我国《民法典》"物权编"规定了侵害物权的民事责任，包括赔偿损害、修理、重作、更换、恢复原状等。《民法典》"合同编"规定违反合同约定的民事责任，包括继续履行、采取补救措施或者赔偿损失、修理、重作、更换、退货、减少价款或者报酬等。

---

① 参见崔建远：《民法总则应如何设计民事责任制度》，载《法学杂志》2016 年第11 期。
② 参见张家勇：《论统一民事责任制度的建构》，载《中国社会科学》2015 年第 8 期。
③ 参见梁慧星：《民法总论》，法律出版社 1996 年版，第 77~79 页。

《民法典》"侵权责任编"规定的承担侵权责任的方式主要有：停止侵害、排除妨碍、消除危险、损害赔偿等。在侵犯人格权方面，我国《民法典》规定的民事责任包括停止侵害、排除妨碍、消除危险、消除影响、恢复名誉、赔礼道歉请求权，且不适用诉讼时效的规定；另外，还应承担消除影响、恢复名誉、赔礼道歉等民事责任。根据上述民事责任承担方式，可以把民事责任抽象为三种基本类型：防御型责任、返还型责任以及赔偿型责任。防御型责任，要求减轻或解除侵害民事权利或民事利益的危险或危险源，如停止侵害、消除危险、排除妨碍等；返还型责任，要求返还被非法获取的民事权利或民事利益，如返还原物、孳息等；赔偿型责任，要求填补受害人之损失，如恢复原状、金钱赔偿等。①

在知识产权法上，《知识产权协定》以国际条约的形式对侵犯知识产权的行为规定了民事责任，如第 44 条规定了停止侵权（禁令）责任，第 45 条规定了损害赔偿责任等。我国现行《专利法》对侵犯专利权的行为主要规定了赔偿损失等民事责任。② 我国现行《著作权法》主要规定了停止侵害、消除影响、赔礼道歉、赔偿损失等民事责任。③ 我国现行《商标法》主要规定了责令停止侵权、赔偿损失等民事责任。④

《1982 年示范法》把侵犯民间文学艺术的民事责任等法律责任交由成员国自行规定。其第 6 条第 2 款规定，未经许可，任何人故意或者过失违反本示范法第 3 条、第 5 条等将承担法律责任。阿塞拜疆 2003 年颁布的《民间文学艺术表达形式保护法》第 12 条规定，违反法律规定使用民间文学艺术，将承担民事责任。2010 年《斯瓦科普蒙德议定书》对侵犯传统知识与民间文学艺术的行为没有明确规定具体的民事责任和其他法律责任，而是交由成员国自行作出具体规定。但是，其第 23 条第 2 款规定，国家主管机构

---

① 参见张家勇：《论统一民事责任制度的建构》，载《中国社会科学》2015 年第 8 期。
② 参见《中华人民共和国专利法》第 65 条。
③ 参见《中华人民共和国著作权法》第 52 条。
④ 参见《中华人民共和国商标法》第 64、65 条。

应当在适当的时候或者在有关传统知识或者民间文学艺术持有人或者社区提出要求时，为维护和实施其权利以及启动民事（及刑事）程序提供建议和协助。这就表明，非洲地区工业产权组织对侵犯传统民间文学艺术的行为，设定了民事责任，并要求成员国政府为土著民族、当地社区等权利主体追究侵权人的民事责任等提供帮助。2016 年肯尼亚《传统知识与文化表达保护法》第 39 条对侵犯传统知识和民间文学艺术的行为规定了停止侵害（禁令）、补偿损失、公开赔礼道歉等民事责任。

WIPO-IGC 较早讨论的民间文学艺术法律保护案规定，成员国对侵犯民间文学艺术的行为，应当提供容易获得的、适当的、足够的争端解决机制、制裁与救济，包括民事救济。这里就涉及民事责任问题。①

2019 年的 WIPO-IGC《民间文学艺术法律保护条款草案》第 10 条，意在对民间文学艺术知识产权保护设计制裁与救济条款。针对这一条款，WIPO-IGC 会议上主要有两种意见：一种意见主张对此设计一个概括性条款，由各成员国自行在国内法上进行规定，如将条款表述为：成员国应当根据国内法，提供适当的法律、政策、行政或者其他措施，确保本文书的实施。第二种意见主张拟定比较详细制裁和救济措施。②

我国学术界对侵犯民间文学艺术专有权利的民事责任问题进行了探讨。有的学者提出，对民间文学艺术的侵权行为应当承担相应的民事责任。③ 有的学者认为，应当根据实际情况，判定侵犯民间文学艺术专有权的行为所应承担的民事责任，如承担停止侵害、消除影响、赔礼道歉、赔偿损失等。④ 有的学者主张，要明确规定侵犯权利人相关权利的责任制度，

---

① See WIPO/GRTKF/IC/8/4, Annex, Article 8.

② See WIPO/GRTKF/IC/40/19, Annex, Article 10.

③ 参见管育鹰：《知识产权视野中的民间文艺保护》，法律出版社 2006 年版，第 239 页。

④ 参见黄玉烨：《民间文学艺术的法律保护》，知识产权出版社 2008 年版，第 239 页。

也即救济措施，包括停止侵权、损害赔偿、销毁侵权物、赔礼道歉等。①
这些法律责任，基本属于民事责任的范畴。有的学者从请求权的角度，研
究侵犯非物质文化遗产的民事责任。私力救济手段包括绝对权请求权和债
权请求权两种，前者包括停止侵害、排除妨碍、妨害预防、撤销侵权产品
等，后者包括赔偿损害、返还不当得利等。② 有的学者认为，对于侵犯民
间文学艺术专有权的行为，应承担赔礼道歉、消除影响、停止侵害、赔偿
损失等民事责任，且请求权及于相关族群和代表性传承人。③ 综上所述，
侵犯民间文学艺术专有权的民事责任，总体上可以概括为停止侵害、消除
影响、赔礼道歉、赔偿损失等。

停止侵权，即要求加害人对正在实施的加害行为予以终止，以免对受
害人造成实际损失或者使已造成之损失扩大。停止侵权这一民事责任承担
方式"适用于正在进行的侵权行为"。④ 这种侵权行为包括针对各种人身
权、财产权的加害行为，也涵盖对专利权、著作权、注册商标专用权等知
识产权的侵权行为。对正在实施的侵害民间文学艺术的行为，权利主体可
以直接请求加害人停止侵害。如果已经提起诉讼，则可以请求法院下达禁
令，勒令加害人立即停止侵权行为。严格说来，停止侵害或者说停止侵
权，不是任何一种包括民事责任在内的法律责任承担方式；原因在于最低
程度的法律责任也要对受害人所受之损害予以填补；较重程度的法律责任
则需要对加害人予以一定程度的惩罚。而停止侵权，仅是加害人暂时或者
长期终止侵权行为或者加害行为，仅是不再延续加害行为，从而加重受害
人所受之损害。停止侵害，既没有对受害人所受之损害予以补偿，也没有
对加害人予以惩罚。故停止侵害一般不能作为独立的民事责任承担方式；

---

① 参见杨鸿：《民间文艺的特别知识产权保护：国际立法例及其启示》，法律出
版社2011年版，第374页。

② 参见杨明：《非物质文化遗产的法律保护》，北京大学出版社2014年版，第
218页。

③ 参见邓社民：《民间文学艺术法律保护基本问题研究》，中国社会科学出版社
2015年版，第240页。

④ 张新宝：《中国侵权行为法》，中国社会科学出版社1998年版，第184页。

只能在某种侵权行为或者加害行为对受害人还没有造成实际损害或者实际损害极其轻微，从而受害人放弃求偿权时，才能独立适用该民事责任承担方式。对民间文学艺术的侵害行为，权利主体就享有停止侵害请求权，可以要求加害人或者侵权人停止侵权；如果加害人不听劝阻，权利主体可以向人民法院提起民事诉讼，请求法院下达禁令，勒令加害人停止侵权或者停止加害行为。

对于侵犯民间文学艺术的民事责任，可区分为精神责任与财产责任两类。我国民法理论通常根据受损害客体的性质，将损害行为分为"财产损害"与"非财产损害"。财产损害行为可造成直接财产损失和间接财产损失。非财产损害主要是人身损害和其他非财产性损害。所谓"其他非财产损害"，主要是名誉损害、声誉损害(社会评价降低)、精神损害等。① 至于财产性损害，毫无疑问应当承担财产性责任，主要是赔偿损失。如果涉及人身性损害，则可能承担精神性责任与财产性责任两种民事法律责任。侵犯民间文学艺术的行为，既可能造成财产性损害，也可能造成人身性损害或者精神性损害。

人身性损害或者精神性损害，一般因侵犯民间文学艺术的精神权利而引发。根据前述，各种民间文学艺术，均享有发表权、固定权、标明来源权、保护完整权等基本精神权利。秘密性民间文学艺术享有在社区内或者在全国范围及世界范围内进行公开的专有权利。如果未经有关权利主体许可，在使用民间文学艺术时未标明来源，就侵犯了民间文学艺术的标明来源权；未经许可，将秘密民间文学艺术在社区内外公开，就侵犯了秘密民间文学艺术的发表权；当然，这也同时侵犯秘密民间文学艺术的有关经济权利。根据前述，民间文学艺术享有署名权或者标明来源权、保护民间文学艺术完整权等精神权利。未经许可，在使用民间文学艺术时没有标明来源，就侵犯了标明来源这一精神权利。未经许可，在利用民间文学艺术时造成对民间文学艺术的歪曲、篡改或者贬损，就侵害了民间文学艺术的完

---

① 参见张新宝：《中国侵权行为法》，中国社会科学出版社 1998 年版，第 96 页。

整权。这些侵权行为会对民间文学艺术造成精神性损害。

财产性损害，一般因侵犯民间文学艺术的经济权利而引发。对符合条件的"秘密民间文学艺术"，其享有复制权、发行权、信息网络传播权、表演权、展览权、摄制权、改编权、汇编权、翻译权等。"公开民间文学艺术"，所在国家对该民间文学艺术的使用者享有"民间文学艺术保护基金"收取权，来源社区或者族群成员在传承民间文学艺术时享有基金经费使用请求权。对民间文学艺术经济权利的侵害，会对民间文学艺术源造成财产性损害。如未经许可，对民间文学艺术传承人演唱的山歌进行录音，制作歌碟出售，就会对传承人造成财产性损害，减少传承人的经济收益。

对财产性损害，加害人要承担财产性民事责任，主要表现为赔偿损失。对侵害民间文学艺术经济权利的行为，权利主体可以向法院主张赔偿损失。对人身性或者精神性损害，加害人主要承担精神性民事责任，如赔礼道歉、消除影响、恢复名誉等；如对他人造成严重精神损害，受害人可以请求精神损害赔偿。这时就产生了财产性民事责任。[①] 对侵害民间文学艺术精神权利、对权利人造成人身性或者精神性损害的，加害人要承担精神性责任或者财产性责任。如未经许可，擅自披露秘密民间文学艺术，既对权利人造成了精神性损害，又损害了权利人的财产利益，故披露人既要对权利人承担精神责任，又要承担财产性责任，即赔偿损失。

综上所述，我国在制定民间文学艺术产权保护的法律法规时，可以吸收以上经验，对侵犯民间文学艺术专有权的，应当承担停止侵害、消除影响、赔礼道歉、赔偿损失等民事责任。

二、行政责任与刑事责任

行政责任，实质上就是行政机关基于一般统治权，对违反行政法义务的个人或法人给予的制裁或惩罚。刑事责任，是指行为违反刑法，构成犯

---

①　参见《中华人民共和国民法典》第 1183 条。

罪，依法应当承担的法律后果。① 与民事责任恢复因侵权行为而改变的权利义务关系的目的不同，行政责任与刑事责任的目的主要在于惩罚和预防违法行为，性质上具有惩罚性，主要以限制和剥夺人身自由以及剥夺财产的方式实现。但行政责任与刑事责任在责任程度上有所差异，行政责任的责任程度不及刑事责任。另外，行政责任与民事责任在理论上都具备恢复被侵权行为破坏的权利义务关系的功能，但实际上民事责任之恢复原状，属于填补性质，只要求回复到侵权行为发生前的基本状态，而行政责任则可以要求超出侵权行为发生前的权利义务关系，对侵权行为人进行惩罚以达到惩戒和预防违法之目的，最终实现社会公共利益所期待的公共秩序。

实际上，一个违法行为可能触及多种法律责任。如生产、销售假冒伪劣产品，根据我国《民法典》"侵权责任编"的规定，生产者生产的产品存在缺陷，造成他人损害的，生产者应当承担停止侵害、排除妨碍、消除危险、赔偿损失等民事责任；根据我国《产品质量法》第五章的规定，生产者还面临停止生产、销售，没收违法生产、销售的产品，罚款，吊销营业执照，没收违法所得等行政责任；构成犯罪的，则根据我国《刑法》第 140 条关于"生产、销售伪劣产品罪"的规定，处以相应的刑罚。

行政处罚与刑事处罚是对违法者强有力的制裁手段。一般来说，民法已经足以调和知识产权法律关系，足以对侵犯知识产权的行为进行处罚，除特殊情况外，没有必要动用行政法或刑法来保护知识产权人的利益和国家的整体利益。但这并不是绝对的。当知识产权侵权行为相当严重时，也可以用行政法或刑法来惩治违法者。"刑法是保护著作权得以顺利实施的最强有力的法律武器。"②

在知识产权领域，行政责任和刑事责任在我国相关法律条款中均有体现。在商业标识领域，我国《商标法》针对侵犯商标专用权行为，规定了停

---

① 黎宏：《民事责任、行政责任与刑事责任适用之司法困惑与解决》，载《人民检察》2016 年第 2 期。

② 江建名：《著作权法导论》，中国科学技术出版社 1994 年版，第 30 页。

止侵权、赔偿损失等民事责任，侵权行为人还面临罚款、没收侵权商品等行政责任，工商行政管理部门和人民法院还有权责令销毁侵权商品和用于制造侵权商品的材料和工具。[①] 侵犯商标专用权，构成犯罪的，依法追究刑事责任，即按照我国《刑法》规定的"假冒注册商标罪""销售假冒注册商标的商品罪"和"非法制造、销售非法制造的注册商标标识罪"进行相应处罚。在专利领域，我国《专利法》针对侵犯专利权行为，规定了停止侵权、赔偿损失等民事责任；侵权行为人还面临没收违法所得等行政责任；侵犯专利权，构成犯罪的，依法追究刑事责任，即按照《刑法》规定的"假冒专利罪"进行相应处罚。在著作权领域，我国《著作权法》针对侵犯著作权行为，规定了停止侵害、消除影响、赔礼道歉、赔偿损失等民事责任，侵权行为人还面临没收违法所得，没收、销毁侵权复制品，没收用于制作侵权复制品的材料、工具、设备等行政责任；侵犯著作权的行为，构成犯罪的，依法追究刑事责任，即按照我国《刑法》规定的"侵犯著作权罪"和"销售侵犯复制品罪"进行相应处罚。值得一提的是，在侵犯著作权的行政责任中，2020年修订的《著作权法》将2010年版《著作权法》第52条中的选择性表述"可以"改为强制性表述"应当"。这进一步展现了行政处罚和刑事处罚在著作权保护中的重要性。

在国际层面，针对民间文学艺术的著作权保护，相关立法大多也规定了刑事责任条款。《突尼斯示范法》第15条规定，故意侵犯著作权的，应受罚款和监禁。根据《1982年示范法》第6条的规定，可将应受刑事制裁的故意损害民间文学艺术相关利益的行为概括为以下四种：（1）未说明可识别的民间文学艺术的来源社区或地理起源；（2）未经授权的商业性使用；（3）假冒（passing off）民间文学艺术；（4）在公共场合使用时，故意歪曲、贬损民间文学艺术等损害相关社区利益的行为。[②] 而具体的刑罚措施（主要

---

①　参见《中华人民共和国商标法》第60、63、67条。

②　See Stephen Palethorpe and Stefaan Verhulst, *REPORT ON THE INTERNATIONAL PROTECTION OF EXPRESSIONS OF FOLKLORE UNDER INTELLECTUAL PROPERTY LAW*, ETD/2000/B5-3001/E/04, October 2000, p. 47.

是罚款和监禁）和量刑则留给各国自行决定。另外，还规定了扣押违法物品等补救措施。

1977年《班吉协定》附件七第一章"版权"第38条规定，任何出版、复制、发行以及进口受保护的作品的行为，构成侵权的，均应受本国刑法的制裁。而使用公共领域的民间文学艺术，未事先通知有关机关的，应处以罚款。第二章"文化遗产"第74条规定了非法破坏、出口、贩卖、复制文化遗产等行为的各种法律责任，包括罚款、监禁等行政和刑事措施，并明确前述责任并不影响损害赔偿责任。这就说明除公力救济外，还可以存在私力救济。1999年《班吉协定》附件七"文学艺术财产"第64条规定，存在故意或重大过失且以营利为目的侵犯了本协定所保护的权利，应根据国家刑法的相关规定予以处罚，包括监禁和罚款。法院有权责令停止侵权、扣押、没收、销毁侵权作品和相关设备。

2019年WIPO-IGC《民间文学艺术法律保护条款草案》在第10条规定了相关制裁和救济措施，共有四个备选方案：第一个备选方案和第三个备选方案均笼统地规定，成员国应根据本文书的规定，采取适当、有效、具有劝阻作用的法律或行政措施；第二个备选方案，增添了土著人民的执法权（且不得被要求出具经济损失的证据），并且明确提出制裁措施应包括刑事措施；第四个备选方案明确规定，成员国应提供必要的法律、政策或行政措施，保证受益人利益不因故意或过失而受到伤害。2016年赞比亚《传统知识、遗传资源和民间文学艺术表达形式保护法》第71条列举了11种应受罚款、监禁（不超过五年）或两者并罚的犯罪行为，包括在申请许可、签订协议等过程中提供虚假信息，未经批准更改协议中的使用目的，未经许可获取遗传资源或传统知识，未经许可勘探遗传资源，不属于传统社区成员且在未经事先知情同意的情况下，在传统范围之外利用传统知识、遗传资源或民间文学艺术等。2016年肯尼亚《传统知识与文化表达保护法》第37条列举了15种应受罚款、监禁或两者并罚的犯罪行为，包括未经授权发行与民间文学艺术相关的商品或服务，未经授权以非习惯方式使用民间文学艺术，未标明民间文学艺术的来源，歪曲、割裂、贬损民间文学艺术而损害相关社区文化利益，虚假性、误导性使用民间文学艺术，未经授权而取得并行使民间文学艺术产权等。

就我国民间文学艺术产权保护而言，在立法上可吸收上述规则来规定相应的行政责任和刑事责任，对侵犯民间文学艺术产权的行为进行规制。行政责任包括警告，责令停止侵权，没收违法所得，没收、销毁侵权复制品，没收用于制作侵权复制品的材料、工具、设备等。刑事处罚则可以参照"侵犯著作权罪"和"销售侵犯复制品罪"执行。

综上所述，我国在制定民间文学艺术产权保护的法律法规时，关于侵犯民间文学艺术产权的法律责任条款，可规定：侵犯民间文学艺术产权的，应当承担停止侵害、消除影响、赔礼道歉、赔偿损失等民事责任；损害公共利益的，除承担前述民事责任外，由著作权主管部门责令停止侵权行为，予以警告，没收违法所得，没收、销毁侵权复制品，并可处以"公共领域付费"标准一倍以上、五倍以下的罚款；构成犯罪的，依法追究刑事责任。

第二节 侵犯民间文学艺术产权的法律救济

法律救济是权利得以保护与落实的基本途径。在知识产权法上，知识产权侵权的一般救济包括民事诉讼中的一般救济措施，如禁令、赔偿等，还包括体现知识产权侵权特性的举证责任倒置等措施。近年来，学界关于知识产权损害赔偿，特别是惩罚性损害赔偿的讨论逐渐增多，随着研究的深入，惩罚性赔偿已经在知识产权侵权方面探索到可适用的空间。另外，检察机关也在探索公益诉讼在文化遗产保护中的应用。对民间文学艺术的产权保护而言，最实际的问题不是如何定义，也不是承认这种文化遗产像其他财产一样受到法律保护，最为关键的还是对法律的执行。① 对此，提

---

① See Erica-Irene Daes, *INTELLECTUAL PROPERTY AND INDIGENOUS PEOPLES*, 95 American Society of International Law Proceedings 143, April 4-7, 2001, pp. 146-147.

出将"举证责任倒置""惩罚性赔偿"以及"公益诉讼"纳入民间文学艺术产权侵权的救济途径，以进一步保护民间文学艺术产权。

一、举证责任倒置

举证责任是指在诉讼活动中，当事人针对自己提出的主张，负有提出证据加以证明的责任。① 从性质来看，提出证据是当事人维护自身权益的诉讼权利，同时，当事人向法院提出任何诉求（或主张），并要求加以确认，就有责任向法院提出证据加以证明。② 从法律的规范结构来看，举证责任的一般分配原则是，在没有法律规定的情况下，当事人应就该法规要件在实际上已经存在的事实予以主张和证明，③ 即各当事人对其有利于自己的规范要件加以主张和证明。

在民事诉讼领域，根据民事侵权责任的基本构成要件，原告（被侵权人）就其主张的侵权损害赔偿，在侵权行为、损害结果、因果关系、主观过错等方面负有举证责任。这也是举证责任的一般分配方式，即"谁主张，谁举证"。我国《民法典》和《民事诉讼法》也遵循了这一点。④ 但是在特殊情况下，举证责任会基于原本的一般分配方式，在当事人之间发生一定转移。如我国《民法典》规定，建筑物或堆放物致人损害的，建筑物的所有

---

① 参见江伟主编：《民事诉讼法学》，文化艺术出版社 1986 年版，第 164 页。

② 参见江伟主编：《民事诉讼法学》，文化艺术出版社 1986 年版，第 164～168 页。

③ 参见[德]罗森贝克：《证明责任论：以德国民法典和民事诉讼法典为基础撰写》，庄敬华译，中国法制出版社 2001 年版，序。

④ 我国《民法典》"侵权责任编"以"过错责任"为一般归责原则，其第 1165 条规定："行为人因过错侵害他人民事权益造成损害的，应当承担侵权责任。"我国《民事诉讼法》第 64 条规定："当事人对自己提出的主张，有责任提供证据。"最高人民法院《关于适用〈中华人民共和国民事诉讼法〉若干问题的解释》第 90 条规定："当事人对自己提出的诉讼请求所依据的事实或者反驳对方诉讼请求所依据的事实，应当提供证据加以证明，但法律另有规定的除外。在作出判决前，当事人未能提供证据或者证据不足以证明其事实主张的，由负有举证证明责任的当事人承担不利的后果。"

人、管理人或者使用人，或堆放物的堆放人须承担证明自己无过错的证明责任。① 此时，原告(受害人)就其主张的侵权损害赔偿，不再负有证明被告(侵害人)主观过错的责任，相应的举证责任转移到了被告方，即举证责任在证明主观过错方面发生了"倒置"。

在知识产权侵权领域，适用举证责任倒置的情况更为普遍。由于权利所有者需要将知识产品公开以换取一定期限的垄断权，客观上，权利人很难控制他人对知识产品的利用，主观上，权利人也难以就他人侵权行为的主观过错进行举证。故知识产权侵权的归责原则采用了"二元归责原则"，即过错责任原则和过错推定原则。②

在著作权领域，对著作权侵权行为的认定一般按照"接触+实质性相似"的方式。按照我国学者的说法，接触是一种既定的事实行为，即被告(侵权人)曾经接触过原告(著作权人)的作品；③ 在美国，接触(access)是指具有接触的可能性，即被告(侵权人)有机会看到或了解到原告(著作权人)享有著作权的作品，"看到或了解"的途径可以是公开的，也可以是不公开的，④ 并且这种"可能性"是可由证据证明的，不是出于臆想或猜测。⑤ 而"实质性相似"(similarity)是指被告侵权作品与原告被侵权作品在内容上

---

① 我国《民法典》第 1253、1255 条分别规定："建筑物、构筑物或者其他设施及其搁置物、悬挂物发生脱落、坠落造成他人损害，所有人、管理人或者使用人不能证明自己没有过错的，应当承担侵权责任。所有人、管理人或者使用人赔偿后，有其他责任人的，有权向其他责任人追偿。""堆放物倒塌、滚落或者滑落造成他人损害，堆放人不能证明自己没有过错的，应当承担侵权责任。"

② 参见吴汉东：《知识产权侵权诉讼中的过错责任推定与赔偿数额认定——以举证责任规则为视角》，载《法学评论》2014 年第 5 期。郑成思教授认为，知识产权侵权的归责原则应以无过错责任原则作为对过错责任原则的补充和修正，参见郑成思：《侵害知识产权的无过错责任》，载《中国法学》1998 年第 1 期。

③ 参见王迁：《知识产权法教程》(第四版)，中国人民大学出版社 2014 年版，第 41 页；吴汉东：《试论"实质性相似+接触"的侵权认定规则》，载《法学》2015 年第 8 期。

④ 也就是说，不要求被侵权作品是否公开发行。

⑤ 参见李明德：《美国知识产权法》，法律出版社 2014 年版，第 358~359 页。

具有一定的相似程度，表明被告抄袭了原告的作品。① 一般来说，被告在法律上反驳"接触"的通常做法是进行"合理来源抗辩"，② 而"实质性相似"的判断主要围绕被告侵权作品与原告作品的相似程度展开举证。这个过程实际上暗含了著作权法推定侵权行为人具有主观过错的归责方式，即只要被告有证据证明自己作品具有独创性或合法来源，即可推翻这种过错推定。

在专利侵权领域，也适用了举证责任倒置的举证方式，即被告应证明其产品制造方法不同于原告专利方法。③ 这是比较科学的。法院进行裁判所依赖的法律事实往往需要负有证明责任的当事人进行确认，如果负有证明责任的当事人不能提交相应证据或提交的证据不足以证明该法律事实，法院就会作出对该当事人不利的裁判。因此，法律为了解决纠纷，在"有意识地利用由确认风险所生的对当事人证明行为的压力"④的前提下，将由

① 参见李明德：《美国知识产权法》，法律出版社2014年版，第360页；吴汉东：《试论"实质性相似+接触"的侵权认定规则》，载《法学》2015年第8期。

② 我国《著作权法》第59条规定："复制品的出版者、制作者不能证明其出版、制作有合法授权的，复制品的发行者或者视听作品、计算机软件、录音录像制品的复制品的出租者不能证明其发行、出租的复制品有合法来源的，应当承担法律责任。"根据最高人民法院2020年发布的《关于知识产权民事诉讼证据的若干规定》第4条的规定，被告依法主张合法来源抗辩的，应当举证证明与其合理注意义务程度相当的合法取得被诉侵权产品、复制品的事实，包括合法的购货渠道、合理的价格和直接的供货方等，并由此推定其不知道被诉侵权产品、复制品侵害知识产权。被告的经营规模、专业程度、市场交易习惯等，可以作为确定其合理注意义务的证据。

③ 我国《专利法》第61条规定："专利侵权纠纷涉及新产品制造方法的发明专利的，制造同样产品的单位或者个人应当提供其产品制造方法不同于专利方法的证明。"最高人民法院2020年发布的《关于知识产权民事诉讼证据的若干规定》第3条规定："专利方法制造的产品不属于新产品的，侵害专利权纠纷的原告应当举证证明下列事实：（一）被告制造的产品与使用专利方法制造的产品属于相同产品；（二）被告制造的产品经由专利方法制造的可能性较大；（三）原告为证明被告使用了专利方法尽到合理努力。原告完成前款举证后，人民法院可以要求被告举证证明其产品制造方法不同于专利方法。"

④ 这种"确认风险"是指，法律期望任何一方当事人通过自己的行为，将由其承担证明责任的事实提出来加以确认，但这种"事实"尚不能被确认为真实的。参见［德］罗森贝克：《证明责任论：以德国民法典和民事诉讼法典为基础撰写》，庄敬华译，中国法制出版社2001年版，第22~23页。

法官收集资料的任务转交给当事人。就专利侵权来说，较他人而言，被告（侵权人）对其生产方法是最熟悉的，被告侵权人也最容易证明其方法不同于原告专利权人的专利方法。这种涉及科学技术和证据距离等专业问题，如果要求原告进行举证，如无公权力依法介入，一般无法深入调查被告侵权人的产品生产过程，最终便无法举证，这不符合侵权行为法救济被害人的理念，故有必要减轻原告的举证责任。这样做节省了社会成本，也符合法律经济学基本原理。

总的来说，举证责任倒置是保护被害人的一种方法，即"将法律要件分类说所定的一般举证责任原则分配加以倒置，使加害人就相反的事实负举证责任"。① 就民间文学艺术而言，涉及侵犯民间文学艺术精神权利与经济权利，如果被告侵权人主张抗辩的，可概由其证明产品具有合理来源或不同于该民间文学艺术。

二、惩罚性赔偿

惩罚性赔偿(punitive damages)是指法院判令赔偿的数额超出了被侵权人因侵权行为所遭受实际损失的赔偿，亦称为报复性赔偿(vindictive damages)或示范性赔偿(exemplary damages)。② 惩罚性赔偿最初源于刑事责任，用于惩罚犯罪，从而同时达到制裁和威慑、特殊预防和一般预防的效果。在民事领域，惩罚性赔偿不同于一般民事赔偿责任中的"填补"规则和"恢复"效果，而具有惩罚的性质和效果。近年来，学界开始讨论将惩罚性赔偿适用于民事损害赔偿，将其作为民事权利遭受侵犯的一种救济措施。

在国外，日本学术界关于赞同惩罚性损害赔偿的讨论逐渐增多，多数

---

① 参见王泽鉴：《侵权行为法》(第一册)，中国政法大学出版社 2001 年版，第274 页。

② 参见王利明：《惩罚性赔偿研究》，载《中国社会科学》2000 年第 4 期。

学者认为，有必要在除刑法外的其他法律领域部分引入惩罚性损害赔偿。①
如日本学者三岛宗提出，在刑事责任方面过度强调刑事惩罚，无法实际达
到遏制和预防"反社会行为"的效果，而且还可能侵害基本人权。在民事赔
偿方面，不宜全面适用惩罚性赔偿，可在非财产损害赔偿时适当加入惩罚
性赔偿，使民法也具有制裁违法行为的功能，从而协助刑法达到遏制非法
行为的目的和社会效果。② 日本学者田中英夫和竹内昭夫则认为，在民法
中全面适用刑法中的惩罚性制度，将刑法与民法严格划分，是思维僵化的
体现。民法中的侵权责任制度是以损害赔偿为目的的制度，同样具有制裁
功能。③ 日本学者浦川道太郎提出，可以在侵害名誉权等领域，适当规定
用于弥补实际损失以外的"慰谢金"，使民法也具有制裁性和惩罚性
功能。④

　　在法国，惩罚性赔偿制度并没有明确出现在现有法律规范中，但对侵
权行为进行惩罚赔偿的理念已经"隐藏"在合同制度和知识产权制度
之中。⑤

　　在意大利现有法律体系中，与惩罚性赔偿相关的规定并不具有惩罚性
质，而是强调"公共秩序"目的。⑥

　　在美国，惩罚性赔偿的适用多数涉及侵犯商业秘密的行为。⑦ 1939 年

---

　　① 　参见［日］浦川道太郎：《日本法的惩罚性损害赔偿与制裁性慰谢金》，载《法
学家》2001 年第 5 期。
　　② 　参见于敏：《日本侵权行为法》，法律出版社 1998 年版，第 47 页。
　　③ 　参见［日］田中英夫、竹内昭夫：《私人在法实现中的作用》，李薇译，法律出
版社 2006 年版，第 158~164 页。
　　④ 　参见于敏：《日本侵权行为法》，法律出版社 1998 年版，第 47 页。
　　⑤ 　参见［法］让-塞巴斯蒂安·博尔盖蒂：《法国的惩罚性赔偿金》，载［奥地利］
赫尔穆特·考茨欧、瓦内萨·威尔科克斯编：《惩罚性赔偿金：普通法与大陆法的视
角》，窦海阳译，中国法制出版社 2012 年版，第 64~78 页。
　　⑥ 　参见［意大利］亚历山德罗·P. 斯卡尔索：《意大利的惩罚性赔偿金》，载［奥
地利］赫尔穆特·考茨欧、瓦内萨·威尔科克斯编：《惩罚性赔偿金：普通法与大陆法
的视角》，窦海阳译，中国法制出版社 2012 年版，第 123~137 页。
　　⑦ 　E. g. , Mattel, Inc. v. MGA Entm't, Inc. , 801 F. Supp. 2d 950, 958 (C. D. Cal.
2011) (award of $ 85 million in punitive damages for trade secret misappropriation).

美国《第一次侵权法重述》涉及侵犯商业秘密的补救措施，但未提及惩罚性赔偿。1979 年《第二次侵权法重述》则规定，出于被告的恶意（evil motive），或者漠视他人权利的不顾后果（reckless）的侵犯，可针对这种恶意侵权（outrageous）行为给予惩罚。① 1995 年《反不正当竞争法重述》接受了 1979年《统一商业秘密法》中关于商业秘密保护的规定，重新规定了"重述法"的范围，有七个部分讨论了商业秘密法，其中就包含了惩罚性赔偿的内容。在美国，惩罚性赔偿的数额甚至包括补偿胜诉原告的诉讼费用，但须经过初审法官的审查和上诉程序。② 在"捍卫者工业"诉"西北交互生活保险公司"一案③中，美国第四巡回上诉法院根据第七修正案，确认了陪审团决定惩罚性赔偿金数额的权利。由于适用惩罚性赔偿具有一定模糊性，并且原告一旦胜诉，就会获得巨大的额外利益，美国州最高法院禁止过度适用惩罚性赔偿。在"汽车交互保险公司"诉"坎贝尔"一案中，由于多数法官的反对，法院最终撤销了犹他州最高法院陪审团的判决，该判决涉及 1.45 亿美元的惩罚性赔偿金和 100 万美元的补偿性损害赔偿。在"北美宝马公司"诉"戈尔"一案④中，法院确立了三项检验惩罚性赔偿是否过度的基本原则：（1）被告行为应受谴责（reprehensibility）的程度，这是最重要的一点；（2）原告遭受的实际或潜在（actual or potential）损失与惩罚性赔偿金的悬殊程度（disparity）；（3）惩罚性赔偿金额与类似案例的一般授权数额（authorized or imposed in comparable cases）或一般民事处罚（civil penalties）的区别。惩罚性赔偿的适用原则由上述"戈尔"案和"坎贝尔"案基本确立，也被称为"戈尔（或坎贝尔）指导原则"（Application of the Gore/Campbell Guideposts），并

①　See *The Restatement of Torts* (*Second*), for example, states "punitive damages may be awarded for conduct that is outrageous, because of the defendant's evil motive or his reckless indifference to the rights of others".

②　See John F. Vargo, *The American Rule on Attorney Fee Allocation: The Injured Person's Access to Justice*, 42 AM. U. L. REV. 1567, 1993, pp. 1569-1590.

③　Def Indus. , Inc. v. Nw. Mut. Life Ins. Co. , 938 F. 2d 502 (4th Cir. 1991) (en banc).

④　BMW of North America, Inc. v. Gore, 517 U. S. 559 (1996).

且被美国联邦最高法院和一些州法院采纳，作为适用指南。

在国内，多数学者认可了惩罚性赔偿的功能和社会效用，如对补偿受害人损失的作用;① 对受害人有安抚与激励功能;② 对侵权人具有惩罚、阻吓的作用;③ 对社会具有遏制不法行为的效果;④ 达到预防犯罪的社会效果。⑤ 有的学者认为，判处惩罚性赔偿应考虑被告的责任能力，具体来说，应当根据当事人的财产状况进行个案处理。⑥ 因为惩罚性赔偿金额的确定关系到其最终能否得到切实执行：如果判罚金额过大，侵权人根本无力赔偿，法院的最终裁判便无法执行，这有损司法权威；如果判罚金额过小，侵权行为人赔偿能力远超过判罚金额，则达不到惩罚和遏制侵权行为的法律效果。

在数额上，惩罚性赔偿一般超过了补偿性赔偿。从民法理论来看，超出实际损失的赔偿部分，一定程度上构成了受害人的不当得利，故而惩罚性赔偿有违背公平正义和不当得利之嫌。在民事领域，对侵权行为人进行惩罚似乎也超出了传统私法的功能范畴，德国⑦、法国⑧等都曾存在法院以违反公共利益为由，拒绝承认和执行其他国家惩罚性赔偿判决的

---

① 参见温世扬：《惩罚性赔偿与知识产权保护》，载《法律适用》2004 年第 12 期。

② 参见陈年冰：《大规模侵权与惩罚性赔偿——以风险社会为背景》，载《西北大学学报(哲学社会科学版)》2010 年第 6 期；陈年冰：《我国惩罚性赔偿制度研究》，山东大学博士学位论文，2013 年。

③ 参见王泽鉴：《损害赔偿》，北京大学出版社 2017 版，第 79 页。另外，王泽鉴先生认为，损害的预防胜于损害补偿，侵权行为法通过确定行为人应遵循的规范及损害赔偿的制裁，而吓阻侵害行为，毫无疑问，具有一定的预防功能。参见王泽鉴：《侵权行为法》(第一册)，中国政法大学出版社 2001 年版，第 10 页。

④ 参见王利明：《惩罚性赔偿研究》，载《中国社会科学》2000 年第 4 期。

⑤ 参见温世扬：《惩罚性赔偿与知识产权保护》，载《法律适用》2004 年第 12 期。

⑥ 参见张新宝、李倩：《惩罚性赔偿的立法选择》，载《清华法学》2009 年第 4 期。

⑦ Vgl. BGHZ 118, 312 = NJW 1992, 3096.

⑧ See Gilles Cuniberti, *French Supreme Court Rules on Punitive Damages*, http://conflietiflaws. net/2010/french-supreme-court-rules-on-punitive-damages/, last visit at 12 December 2016.

做法。

但是，知识产权侵权不同于一般民事侵权。由于知识产权客体，即有用的知识信息，具有非物质性，不会因为空间和时间的变化而产生实际损耗。人们对知识信息的占有和控制不以知识信息载体的变化而变化，这使得知识信息可以借助不同媒介来广泛传播，特别是在信息技术高速发展的当下，知识信息的传播几乎可以达到"实时同步"的速度。因此，知识产权侵权越发"规模化"，侵犯知识产权的行为也变得不可控制。这极大地影响了知识产权制度的运行，损害了知识创新者的利益，打击了知识创新者的积极性，不利于科学技术和社会经济的发展。故而有必要在知识产权制度中适当引入惩罚性赔偿。

作为知识产权人维护其知识产权利益的法律救济途径，惩罚性赔偿在知识产权领域的适用在学界得到了支持，世界上多数国家在知识产权法律或相关司法实践中也适用了惩罚性赔偿。德国有学者建议至少应在知识产权领域引入惩罚性赔偿。[①] 在著名的"Caroline"案中，德国联邦法院以赔偿金额过低为由推翻了初审法院的判决，并明确指出，除了让权利人获得足够的补偿外，威慑侵权人也是赔偿的主要目的和功能。[②] 美国学者认为，知识产权侵权中，损害、不当获利和惩罚是"金钱救济之凳的三条腿"；同理，损害补偿、侵权所得和惩罚性赔偿也是金钱补救的三种主要方式。由于侵权行为者与知识产权人的实际损失之间并无直接联系，知识产权侵权一般不考虑侵权行为人的主观故意，因而故意甚至恶意（willful）侵犯知识产权的行为更具"可责难性"，对故意或者恶意侵犯知识产权的行为施以惩罚性赔偿，更具合理性。[③] 但应当明确的是，在知识产权侵权领域适用惩

① See Vgl. Heinz-Dieter Assmann, *Schadensersatz in mehrfacher hohe des Schadens: Zur Erweiterung des Sanktionensystems fur die Veletzung gewerblicher Schutzrechte und Urheberrechte*, BB 1985, S. 16.

② Vgl. BGHZ 128, 1.

③ See Mark A. Thurmon, *Federal Trademark Remedies: A Proposal for Reform*, 5 Akron Intellectual Property Journal 137, 2011, pp. 162-164.

罚性赔偿的目的不是为了处罚侵权行为人，而是为了救济知识产权人。在惩罚性赔偿金额的确定方面，有学者建议将"被告的财富状况"以及"其他可能加诸被告不法行为的处罚因素"，作为评估惩罚性损害赔偿金额的考量因素。如果不考虑被告的财富状况，那么对于具有大量财富的"深口袋"的被告而言，同一数额的惩罚从中所得到的教训相较于只具有一般财富的不法行为人来说要低。① 美国早在 1909 年《版权法》中便规定，以 250 美元为下限、5000 美元为上限进行惩罚赔偿。1976 年《版权法修正案》规定，若版权人能够证明侵权人故意侵权，法院可酌情将赔偿额调至 10 万美元。② 商标和专利领域的赔偿则由法院"审慎审查"后，在实际损害的 3 倍以内判令赔偿。③ 在我国，《著作权法》《商标法》和《专利法》均已明确了惩罚性赔偿。

民间文学艺术产权是一种特别类型的知识产权，同样可适用惩罚性赔偿。侵犯民间文学艺术产权的行为主要表现为侵犯其精神权利和经济权利，如使用受保护的民间文学艺术时，未标明其来源，或未标明其真实来源，对其内容或形式进行歪曲、篡改；未经相关权利主体许可，对未公开的民间文学艺术进行公开发表、复制、改编、向公众传播等行为。综合前述理论研究和实践做法，可以将侵犯民间文学艺术产权行为适用惩罚性赔偿的要件总结为以下几点：（1）侵权行为人的故意或恶意，如侵权行为人明知所使用的民间文学艺术受法律保护，明知其来源而故意未标注其来源或故意错误地标注其来源，或者在民间文学艺术的内容或形式上进行歪曲、篡改，与相关传统习惯完全相悖，或严重伤害了相关民族的情感；（2）侵权行为的规模，如侵权行为所涉及的民间文学艺术内容极多，或者

---

① See Robert E. Riggs, *Constitutionalizing Punitive Damages*：*The Limits of Due Process*，52 Ohio St. L. J. 859，1991；Paul A. Williams, *Removing Hands from "Deep Pockets"*：*Restrictions on Punitive Damage Recovery in Strict Products Liability*，62 U. M. K. C. L. REV. 619，1994.

② See Ralph S. Brown, *Law and Contemporary Problems*，Spring，1992.

③ See Mark A. Thurmon, *Federal Trademark Remedies*：*A Proposal for Reform*，5 Akron Intellectual Property Journal 137，2011，pp. 175-178.

因侵权行为导致所涉及的民间文学艺术流传范围极广，严重损害了相关权利主体的经济利益；（3）侵权行为产生的收益，即侵权人因其侵权行为获益巨大，且与同等情况下的一般授权使用金额差距过大。

三、公益诉讼

针对侵犯民间文学艺术产权的行为，我们还可以将其纳入公益诉讼的范畴，以维护传统社群对其民间文学艺术的产权利益，进一步解决民间文学艺术产权保护"主体缺位"的难题。

（一）公益诉讼的内涵

"公益诉讼"（public interest actions）是一种诉讼形式，目前尚无统一定义。[1] 整体上看，公益诉讼是指特定主体根据法律的授权，对损害公共利益的行为诉诸法院的诉讼活动。根据公益诉讼的性质，可将其分为民事公益诉讼、刑事公益诉讼、行政公益诉讼以及宪法公益诉讼。公益诉讼的主要原理是：在法治国家，公民享有管理国家事务和社会事务的权力，公民出于信任或其他，将这种权力让渡给政府（或国家机关）。当公共利益受损，特定主体有权依法就损害公共利益的行为提起诉讼以保护公共利益。公益诉讼是促进公民自身权利和权力得以实现，以及保障公权力得以正确行使的途径，也是民主权利在诉讼领域法律化和制度化的体现。[2] 公益诉讼的主要目的在于保护公共利益。

公益诉讼的范围取决于对公共利益的理解。在学界，公共利益的概念有不同表述。根据罗尔斯所说的公共利益的"不可分程度"和相应的"公共

---

① 关于公益诉讼的不同定义，详见刘学在：《民事公益诉讼制度研究》，中国政法大学出版社 2015 年版，第 60~65 页。

② 参见苏家成、明军：《公益诉讼制度初探》，载《法律适用》2000 年第 10 期。

性规模",① 可将公共利益划分为不同层次的利益,主要有"二层次说"②和"三层次说"③。

"二层次说"将公共利益划分为国家利益和社会公共利益。其中,第一层次的公共利益是社会公共利益,即社会全部成员或部分成员的利益;④第二层次的公共利益是国家利益,所谓国家利益是指能够满足国家存续的需要,对国家有益的一切方面。⑤ 国家利益不同于社会公共利益的理由之一是,国家利益是在国际政治范畴下对外使用的概念,⑥ 是国家作为一个整体之利益。⑦

"三层次说"则认为公共利益包括国家利益、不特定多数人利益以及需要特殊保护的利益三个层次。其中,第一层次的公共利益是国家利益,这是公共利益的核心,也是罗尔斯所说的公共利益不可分的极端情况,如国家遭受不正当入侵,所有公民都必须获得"相同数量"的平等保护,因为国家不能完全按照他们的受保护愿望来确定不同的保护;⑧ 第二层次的公共利益是社会中不特定多数人的利益,这是公共利益的常态,如不特定多数消费者的利益、环境污染受害人的利益、因他人垄断行为而受损的经营者

---

① 参见[美]罗尔斯:《正义论》,何怀宏、何包钢、廖申白译,中国社会科学出版社2009年版,第209页。

② 关于公共利益的"二层次说",参见颜运秋:《公益诉讼法律制度研究》,法律出版社2008年版,第26~27页。

③ 关于公共利益的"三层次说",参见韩波:《公益诉讼制度的力量组合》,载《当代法学》2013年第1期。

④ 也可以认为,公共利益是社会成员"共同消费之可能性的利益诉求"。参见梁君瑜:《公物利用性质的反思与重塑——基于利益属性对应权利(力)性质的分析》,载《东方法学》2016年第3期。

⑤ 参见张卫平:《民事公益诉讼原则的制度化及实施研究》,载《清华法学》2013年第4期。

⑥ 参见颜运秋:《论法律中的公共利益》,载《政法论丛》2004年第5期。

⑦ 参见林莉红:《论检察机关提起民事公益诉讼的制度空间》,载《行政法学研究》2018年第6期。

⑧ 参见[美]罗尔斯:《正义论》,何怀宏、何包钢、廖申白译,中国社会科学出版社2009年版,第209页。

利益等；第三层次的公共利益是需要受到特殊保护的利益，这是公共利益的特别情况，如老人、妇女、儿童、残疾人等特殊群体的利益。

实际上，客观层面的国家利益和社会公共利益存在明显的交叉和重合，很难断言二者谁是公共利益的核心，将二者进行完全划分在法律上也没有太大的意义。"三层次说"根据利益主体的不同，将国家利益置于第一层次，将"二层次说"中的社会公共利益进行细化，分为不特定多数人的利益和需要特殊照顾的利益，一定程度上考虑了"最少受惠者的最大利益"，即罗尔斯所说的"差别原则"，① 因此，"三层次说"更加符合公平正义的理念。

根据公共利益的内容和性质，对公共利益的界定存在以下观点：

第一，共同利益说（或整体利益说），即强调公共利益是公民共同享有的利益具有公共性（或整体性）。边沁认为，"公共利益"既不是个人利益，也不是特殊利益，而是由组成共同体的若干成员的利益的总和。② 依此观点，公共利益是指社会中所有个人的利益整体，国家的目的就是最大限度地保护公共利益，实现社会中"最大多数人的最大幸福"。班费尔德（Edward Banfield）认为，公共利益是与特殊利益相对的利益：特殊利益代表部分社会公众的目标，它可以牺牲多数公众的目标为代价；而公共利益则代表社会整体公众的目标，它服务于整个公众而非其中的一部分。③ 美国《公共政策词典》是这样界定公共利益的：公共利益不是某个狭隘或专门行业的利益，而是在社会或国家中占据绝对地位的集体利益，它代表了构

---

① 参见[美]罗尔斯：《正义论》，何怀宏、何包钢、廖申白译，中国社会科学出版社 2009 年版，第 59~63 页。

② 参见[英]边沁：《道德与立法原理导论》，时殷弘译，商务印书馆 2000 年版，第 58 页。

③ See Martin Meyerson and Edward C. Banfield, *Politics*, *Planning and the Public Interest*, New York: The Free Press, 1955, p. 322. 转引自朱晓飞：《公益诉讼语境下的"公益"涵义解析》，载《环球法律评论》2008 年第 3 期。

成一个政体的大多数人的共同利益。① 美国政治学家亨廷顿（Huntington, S. P.）认为，公共利益并不是先天存在于人民意志之中的，公共利益的产生也不以"政治过程"为基础，公共利益的本质是"一种增强统治机构的东西"。② 博登海默将应受法律保护的利益分为个人利益（individual interests）、公共利益（public interests）和社会利益（social interests），其中，公共利益反映了政治组织社会的生活，公共利益在本质上是一种主张、要求或愿望。③

第二，秩序说。英国学者哈耶克认为，自由社会的公共利益是一种抽象的秩序，它以公共为目标，为其中任何成员提供运用自己知识的最佳渠道。④

第三，价值说。德国学者阿尔弗莱德·弗得罗斯与边沁的观点不同，他认为公共利益既不是整体人类的利益，也不是个人利益的总和，而是个人通过社会合作产出的所有价值的总和。因为公共利益与个人劳动、个性以及个人尊严具有一致性。⑤ 我国亦有学者认为，公共利益是社会群体中不确定多数人享有的并获得其认可的"价值体"。⑥

整体上看，共同利益说（或整体利益说）是主流观点，我国也有学者认为，公共利益是为某个民族、国家、阶级、集团所共同享有的，涉及政治、经济等领域的权益。⑦ 也有学者从公共利益的主体角度出发，提出公

① 参见［美］E. R. 克鲁斯克、B. M. 杰克逊：《公共政策词典》，唐理斌等译，上海远东出版社1992年版，第30页。

② 参见［美］亨廷顿：《变化社会中的政治秩序》，王冠华译，上海人民出版社2015年版，第19~22页。

③ 参见［美］博登海默：《法理学：法律哲学与法律方法》，邓正来译，中国政法大学出版社1999年版，第147页。

④ 参见［英］哈耶克：《经济、科学与政治——哈耶克思想精粹》，冯克利译，江苏人民出版社2000年版，第393页。

⑤ 参见胡建森、邢益精：《公共利益概念透析》，载《法学》2004年第10期。

⑥ 参见王太高：《公共利益范畴研究》，载《南京社会科学》2005年第7期。

⑦ 参见许崇德主编：《中华法学大词典》（宪法学卷），中国检察出版社1995年版，第191页。

共利益是指为社会全部或者多数成员所享有的利益，它涉及不确定多数人的利益，具有整体性和普遍性的特点。如环境利益是不特定人所享有的共同利益，因环境污染而遭受侵害的，既可能是特定主体的利益，也可能是不特定主体的利益，但肯定涉及不特定主体的共同利益。① 在民间文学艺术产权保护中，由于民间文学艺术所蕴藏的文化价值和经济价值具有公共利益属性，构成了探索公益诉讼在民间文学艺术产权保护方面可加以应用的空间和基础。

(二)公益诉讼在民间文学艺术产权保护中的应用

就民间文学艺术产权保护而言，公益诉讼作为一种权利救济途径，有一定的适用空间。如前所述，公益诉讼所涉及的公共利益是一种共同利益，它包括国家整体利益、不特定多数人的利益和需要特殊照顾的利益。民间文学艺术所涉及的利益，不仅属于作为中华民族一分子的民族利益，还属于传统社群本身作为不特定多数人的利益和作为需要特殊照顾的特殊群体的利益。首先，民间文学艺术是民族文化的体现，同时也是中华民族文化的一部分。从国际政治层面讲，民间文学艺术所体现的中华民族文化不容外国歪曲和侮辱，这是国家利益。其次，从民族人口数量和民族身份来讲，我国 55 个少数民族客观上属于"不特定多数人"。另外，现阶段，我国整体上还存在发展不平衡、不充分的问题，② 要实现充分、平衡的发展，尤其要重视民族地区的发展。③ 按照"民

---

① 参见林莉红：《法社会学视野下的中国公益诉讼》，载《学习与探索》2008 年第 1 期。

② 习近平总书记在十九大报告中作出重大判断，"中国特色社会主义进入新时代，我国社会主要矛盾已经转化为人民日益增长的美好生活需要和不平衡不充分的发展之间的矛盾"，这是十九大报告提出的一个重大理论和实践突破。

③ 参见胡鞍钢等：《中国社会主要矛盾转化与供给侧结构性改革》，载《南京大学学报(哲学·人文科学·社会科学)》2018 年第 1 期。

族优惠理论"①的说法，国家为改变少数民族在共同领域的不利处境，国家有义务对少数民族实施"授惠性特别措施"②(亦称为"优待政策"③或"差别待遇"④)，以实现"事实上的平等"。⑤ 从这个意义上讲，民间文学艺术所涉及的产权利益属于需要特殊照顾的公共利益。

整体上看，基于少数民族身份的特殊性，民间文学艺术所蕴含的文化价值和经济价值，既是国家利益，也是不特定多数人需要受特殊照顾的利益，具有公共利益的性质，需要受到保护。如果漠视这种利益遭受损害，不仅会使民间文学艺术的经济价值受到损害，还会伤害到它给人们带来认同感的文化价值。如果文化认同感和价值遭到严重破坏，文化系统和社会文明将会面临崩溃的危险。⑥ 公益诉讼作为保护社会公共利益的法定救济途径，应用于民间文学艺术的产权保护，具有正当性。

就诉讼主体来看，通过设立民间文学艺术产权，使相关主体，包

---

①　"民族优惠理论"的基本逻辑是，在面对民族群体时，法律承认并非所有个人都可以按照统一标准对待，政府将个人划分为优惠群体和非优惠群体，施以差异化的政策待遇。See Sowell Thomas, *Preferential Policics*, *An International Perspectiue*, p. 15, New York: William Morrow and company, Inc., 1990. 转引自韩刚:《中国民族优惠政策研究》，南开大学博士学位论文，2012年。

②　参见杜社会:《少数民族优惠政策的渊源、法理与特征》，载《云南民族大学学报(哲学社会科学版)》2014年第5期；杜社会:《平权视域下的少数民族优惠政策：原理、措施与合理性控制》，载《湖北社会科学》2014年第11期。

③　参见关凯:《族群政治》，中央人民大学出版社2007年版，第104页。

④　以使少数人有别于人口多数人的特征和传统得以保留。参见A. 布洛克:《少数人与土著民族》，古盛开译，载[挪]A. 艾德、[挪]C. 克洛斯、[挪]A. 罗萨斯主编:《经济、社会和文化权利教程》，四川人民出版社2004年版，第309页。转引自陈建越:《以制度和法治保护少数民族权利——中国民族区域自治的路径与经验》，载《民族研究》2009年第4期。

⑤　参见马戎:《民族平等与群体优惠政策》，载《中南民族大学学报(人文社会科学版)》2015年第6期。

⑥　参见[澳大利亚]戴维·思罗斯比:《经济学与文化》，王志标、张峥嵘译，中国人民大学出版社2011年版，第62页。

括其原始主体(传统社群，笔者确定为行政村)和管理主体(行政管理主体和集体管理主体)，有权就侵犯民间文学艺术产权的行为提起私益诉讼。

在民间文学艺术产权保护中引入公益诉讼，可将检察机关作为提起相关公益诉讼的法定主体。检察机关作为国家权力机构，是公共利益的代表者，检察机关所代表的政府利益与公共利益具有一致性,[①] 检察机关提起公益诉讼具有正当性。在亨廷顿那里，基于政治共同体的形成过程，公共利益是政府组织制度化的产物，公共利益的本质就是公共机构的利益。因为政府的合法性来源于对人民意志的反映，于是只要政府行为在客观上体现了它对各方的冲突和妥协的过程，就具有合法性。也就是说，政府行为出于合法性要求，它反映的是政府机构本身的利益。[②] 故公共利益的归属和维系均与政府机构相关。无独有偶，罗尔斯认为，公共利益具有公共性和不可分性体现为：当不确定的多数人要求获得某种公共利益时，在利益分配的过程中，就必须使每个人都享有同样一份利益，但由于公共利益不同于私人利益，不可能按照个人偏好进行细致划分。因此，公共利益的提供必须通过政治过程来安排，而不是市场。[③]

按照"国家代表权论"的说法，对于公共利益这种不可分的利益，有且只有国家才能代表，那些有权代表公共利益的组织也是由国家委托的。[④] 因此，国家介入公益纠纷具有正当性，国家机关基于其法定职能享有公益

---

① 参见林莉红：《论检察机关提起民事公益诉讼的制度空间》，载《行政法学研究》2018 年第 6 期。

② 参见[美]亨廷顿：《变化社会中的政治秩序》，王冠华译，上海人民出版社2015 年版，第 19~22 页。

③ 参见[美]罗尔斯：《正义论》，何怀宏、何包钢、廖申白译，中国社会科学出版社 2009 年版，第 209~210 页。

④ 参见[德]克雷斯蒂安·冯·巴尔：《欧洲比较侵权行为法》(上卷)，张新宝、焦美华译，法律出版社 2001 年版，第 468 页。

诉讼的原告资格也是合理的。①

　　就我国公益诉讼立法实践来看，自 1996 年"福建市民丘建东诉福建省龙岩市邮电局案"②以来，检察机关在公益诉讼方面的诉讼范围逐渐明确且正在逐步扩展。最高人民检察院于 2000 年发布的《关于强化检查职能、依法保护国有资产的通知》明确提出，检察机关应充分发挥检察职能，对侵害国家利益、社会公共利益的民事违法行为提起诉讼。我国于 2003 年修改《民事诉讼法》《行政诉讼法》时，学者们就对设立公益诉讼展开了热烈讨论，但最终公益诉讼仍没有在修改案中体现。2012 年修订的《民事诉讼法》，针对环境污染和侵害消费者权益等损害社会公共利益的行为，增加了关于公益诉讼的原则性规定。③ 2013 年修订的《消费者权益保护法》为此增设了第 47 条作为回应。④ 2017 年修订的《民事诉讼法》在第 55 条的原则性规定下增加了一款，正式赋予检察机关在法定条件下提起民事公益诉讼的职权。至此，我国民事公益诉讼包括了环境污染、资源保护和消费者权益保护三个基本类型。同年修订的《行政诉讼法》也首次规定了检察机关在生态环境和资源保护、食品药品安全、国有资产和国有土地保护等方面提起行政公益诉讼的专有职权。⑤ 2018 年发布的《最高人民法院、

---

　　①　参见张卫平：《民事公益诉讼原则的制度化及实施研究》，载《清华法学》2013 年第 4 期。

　　②　该案被认为是我国公益诉讼"第一案"，参见刘学在：《民事公益诉讼制度研究》，中国政法大学出版社 2015 年版，序。

　　③　2012 年修订的《民事诉讼法》增设了第 55 条："对污染环境、侵害众多消费者合法权益等损害社会公共利益的行为，法律规定的机关和有关组织可以向人民法院提起诉讼。"

　　④　2013 年修订的《消费者权益保护法》增设了第 47 条："对侵害众多消费者合法权益的行为，中国消费者协会以及在省、自治区、直辖市设立的消费者协会，可以向人民法院提起诉讼。"

　　⑤　2017 年修订的《行政诉讼法》增设了第 25 条第 3 款："人民检察院在履行职责中发现生态环境和资源保护、食品药品安全、国有财产保护、国有土地使用权出让等领域负有监督管理职责的行政机关违法行使职权或者不作为，致使国家利益或者社会公共利益受到侵害的，应当向行政机关提出检察建议，督促其依法履行职责。行政机关不依法履行职责的，人民检察院依法向人民法院提起诉讼。"

最高人民检察院关于检察公益诉讼案件适用法律若干问题的解释》(以下简称《解释》),对检察机关提起公益诉讼的法定条件和程序进行了细化。2020 年 12 月,最高人民检察院对该《解释》进行了修正,主要是依据《民法典》中关于"侵害英雄烈士等的姓名、肖像、名誉、荣誉"的规定,增加了检察机关提起相应民事公益诉讼的案件范围。① 我国 2018 年修订的《人民检察院组织法》首次在检察院职权中增加了依法提起公益诉讼的内容。②

近年来,有学者就检察机关提起公益诉讼的法律依据少、相关司法解释法律位阶低、缺乏权威性和可操作性等问题提出质疑,建议对公益诉讼进行立法,统一规定公益诉讼的主体、范围、条件、程序(如公益诉讼相关鉴定、公益诉讼赔偿金管理)。③ 也有人大代表在两会中提议,制定"检察公益诉讼法",拓展检察机关公益诉讼办案范围,将文物和文化遗产保护也纳入公益诉讼范围。④ 实际上,在法律实践中,检察机关已经将文化遗产保护作为其在公益诉讼方面的工作内容,最高人民检察院于 2020 年

---

① 另外,此次修正还根据《人民陪审员法》的规定,对公益诉讼案件审理适用人民陪审制的相关内容进行了调整。参见《最高人民法院、最高人民检察院关于检察公益诉讼案件适用法律若干问题的解释(2020 年修正)》第 7、13 条。

② 我国 1979 年通过的第一部《人民检察院组织法》并没有直接赋予检察机关提起公益诉讼的职能,在之后的 1983 年第一次修订以及 1986 年第二次修订版本中,也没有对检察机关提起公益诉讼的职能进行规定。直到 2018 年第三次修订时,才首次将依法提起公益诉讼作为人民检察院的法定职权。参见《中华人民共和国人民检察院组织法》第 20 条。

③ 这是全国政协委员、中国人民大学法学院教授汤维建于 2018 年的提议。参见正义网,https://www.spp.gov.cn/spp/zdgz/201803/t20180307_369336.shtml,最后访问日期:2021 年 3 月 28 日。

④ 湖南省人大代表在 2021 年两会中联名提议:制定《检察公益诉讼法》,推动新时代公益诉讼检察工作高质量发展,根据拓展公益诉讼办案范围的检察实践,明确将安全生产、公共安全、生物安全、网络侵害(个人信息保护)、文物和文化遗产、妇女儿童权益、国防军事以及扶贫等领域纳入公益诉讼范围。参见《法治中国—两会特刊》,2021 年 3 月 8 日。http://newspaper.jcrb.com/2021/20210308/20210308_005/20210308_005_3.htm,最后访问日期:2021 年 3 月 28 日。

12月发布了十起文物和文化遗产保护公益诉讼典型案例①，主要涉及传统建筑和传统村落等物质文化遗产。

　　将检察机关作为提起民间文学艺术产权保护公益诉讼的主体，一方面可以发挥检察机关的监督效果，防止相关管理机构不作为或消极作为，保障传统社群的相关权益；另一方面，由检察机关提起公益诉讼，可以减少民间文学艺术相关权利主体的维权成本，提高司法资源利用率，节约社会成本，促进民间文学艺术产权利益的实现。

　　综上所述，将以检察机关为诉讼主体的公益诉讼纳入民间文学艺术产权保护的救济途径具有正当性和可行性。结合我国诉讼法和相关司法解释的规定，可在民间文学艺术产权保护制度中规定：当人民检察院发现相关侵权行为，但缺乏相关原告主体或者相关权利主体不起诉，检察机关可以向法院提起民事公益诉讼。在相关权利主体提起的民间文学艺术产权侵权诉讼中，人民检察院也可以支持起诉。

---

　　①　具体是：1. 新疆维吾尔自治区博乐市人民检察院诉谢某某等9人盗掘古墓葬刑事附带民事公益诉讼案；2. 陕西省府谷县人民检察院督促保护明长城镇羌堡行政公益诉讼案；3. 甘肃省敦煌市人民检察院督促保护敦煌莫高窟行政公益诉讼案；4. 福建省晋江市人民检察院督促保护安平桥文物和文化遗产行政公益诉讼案；5. 江苏省无锡市滨湖区人民检察院督促保护薛福成墓及坟堂屋行政公益诉讼案；6. 山西省左权县人民检察院督促保护八路军杨家庄兵工厂旧址行政公益诉讼案；7. 江西省龙南市人民检察院督促保护客家围屋行政公益诉讼案；8. 上海市虹口区人民检察院督促保护优秀历史建筑德邻公寓行政公益诉讼案；9. 浙江省嵊州市人民检察院督促保护中共浙江省工作委员会旧址行政公益诉讼案；10. 湖北省恩施市人民检察院督促保护崔家坝镇鸦鹊水村滚龙坝组传统村落行政公益诉讼案。参见最高人民检察院网站：https://www.spp.gov.cn/xwfbh/wsfbt/202012/t20201202_487926.shtml#1，最后访问日期：2021年3月29日。

结　语

第一，在民间文学艺术产权的客体方面。首先，确定民间文学艺术产权保护的表达原则和整体性保护原则：表达原则，即仅保护文学和艺术领域的表达，不保护相关思想观念，从而将节庆、历法、习惯等不具有知识产权意义的内容排除在保护范围之外；整体性保护原则，即将民间文学艺术的表达形式和内容作为一个整体来看待，对民间文学艺术进行整体性保护。其次，通过总结和分析民间文学艺术的传统性、集体性和独创性特征，将其作为产权保护的实体要件和保护标准。传统性，即要求受保护的民间文学艺术具有历时性，代代相传而几乎没有实质性变化；集体性，要求受保护的民间文学艺术反映相关传统社群长期以来渐次形成的集体审美意识和审美认知；独创性，要求受保护的民间文学艺术具有最低程度的创新，且体现其民族文化特色。

第二，在民间文学艺术产权的主体方面。首先，在确定权利归属时，构建"个人—集体—国家"三元主体结构。基于民间文学艺术的集体性特征，将民间文学艺术产权归于相关传统社群群体，本书确定为相关行政村。基于民间文学艺术的传承性特征，考虑到相关传承人的贡献，可在权利配置过程中予以照顾。在难以确定原始主体或产生国际纠纷等特殊情况下，相关国家机关可代替国家行使相关权利。其次，在权利管理方面，构建"行政管理+集体管理"二元管理结构。通过确定相关国家机关(国家知识产权局和各地知识产权部门)统筹管理民间文学艺术产权的职权和职责，保障少数民族管理自身文化事业的基本权利；通过设立相关集体管理组织，使民间文学艺术产权得以充分行使，最终惠及传统社群群体本身。

第三，关于民间文学艺术产权的内容。以整体性保护为原则，保护包括精神权利和经济权利在内的整体性权利。（1）在权利配置方面，可根据民间文学艺术公开程度的不同配置以不同权利：对于尚未公开的公众不可公开获得的（秘密性的），或者虽然已经公开但不广为人知的（半公开的）民间文学艺术，精神权利方面可配置以标明来源权和保护完整权（相关传承人享有署名权），其中，尚未公开的公众不可公开获得的（秘密性的）民间文学艺术，还应配置以发表权；经济权利方面可配置以复制权、演绎权和传播权。对于广为人知，公众可公开获得的民间文学艺术，精神权利方面可配置以标明来源权和保护完整权（相关传承人享有署名权）；经济权利方面则要求相关使用人按规定缴纳一定使用费。（2）在合理使用方面，可借鉴著作权法中的合理使用规定，设置传统性使用、个人使用、公益使用三种合理使用民间文学艺术的基本类型。（3）在权利期限方面，施行无期限的保护。

第四，在民间文学艺术产权的侵权责任和救济方面。首先，根据侵权行为的责任类型，将民间文学艺术产权侵权责任分为民事责任、行政责任和刑事责任，借鉴和吸收知识产权侵权责任中的相关规定，部分移植于民间文学艺术产权侵权责任中。其次，在举证责任方面，可将"举证责任倒置"应用于民间文学艺术产权侵权诉讼过程中，切实保障相关主体对其民间文学艺术的产权利益。再次在损害赔偿方面，由于信息技术的迅速发展，为防止大规模侵权，可将惩罚性赔偿适用于民间文学艺术产权侵权中，但应综合考虑侵权人主观故意或恶意、侵权行为的规模以及侵权行为产生的收益。最后，为保障民间文学艺术的文化价值和经济价值，可将以检察机关为诉讼主体的公益诉讼纳入民间文学艺术产权保护，充分发挥检察机关的监督职能，保障民间文学艺术产权保护制度的运行。

根据全文所述，笔者草拟了《民间文学艺术产权保护条例（学者建议稿）》，供有关部门和学者参考（见"附件 A"）。

附录 A 《民间文学艺术产权保护条例（学者建议稿）》

第一条（立法宗旨） 为保护民间文学艺术产权，促进民间文学艺术的保存、传承与发展，防止对民间文学艺术的盗用、滥用，实现利益公平、公正分享，保护传统文化与民间文化，保护文化多样性，促进文化交流、文化可持续发展和文化安全，根据《中华人民共和国宪法》《中华人民共和国著作权法》和《中华人民共和国非物质文化遗产法》，制定本条例。

第二条（定义和保护条件） 本条例所称民间文学艺术，是指我国各民族在长期的生产生活中创作、传承的文学、艺术智力成果，具有独创性、集体性、传承性的特征，包括：

（1）民间文学，如民间故事、史诗、传说、诗歌、谜语及其他叙述形式；

（2）民间音乐，如民间歌曲、器乐等；

（3）民间舞蹈与其他动作表达形式，如杂耍、典礼上的表演、仪式上表演及其他表演；

（4）民间美术，如民间雕刻、雕塑、陶艺、瓷艺、家具、编织、刺绣、服饰、乐器、建筑等；

（5）其他类型及上述各种类型的组合。

前款规定的民间文学艺术可以经国家有关部门认定的登记机构注册登记。

独创性，是指受保护的民间文学艺术，系我国相关民族在长期生产生活过程中创造、传承至今的，构成其文化遗产的一部分，或者反映其文化传统和特色的文学艺术表现形式。

集体性,是指受保护的民间文学艺术,系我国相关民族集体创作、传承、发展,反映当地长期以来渐次形成的集体审美意识和审美认知。

传承性,是指受保护的民间文学艺术,其体现的艺术本体、艺术体验、艺术品评、艺术创作理念等艺术要素,代代相传而几乎没有本质变化,反映了当地在创造、发展和传承民间文学艺术过程中逐渐形成与强化的传统审美意识、审美意愿、审美期待。

第三条(权利主体) 创造、保有或发展受本条例保护的民间文学艺术的特定行政村依照本条例,享有专有产权。

两个或两个以上行政村共同保有同种民间文学艺术的,由上述主体共同享有本条例所规定的权利,承担相应义务。

难以确定民间文学艺术的权利归属的,由国家著作权主管部门代替国家享有和行使相关专有权利。

第四条(权利取得) 民间文学艺术的专有权利自创作完成时取得,不需要履行任何程序。

第五条(精神权利) 民间文学艺术专有权人依法享有以下精神权利:

(1)发表权,即决定民间文学艺术是否公之于众的权利,本条例另有规定的除外;

(2)标明来源权,即标明民间文学艺术来源、出处或者创作者身份的权利;

(3)保护完整权,即保护民间文学艺术不受歪曲、篡改或者贬损的权利。

受本条例保护的民间文学艺术,相关传承人依法享有署名权。

第六条(经济权利) 对于尚未公开的、仅在相关家族或成员间流传的,或者仅在相关行政村内部流传的民间文学艺术,任何人以复制、发行、展览、表演、放映、广播、信息网络传播、摄制、改编、翻译、汇编等方式使用民间文学艺术的,应取得民间文学艺术专有权人的许可,并支付相关使用费。本条例另有规定的除外。

第七条(公共领域付费) 对于广为人知的,可公开获得的民间文学艺术,使用者可以不经专有权人许可,但应标明民间文学艺术来源以及传承人身份,合理使用民间文学艺术,但不得对其进行歪曲、篡改或者贬损。使用者应事先按规定向国家设立的有关民间文学艺术保护基金缴纳使用费。该基金仅用于民间文学艺术的传承和发展。

国家著作权主管部门指定或设立民间文学艺术基金。该基金可以与文化主管部门设立的非物质文化遗产保护基金开展相关合作。

第八条(合理使用) 对民间文学艺术的使用,应当不与权利主体对民间文学艺术的正常利用相冲突,并不致不合理地损害权利主体的合法利益,同时兼顾第三方的合法利益。

在下列情况下使用民间文学艺术,可以不经专有权人许可,不向其支付报酬,但应当标明民间文学艺术的来源或者传承人身份,并且不得影响该民间文学艺术的正常使用,也不得不合理地损害专有权人的合法权益:

(一)有关行政村成员按照本村习惯或惯例使用民间文学艺术;

(二)为个人学习、研究或者欣赏,使用民间文学艺术;

(三)在教学过程中,为说明相关问题使用相关民间文学艺术;

(四)为报道新闻,在报纸、期刊、广播电台、电视台等媒体中不可避免地再现或者引用民间文学艺术;

(五)在诉讼程序中使用有关民间文学艺术;

(六)为保存档案或为保护民间文学艺术编制非商业性的文化遗产目录,使用有关民间文学艺术;

(七)为评论或批评而使用有关民间文学艺术;

(八)为其他公共利益目的合理使用民间文学艺术。

第九条(行政管理) 国家著作权主管部门主管全国民间文学艺术管理工作;各县级以上地方主管著作权的部门负责本行政区域的民间文学艺术管理工作。

第十条(集体管理) 国家著作权主管部门指定或者设立非营利性民间文学艺术集体管理组织,经相关权利人授权,该集体管理组织可行使民间文学艺术产权和相关权利,包括协助相关权利主体签订许可使用合同、根据相关权利主体的委托进行诉讼等,但不得损害民间文学艺术专有权人按照其习俗、习惯等管理其民间文学艺术的权利。

集体管理组织根据授权向使用者收取使用费。使用费的收取标准由著作权集体管理组织和使用者代表协商确定;协商不成的,可以向国家著作权主管部门申请裁决;对裁决不服的,可以向人民法院提起诉讼;当事人也可以直接向人民法院提起诉讼。

集体管理组织应定期公布使用费的收取和转付、管理费的提取和使用、使用费的未分配部分等总体情况,并应当建立权利信息查询系统,供权利人和使用者查询。国家著作权主管部门应当依法对著作权集体管理组织进行监督、管理。

第十一条(可转让性) 民间文学艺术专有权中的精神权利不得转让,经济权利可以转让。

民间文学艺术的经济权利在国内范围转让的,应当订立书面合同。民间文学艺术的经济权利向国外转让的,除订立书面合同外,还应向当地县级及省级主管部门申报,并经国家著作权主管部门批准。

第十二条(保护期限) 民间文学艺术专有权的保护期不受限制。

第十三条(许可合同) 许可他人使用民间文学艺术的,应当订立书面许可合同,本法规定可以不经许可的除外。

第十四条(侵权责任) 有下列侵权行为的,应当根据情况,承担停止侵害、消除影响、赔礼道歉、赔偿损失等民事责任;同时损害公共利益的,可以由著作权行政管理部门责令停止侵权行为,予以警告,没收违法所得,没收、销毁侵权复制品,并可处以罚款;情节严重的,著作权行政管理部门还可以没收主要用于制作侵权复制品的材料、工具、设备等;构成犯罪的,依法追究刑事责任:

(一)未经专有权人许可,擅自公开民间文学艺术的;

(二)使用民间文学艺术时,未标明其来源或传承人身份的;

(三)歪曲、篡改或贬损民间文学艺术的;

(四)未经专有权人许可,擅自以复制、发行、展览、表演、放映、广播、信息网络传播、摄制、改编、翻译、汇编等方式使用秘密性民间文学艺术的,本条例另有规定的除外;

(五)使用民间文学艺术,应当支付使用费用而未支付的;

(六)其他侵犯民间文学艺术专有权及相关权益的行为。

第十五条(赔偿数额) 侵犯民间文学艺术产权的赔偿数额,参照该民间文学艺术许可使用费的倍数合理确定。故意或者恶意侵权,情节严重的,可按照上述方法确定数额的一倍以上五倍以下确定赔偿数额。

第十六条(公益诉讼) 人民检察院发现侵害民间文学艺术产权的行为,在没有本条例第八、九条规定的机关、组织,或者依本法第八、九条规定的机关、组织不提起诉讼的情况下,人民检察院可以向人民法院提起诉讼。本法第八、九条规定的机关或者组织提起诉讼的,人民检察院可以支持起诉。

第十七条(法律适用) 当事人因不履行合同义务或者履行合同义务不符合约定而承担民事责任,以及当事人行使诉讼权利等,适用有关法律的规定。

第十八条(举证责任) 民间文学艺术的使用者对其使用的民间文学艺术不能证明其有合法授权或合法来源的,应当承担相应的法律责任。

第十九条 本法自 年 月 日起实施。

附录 B 缩略词

简称	中文名称	英文全名
ARIPO	非洲地区工业产权组织	African Regional Industrial Property Organization
OAPI	非洲知识产权组织	African Intellectual Property Organization
UNESCO	联合国教科文组织	United Nations Educational, Scientific and Cultural Organization
WIPO	世界知识产权组织	World Intellectual Property Organization
WIPO-IGC	世界知识产权组织"知识产权与遗传资源、传统知识、民间文学艺术政府间委员会"	The WIPO Intergovernmental Committee on Intellectual Property and Genetic Resources, Traditional Knowledge and Folklore
《伯尔尼公约》	《保护文学艺术作品伯尔尼公约》	Berne Convention for Protection of Literary and Artistic Works
《突尼斯示范法》	《发展中国家突尼斯版权示范法》	Tunis Model Law on Copyright forDeveloping Countries

续表

简称	中文名称	英文全名
1977 年《班吉协定》	《关于建立非洲知识产权组织及修订〈建立非洲—马尔加什工业产权局协定〉的班吉协定》	Agreement Relating to the Creation of an African Intellectual Property Organization, Constituting a Revision of the Agreement Relating to the Creation of an African and Malagasy Office of Industrial Property
《1982 年示范法》	《保护民间文学艺术表现形式以防止不正当利用和其他损害性行为国内示范法》	Model Provisions for National Laws on the Protection of Folklore Against Illicit Exploitation and Other Prejudicial Actions
1999 年《班吉协定》	《关于〈1977 年 3 月 2 日关于建立非洲知识产权组织班吉协定〉修改协定》	Agreement Revising the Bangui Agreement of March 2, 1977, on the Creation of an African Intellectual Property Organization
《民间文学艺术法律保护条款草案》	《保护传统文化表现形式条款草案》（WIPO/GRTKF/IC/40/19）	The Protection of Traditional Cultural Expressions: Draft Articles (WIPO/GRTKF/IC/40/19)
《斯瓦科普蒙德议定书》	非洲地区工业产权组织《保护传统知识和民间文学艺术的斯瓦科普蒙德议定书》	Swakopmund Protocol on the Protection of Traditional Knowledge and Expressions of Folklore Within the Framework of the African Regional Intellectual Property Organization
《巴黎公约》	《保护工业产权巴黎公约》	Paris Convention for the Protection of Industrial Property
TRIPS 协定	《与贸易有关的知识产权协定》	Agreement on Trade-Related Aspects of Intellectual Property Rights

简称	中文名称	英文全名
《WIPO 版权条约》	《世界知识产权组织版权条约》	World Intellectual Property Organization Copyright Treaty
赞比亚《传统知识、遗传资源和民间文学艺术表达形式保护法》	2016 年赞比亚《传统知识、遗传资源和民间文学艺术表达形式保护法》	The Protection of Traditional Knowledge, Genetic Resources and Expressions of Folklore Act, 2016
肯尼亚《传统知识与文化表达保护法》	2016 年肯尼亚《传统知识与文化表达保护法》	The Protection of Traditional Knowledge and Cultural Expressions Act, 2016

参 考 文 献

一、中文著作

[1]林惠祥:《民俗学》,商务印书馆 1948 年版。

[2]李志逵主编:《欧洲哲学史(上卷)》,中国人民大学出版社 1981 年版。

[3]江伟主编:《民事诉讼法学》,文化艺术出版社 1986 年版。

[4]江建名:《著作权法导论》,中国科学技术出版社 1994 年版。

[5]董晓萍主编:《民俗文化学梗概与兴起》,中华书局 1996 年版。

[6]郑成思:《世界贸易组织与贸易有关的知识产权》,中国人民大学出版社 1996 年版。

[7]郑成思:《版权法》(修订本),中国人民大学出版社 1997 年版。

[8]于敏:《日本侵权行为法》,法律出版社 1998 年版。

[9]汤宗舜:《知识产权国际保护》,人民法院出版社 1999 年版。

[10]吴汉东、胡开忠:《无形财产权制度研究》,法律出版社 2001 年版。

[11]王泽鉴:《侵权行为法》(第一册),中国政法大学出版社 2001 年版。

[12]冯晓青:《知识产权法哲学》,中国人民公安大学出版社 2003 年版。

[13]李琛:《论知识产权法的体系化》,北京大学出版社 2005 年版。

[14]管育鹰:《知识产权视野中的民间文艺保护》,法律出版社 2006 年版。

[15]段宝林主编:《中国民间文艺学》,文化艺术出版社 2006 年版。

[16]刘锡诚:《民间文学:理论与方法》,中国文联出版社 2007 年版。

[17]张耕:《民间文学艺术的知识产权保护研究》,法律出版社 2007 年版。

[18]黄玉烨:《民间文学艺术的法律保护》,知识产权出版社 2008 年版。

[19]颜运秋:《公益诉讼法律制度研究》,法律出版社 2008 年版。

[20]严永和:《民间文学艺术的知识产权保护论》,法律出版社 2009 年版。

[21]丁丽瑛:《传统知识保护的权利设计与制度构建——以知识产权为中心》,法律出版社 2009 年版。

[22]李秀娜:《非物质文化遗产的知识产权保护》,法律出版社 2010 年版。

[23]李墨丝:《非物质文化遗产保护国际法制研究》,法律出版社 2010 年版。

[24]杨鸿:《民间文艺的特别知识产权保护:国际立法例及其启示》,法律出版社 2011 年版。

[25]孙彩虹:《民间文学艺术知识产权保护策略研究》,中国政法大学出版社 2011 年版。

[26]杨建斌:《知识产权体系下非物质传统资源权利保护研究》,法律出版社 2011 年版。

[27]《十二国著作权法》,《十二国著作权法》翻译组译,清华大学出版社 2011 年版。

[28]吴汉东:《无形财产权基本问题研究》,中国人民大学出版社 2013 年版。

[29]吴汉东:《著作权合理使用制度研究》,中国人民大学出版社

2013 年版。

[30]刘洁：《我国著作权集体管理制度研究》，中国政法大学出版社 2014 年版。

[31]吴伟光：《信息、制度与产权——信息社会与制度规治》，法律出版社 2014 年版。

[32]刘学在：《民事公益诉讼制度研究》，中国政法大学出版社 2015 年版。

[33]邓社民：《民间文学艺术法律保护基本问题研究》，中国社会科学出版社 2015 年版。

[34]保靖县政协文史学习委员会编：《吕洞山苗族风情》，湖南人民出版社 2015 年版。

[35]保靖县民族事务局编：《保靖县民族志》，民族出版社 2015 年版。

[36]张洋：《民间文学艺术权利主体问题研究》，中国政法大学出版社 2016 年版。

[37]王泽鉴：《损害赔偿》，北京大学出版社 2017 年版。

[38]梁彗星：《民法总论》，法律出版社 2017 年版。

[39]田艳：《少数民族非物质文化遗产传承人法律保护研究》，中央民族大学出版社 2017 年版。

[40]李亮、曾礼：《"一带一路"倡议下传统文化的知识产权保护》，上海人民出版社 2019 年版。

[41]严永和：《传统文化资源知识产权特别权利保护制度的构建》，中国社会科学出版社 2020 年版。

二、中文论文

[1]王骅：《保护民间文学的版权弘扬祖国的文学艺术》，载《社会科学家》1990 年第 2 期。

[2]杨新书、刘水云：《论中国民间文学艺术版权保护》，载《知识产

权》1993 年第 4 期。

[3] 郑成思：《谈民间文学作品的版权保护与中国的立法》，载《中国专利与商标》1996 年第 3 期。

[4] 郑成思：《侵害知识产权的无过错责任》，载《中国法学》1998 年第 1 期。

[5] 吴汉东：《关于知识产权本体、主体与客体的重新认识》，载《法学评论》2000 年第 5 期。

[6] 王利明：《惩罚性赔偿研究》，载《中国社会科学》2000 年第 4 期。

[7] 胡建森、邢益精：《公共利益概念透析》，载《法学》2004 年第 10 期。

[8] 温世扬：《惩罚性赔偿与知识产权保护》，载《法律适用》2004 年第 12 期。

[9] 曹新明等：《民族民间传统文化保护的法哲学考察——以知识产权基本理论为研究范式》，载《法制与社会发展》2005 年第 2 期。

[10] 李琛：《混沌之死与民间文艺作品》，载《电子知识产权》2005 年第 4 期。

[11] 王太高：《公共利益范畴研究》，载《南京社会科学》2005 年第 7 期。

[12] 崔国斌：《著作权集体管理组织的反垄断控制》，载《清华法学》2005 年第 1 期。

[13] 吴汉东：《利弊之间：知识产权制度的政策科学分析》，《法商研究》2006 年第 5 期。

[14] 刘胜红：《再论民间文学艺术权》，载《中央民族大学学报（哲学社会科学版）》2006 年第 1 期。

[15] 熊琦：《著作权集体管理中的集中许可强制规则》，载《比较法研究》2006 年第 4 期。

[16] 李莉：《论作者精神权利的双重性质》，载《中国法学》2006 年第 3 期。

[17]张玉敏:《民间文学艺术法律保护模式的选择》,载《法商研究》2007年第4期。

[18]马俊毅、席隆乾:《论"族格"》,载《民族研究》2007年第1期。

[19]林莉红:《法社会学视野下的中国公益诉讼》,载《学习与探索》2008年第1期。

[20]张新宝、李倩:《惩罚性赔偿的立法选择》,载《清华法学》2009年第4期。

[21]吴汉东:《论传统文化的法律保护——以非物质文化遗产和传统文化表现形式为对象》,载《中国法学》2010年第1期。

[22]严永和:《民族民间文艺知识产权保护的制度设计:评价与反思》,载《民族研究》2010年第3期。

[23]田艳:《无形财产权家族的新成员——传统文化产权制度初探》,载《法学杂志》2010年第4期。

[24]周安平:《公法与私法间的抉择——论我国民间文学艺术的知识产权保护》,载《知识产权》2012年第2期。

[25]郑颖捷:《民间文学艺术如何署名》,载《中南民族大学学报(人文社会科学版)》2012年第6期。

[26]张卫平:《民事公益诉讼原则的制度化及实施研究》,载《清华法学》2013年第4期。

[27]严永和:《论我国少数民族传统名号的知识产权保护》,载《民族研究》2014年第5期。

[28]吴汉东:《知识产权侵权诉讼中的过错责任推定与赔偿数额认定——以举证责任规则为视角》,载《法学评论》2014年第5期。

[29]户晓辉:《民间文艺表达私法保护的目的论》,载《民族文学研究》2016年第3期。

[30]李忠斌:《基于产权视角下的民族文化旅游可持续发展研究》,载《中南民族大学学报(人文社会科学版)》2016年第5期。

[31]李忠斌:《论民族文化之经济价值及其实现方式》,载《民族研

究》2018 年第 2 期。

三、中文译著

[1][奥地利]阿德勒:《自卑与超越》,黄光国译,作家大学出版社 1986 年版。

[2][英]威廉·汤姆斯:《民俗》,载阿兰·邓迪思编:《世界民俗学》,陈建宪、彭海斌译,上海文艺出版社 1990 年版。

[3][美]罗伯特·考特、托罗斯·尤伦:《法和经济学》,张军等译,上海三联书店 1991 年版。

[4][美]理查德·A. 波斯纳:《法律的经济分析》,蒋兆康译,中国大百科全书出版社 1997 年版。

[5][美]道格拉斯·诺思、罗伯斯·托马斯:《西方世界的兴起》,厉以平、蔡磊译,华夏出版社 1999 年版。

[6][德]罗森贝克:《证明责任论:以德国民法典和民事诉讼法典为基础撰写》,庄敬华译,中国法制出版社 2001 年版。

[7]克洛德·马苏耶:《保护文学和艺术作品伯尔尼公约指南》,刘波林译,中国人民大学出版社 2002 年版。

[8][德]M. 雷炳德:《著作权法》,张恩民译,法律出版社 2005 年版。

[9][澳]彼得·德霍斯:《知识财产法哲学》,周林译,商务印书馆 2008 年版。

[10][美]罗尔斯:《正义论》,何怀宏、何包钢、廖申白译,中国社会科学出版社 2009 年版(2018 年重印)。

[11][德]马克斯·韦伯:《法律社会学:非正当性的支配》,康乐、简惠美译,广西师范大学出版社 2010 年版。

[12][英]斯图亚特·霍尔、保罗·杜伊盖编:《文化身份问题研究》,庞璃译,河南大学出版社 2010 年版。

［13］［德］莱万斯基编：《原住民遗产与知识产权：遗传资源、传统知识和民间文学艺术》，廖冰冰等译，中国民主法制出版社 2011 年版。

［14］［奥地利］赫尔穆特·考茨欧、瓦内萨·威尔科克斯编：《惩罚性赔偿金：普通法与大陆法的视角》，窦海阳译，中国法制出版社 2012 年版。

［15］［美］莱曼·雷·帕特森、斯坦利·W. 林德伯格：《版权的本质：保护使用者权利的法律》，郑重译，法律出版社 2015 年版。

［16］［美］亨廷顿：《变化社会中的政治秩序》，王冠华译，上海人民出版社 2015 年版。

［17］［美］弗朗西斯·福山：《我们的后人类未来》，黄立志译，广西师范大学出版社 2016 年版。

［18］［德］乌尔里希·贝克：《风险社会：新的现代性之路》，张文杰、何博闻译，译林出版社 2018 年版。

四、外文著作

［1］Arpad Bogsch, *Brief History of the First 25 Years of the World Intellectual Property Organization*, WIPO published, Geneva 1992.

［2］Sherylle Mills, *Indigenous Music and The Law：An Analysis of National and International Legislation*, Yearbook for Traditional Knowledge Music, 1996.

［3］WIPO, *Introduction to Intellectual Property：Theory and Practices*, Kluwer Law International, 1997.

［4］UNESCO, *Study on International Flows of Cultural Goods*, 1980-1998, Paris, 2000.

［5］Stephen Palethorpe and Stefaan Verhulst, *REPORT ON THE INTERNATIONAL PROTECTION OF EXPRESSIONS OF FOLKLORE UNDER INTELLECTUAL PROPERTY LAW*, ETD/2000/B5-3001/E/04, October 2000.

［6］Sandler, F., *Music of the Village in the Global Maketplace：Self-*

Expression, *Inspiration*, *Appropriation*, *or Exploitation*? Dissertation, University of Michigan, 2001.

[7]Terri Janke, *MINDING CULTURAL: CASE STUDY ON INTELLECTUAL PROPERTY AND TRADITIONAL CULTURAL EXPRESSIONS*, WORLD INTELLETUAL PROPERTY ORGANIZATION PUBLISH, 2003.

[8] Michael F. Brown, *Who Owns Native Culture*? Harvard University Press, Cambridge, 2003.

[9]J. Michael Finger Philip Schuler, *Poor People's Knowledge: Promoting Intellectual Property in Developing Countries*, the World and Oxford University Press, 2004.

[10]Graham Dutfield, *Legal and economic aspects of traditional knowledge*, *International Public Goods and Transfer of Technology Under a Globalized Intellectual Property Regime*. Cambridge University Press, 2005. https://www.researchgate.net/publication/292362721.

[11] Daphne Zografos, *Intellectual Property and Traditional Cultural Expressions*, Edward Elgar Publishing Limited, Cheltenham, UK, 2010.

[12] Luo Li, *Intellectual Property Protection of Traditional Cultural Expressions*, Springer International Publishing Switzerland, 2014.

[13] Peter Drahos, *Intellectual Property*, *Indigenous People and their Knowledge*, Cambridge University Press, 2014.

五、外文论文

[1]L. Ray Patterson, *Free Speech*, *Copyright*, *and Fair Use*, 40 Vand. L. Rev. 1, 52, 1987.

[2]Antonin Scalia, *The Rules of Law as a Law of Rules*, 56 University of Chicago Law Review 1175, Fall 1989.

[3]Pierre N Leval, *Toward a Fair Use Standard*, 103 Harvard Law Review

1105, March 1990.

[4] Jessica Litman, *the Public Domain*, 39 Emory Law Journal 965, p. 977, Fall 1990.

[5] Robert E. Riggs, *Constitutionalizing Punitive Damages: The Limits of Due Process*, 52 Ohio St. L. J. 859, 1991.

[6] Jeremy Waldron, *From Authors to Copiers: Individual Rights and Social Values in Intellectual Property*, 68 Chi. -Kent L. Rev. 841, 1993.

[7] Paul A. Williams, *Removing Hands from "Deep Pockets": Restrictions on Punitive Damage Recovery in Strict Products Liability*, 62 U. M. K. C. L. REV. 619, 1994.

[8] Christine Haight Farley, *Protecting Folklore of Indigenous Peoples: Is Intellectual Property the Answer?* 30 Connecticut Law Review 1. Fall 1997.

[9] Robert P. Merges, *The End of Friction? Property Rights and Contract in the "Newtonian" World of On-Line Commerce*, 12 Berkeley Tech. L. J. 115, 1997.

[10] Michael F. Brown, *Can Culture be Copyrighted?* 39 Currency Anthropology 193. 1998.

[11] Lucy M. Moran, *Intellectual Property Law Protection for Traditional and Sacred "Folklife Expressions" —Will Remedies Become Available to Cultural Authors and Communities?* 6 U. Balt. Intell. Prop. L. J. 99. Spring 1998.

[12] Kuruk Paul, *Protecting Folklore under Modern Intellectual Property Regimes: A Reappraisal of the Tensions between Individual and Communal Rights in Africa and the United States*, American University Law Review, Vol. 48, No. 4, April 1999.

[13] YOCHAI BENKLER, *FREE AS THE AIR TO COMMON USE: FIRST AMENDMENT CONSTRAINTS ON ENCLOSURE OF THE PUBLIC DOMAIN*, New York University Law Review, Vol. 74, No. 2, May 1999.

[14] Graham Dutfield. *TRIPS-Related Aspects of Traditional Knowledge*. 33

Case Western Reserve Journal of International Law 233, Spring 2001.

[15] Erica-Irene Daes, *INTELLECTUAL PROPERTY AND INDIGENOUS PEOPLES*, 95 American Society of International Law Proceedings 143, April 4-7, 2001.

[16] Xuqiong (Joanna) Wu, VIII. *Foreign and International Law*: A. E. C. *Database Directive*, 17 Berkeley Tech. L. J. 571, 2002.

[17] Peter Drahos, *Developing Countries and International Intellectual Property Standard-Setting*. Journal of World Intellectual Property, Vol. 5, No. 5, September 2002.

[18] Dr. Silke von Lewinski, *the Protection of Folklore*, 11 Cardozo Journal of International and Comparative Law 747, Summer 2003.

[19] Graham Dutfield, *Protecting Traditional Knowledge and Folklore*, published by International Centre for Trade and Sustainable Development (ICTSD) and International Environment House, June 2003.

[20] Anupam Chander and Madhavi Sunder, *The Romance of the Public Domain*, 92 California Law Review California Law Review 1331, October 2004.

[21] Daniel J. Gervais, *Information Technology and International Trade*, 74 Fordham Law Review 505, November 2005.

[22] Susanna Frederick Fischer, *Dick Whittington and Creativity*: *From Trade to Folklore, From Folklore to Trade*, 12 Texas Wesleyan Law Review 5, Fall 2005.

[23] Irma De Obaldia, *Western Intellectual Property And Indigenous Cultures The Case Of The Panamanian Indigenous Intellectual Property Law*, 23 Boston University International Law Journal 337, Fall 2005.

[24] Danielle Conway-Jones, *Safeguarding Hawaiian Traditional Knowledge and Cultural Heritage*: *Supporting the Right to Self-Determination and Preventing the Co-modification of Culture*. 48 Howard Law Journal 737, Winter, 2005.

[25] David Skillman and Christopher Ledford, *Limiting the Commons with*

Uncommon Property: A Critique of Chander & (and) Sunder's the Romance of the Public Domain, 8 Oregon Oregon Review of International Law 337, 2006.

[26]Meghana RaoRane , *AIMING STRAIGHT: THE USE OF INDIGENOUS CUSTOMARY LAW TO PROTECT TRADITIONAL CULTURAL EXPRESSIONS*, 15 Pac. Rim L. & Pol'y 827, September 2006.

[27]Paul Kuruk, *The Role of Customary Law Under Sui Generis Frameworks of Intellectual Property Rights in Traditional and Indigenous Knowledge.* Indiana International & Comparative Law Review, 2007.

[28]Jill Koren Kelley, *Owning the sun: Can native culture be protected through current intellectual property law?* 7 Journal of High Technology Law 180, 2007.

[29]LOLITA BUCKNER INNISS, *TOWARD A SUI GENERIS VIEW OF BLACK RIGHTS IN CANADA? OVERCOMING THE DIFFERENCE-DENIAL MODEL OF COUNTERING ANTI-BLACK RACISM*, 9 Berkeley J. Afr. -Am. L. & Pol'y 32, Spring, 2007.

[30] Molly Torsen, *Reflections on Intellectual Property*, *Traditional Knowledge and Cultural Expressions*, 3 Intercultural Human Rights Law Review 199, 2008.

[31] Mark A. Thurmon, *Federal Trademark Remedies: A Proposal for Reform*, 5 Akron Intellectual Property Journal 137, 2011.

[32]Antons Christoph. *Geographies of knowledge: cultural diffusion and the regulation of heritage and traditional knowledge/cultural expressions in Southeast Asia*, WIPO journal, Vol. 4, No. 1, 2012.

[33]John F. Vargo, *The American Rule on Attorney Fee Allocation: The Injured Person's Access to Justice*, 42 AM. U. L. Rev. 1567, 1993.

六、外文文件

［1］UNESCO and WIPO, *Analysis of the Replies to the Survey of Exiting Provisions for the Application of the System of " Domaine Public Payant" in National Legislation*, UNESCO/WIPO/DPP/CE/I/2, 1982.

［2］WIPO and UNESCO, *Model Provisions for National Laws on the Protection of Expressions of Folklore Against Illicit and Other Prejudicial Actions*, Geneva, 1982.

［3］WIPO, *Consolidated Analysis of The Legal Protection of Traditional Cultural Expressions/Expressions of Folklore*, Background Paper No. 1, WIPO/GRTKF/IC/3/17.

［4］WIPO/GRTKF/IC/9/INF/4.

［5］WIPO/GRTKF/IC/18/5.

［6］WIPO/GRTKF/IC/33/4.

［7］WIPO/GRTKF/IC/34/6.

［8］WIPO/GRTKF/IC/40/19.

后　记

回顾过去的工作和生活，心中思绪万千，也有万般感慨。有太多的事情需要铭记，有太多的人需要感激。

首先，要感谢我的父母。父母在我年幼多病时，到处寻医问药；在我年少轻狂时，悉心教导，不至于让我误入歧途，正是有他们的教导和培育，我才逐渐顿悟：唯有读书，才能改变自己，改变以后的生活。二十多年的养育之恩，无以回报，只有让自己过得好一点，才能让他们的牵挂和担忧少一点。要感谢我的爱人刘凛艺女士，感谢她出现在我的生命中，感谢她对我的包容、支持和照顾。

其次，要感谢我的博士生导师——严永和教授。他是一位极其正直和严谨的大家。依稀记得 2018 年初次拜望严老师的情景：第一次走进他的办公室，映入眼帘的便是五个书柜的藏书，办公桌、板凳、沙发、茶几上都堆满了书，我不禁感叹，这真是一位学识渊博的老教授。在与严老师的第一次谈话中，我更加确信了自己的想法，这是一位热爱学术、治学严谨、为人正直的翩翩君子。后来正式入门，常随老师赴各地参会、调研，福建厦门、广西南宁、贵州玉屏……每一段旅途都有新的认识和新的感悟。在厦门大学参加知识产权年会，领略了许多老一辈学者在讲台上的演讲风采；在广西崇左市参观世界非物质文化遗产——花山岩画，令人叹为观止；十一长假期间，随老师从武汉到贵州一路调研，湖南省会同县的竹编技艺、贵州省玉屏县的箫笛制作和演奏，至今令我印象深刻。奈何老师被病魔夺走了生命，"驾鹤孤飞万里风，从此长眠潇湘中"，师徒从此阴阳两隔。谁能想到，手机里存放的调研照片竟成了和老师最后的合影，彼时的

267

老师还意气风发，他那和蔼、慈祥的目光里装满了对学生的期待。回想起和严老师一起奋斗的过往，不觉热泪盈眶，严老师躬行实践的精神深深地影响了我。他就像标杆永远伫立在那里，指引我继续前行，做对国家和民族的有用之材。

　　时光荏苒，岁月穿梭，感慨万千。感谢走过的所有时光，让我成长；感谢遇到的每一个人，此生不忘。谨以此文纪念严永和教授！老师千古！

曾礼

2021 年 12 月　于沱江之畔